KB231961

하이테크 시대의
로테크

하이테크 시대의
로테크

허원순 지음

W미디어

잘 했다고 내세울 만큼도 못되지만 기자, 언론이란 이름 아래 생활해오다 보니 이모저모 가까이서 보게 된 사건, 변혁의 현장도 적지 않았다. 이런저런 일로 만나게 된 역량 있는 인사들도 상대적으로 다양한 편이었다. 나름대로 새로운 것과 자주 접했다는 얘기인데, 그러면서 늘 느끼는 것 가운데 하나가 우리가 사는 세상이 무척이나 빠르게 변하고 있다는 사실이었다.

현대 한국의 변화는 더욱 더 빠른 편이었다. 그런 변화의 속도를 따라 가는 게 쉽지만은 않은 일이라는 생각도 종종 했다. 이렇게 하루하루를 정신없이 보내면서 우리가 만들어 가는 현대는 어떤 사회일까? 본질은 무엇이며, 핵심은 또 어떤 것일까? 우리는 과거 일에서 교훈을 얻는다며 지나간 역사를 열심히 배우고, 동시에 앞날을 내다보겠다며 미래도 부단히 예측한다. 하지만 정작 우리가 살고 있는 현재, 우리가 만들어가고 있는 지금 이 세상은 모른 채 지나는 것은 아닐까? 바로 '지금, 여기'의 모습은 알지 못한 채 지나가버린 역사의 터널을 더듬고 다니거나 내 의지로는 어떻게 할 수도 없는 미래를 막연한 낙관론으로 내다보려 목을 빼는 것은 아닐까 하는 의심이 들곤 했다.

하이테크 시대 현대, 본질과 핵심에 대한 성찰은 지금 내가 발을 딛고 있는 이 시기의 실상은 어떤 것인가 하는 점에서 시작됐다. 그렇다고 책 싸들고 산 속 암자로 한번 간 적이 없거니와 특별히 특정 시기에 이 문제만 놓고 따로 밤새 연구한 일도 없었다. 조금 이른 아침, 조금 늦은 밤이 일상화된 출퇴근길 지하철 안에서 무심한 현대인들을 보면서 생각나는 내용을 메모해 두거나, 직업상 이곳저곳으로 꽤나 많이 다닌 해외 출장과 연수 때의 경험, 역시 직무상 여러 분야에서 만난 잘난 사람들과의 대화나 대담에서 배운 것에 대한 정리 정도가 기초였다.

다만 일이 일이다 보니 신문을 읽거나 방송을 보거나 하는 일은 기자 아닌 사람보다는 훨씬 많았을 것인데, 최근에는 포털 사이트 등 인터넷을 보는 시간도 만만찮아졌다. '지금, 여기'의 모습에 대한 성찰을 하면서 4개의 키워드가 자연스럽게 내 머릿속에 자리 잡게 됐다. 하이테크, 로테크, 하이컨셉, 호모 루덴스였다. 이 4개의 말로 '지금=현대사회'와 '여기=서울, 한국, 지구촌'에 대한 성격 규정이 어느 정도 가능했다. 그럼으로써 자연히 지나온 과거의 모습이 보였고, 미래로 갈 길도 어느 정도 감이 잡혔다.

이 4개의 말로 현대사회의 모습과 특징을 정리해보면서 미래 인간들이 살아갈 양식은 또 어떤지 파악해보자는 것이 이 책을 쓰게 된 동기이고, 내용이다. 의욕은 과했는데 이 4개 키워드만으로 미래예측은 고사하고 현대사회의 본모습을 얼마나 제대로 짚었는지 두려움도 있다. 다만 이 복잡한 하이테크의 현대사회를 전면적으로 해부하기는 어려운 일이고, 그렇게 전부를 해부하는 것이 꼭 필요한 일도 아닐지 모른다는 생각으로 작은 위로를 삼으면서 이 책을 통해 현대사회를 간결하게 이해하는 하나의 축(軸)을 제시한다는 데 의미를 두고 싶다. 물론 그 축은 하이테크와 로테크라는 개념의 축이고, 하이컨셉과 호모 루덴스로서 인간의 존재라는 인식의 틀이다.

2000년 뉴밀레니엄이 온다며 1990년대 말부터 다소간 들뜬 분위기였던 것은 한국만의 일은 아니었던 것 같다. 나 자신 비관론자는 결코 아니었지만 그때 내 눈엔 미래가 장밋빛으로만 비쳐지지 않았다. 외환위기가 끝난 지 오래지 않아서일까, 오히려 미래는 잿빛으로 투영됐다. 그리면서 날짜가 지나 1999년 12월 31일 밤, 가족들과 함께 서울 한복판 광화문으로 나갔다.

뉴밀레니엄 행사라며 광화문 광장의 불이 꺼지고 교보생명 본사 건물을 이용한 멋진 퍼포먼스도 있었다. 자정을 앞두고 광장을 가득 채운 현대인들은 임시 시계탑 앞에서 하이테크 세상을 맞이하기 위해 집단으로 카운트다운을 외쳤다. "10, 9, 8, … 2, 1, 0!" 12시 정각, 희망의 박수는 오랫동안 이어졌다. 그렇게 열심히 맞이했던 그때의 미래를 우리는 지금 무심한 현재로 지나치고 있는 것이다.

그때 광화문의 내 목덜미엔 그 해 초등학교에 들어갔던 아들이 얹혀져 있었다. 내 옆 아내의 목엔 5살짜리 딸이 올려져 있었다. 멀리 무대의 모습을 잘 보게 해주려 그런 것이었는데, 아이를 목에 올린 채 인파 사이에서 밀리느라 땀을 뻘뻘 흘린 내 모습은 자식을 키우느라 좋은 시기를 일에 묻혀 다 보낸 내 또래들 모두의 자화상이었다. 그리고 시간이 지났다.

시간의 흐름은 신나기보다는 무섭고, 세월은 든든하기보다는 야속한 것 같다. 그 사이에 세상은 한층 복잡다단해지면서 황금빛 유토피아의 꿈은 오히려 멀어지고 있는데, 아이들은 자라 그 아들이 지금 대학생이 됐다. 성큼 덩치부터 커버린 아들 또래 대학생들에게, 그리고 현대를 살아가는 나보다 더 젊은 세대에게 우리가 사는 시대, 현대의 모습에 대해 한 토막 이야기 해주고 싶고, 그리고 미래의 모습을 놓고 토론하고 싶었다. 비록 현대의 본질 규명은 고사하고 현대를 바라보는 축을 이해하는 수준에 그친다 해도…. 이 책을 쓴 이유다. 그리고 내용은 요약하면 앞의 키워드 4개로 귀결된다.

이 책이 모습을 보이게 된 것에 작은 보람을 찾는다면 가족들과 나누고 싶다. 23년간 신문사 생활, 일을 내세워 아내, 아들, 딸과 시간을 많이 해주지 못해 늘 미안함이 있다. 작은 녀석도 이젠 고등학생이니 오빠와 더불어 조금씩 대화가 돼 함께 놀아주고 싶기도 하건만 이젠 저들의 세계가 공고해 내가 들어갈 틈이 없다. 그래서 전에 못한 놀아주기는 지금도 마음뿐이다. 완전히 로테크 시대에 나서 성장기와 청춘을 로테크 생활로 보냈고 정작 이렇게 화려한 하이테크 시대엔 사회의 뒷방에 선 지방의 부모님은 그 분들의 긴 시대 내내 생활에 쫓겨 호모 루덴스는 언감생심 생각할 겨를도 없었을 것이다. 동시대를 공유하고는 있지만 이런 사정 때문에 내 부모님뿐만 아니라 그 분들 세대 모두에게 아련한 연민을 느낀다. 연민도 감사로 이어질 수 있을까….

마지막으로 원고쓰기를 재촉하고 책이 나오기까지 힘을 기울여준 W미디어 박영발 대표께 감사드린다.

2012년 11월, 허원순

2부 하이테크인들은 행복한가?

1부

호모 루덴스의 길

로테크가 하이테크의 아성을 박살낼 수 있다는 것은 테러리스트들만의 얘기가 아니라 금융과 경제도 마찬가지다. 예전에는 돈이 많이 모자라면 남의 집을 빌려 셋집을 살았고, 조금 모자라면 갚을 수 있는 역량 내에서 은행 돈을 빌려 사는 게 집이었다. 로테크 시대의 생존법, 로테크형 집 구입 방식이며, 로테크형 재테크다.

그런데 첨단기법인 하이테크 금융상품이 나왔다. 모기지 채권은 변형과 이종을 거치며 거듭 진화해 전문 종사자가 아니면 이해하기도 힘든 첨단형 상품이 허다했다. 이런 하이테크 기술 덕분에 누구라도 분에 넘치는 좋은 주택을 쉽게 살 수 있었고, 그 바람에 관련 업계는 황제 같은 부를 누렸다. 어디 주택금융뿐인가. 복잡한 파생상품, 과도한 레버리지 기법이 하루가 멀다 하고 하이테크의 경계를 확장했다.

1

하이테크의 아성이 로테크에 박살나던 날

✗

2001년 9월 11일은 결코 잊을 수 없는 날이다. 여느 때처럼 나는 하루 업무를 마감한 뒤 가볍게 한 잔 하고, 집으로 돌아와 TV를 켰다. 습관처럼 채널을 이리저리 돌리다 일순간 내 눈을 의심하지 않을 수 없었다. 처음에는 컴퓨터 그래픽이나 시뮬레이션인줄 알았다. 그런데 그게 아니었다. TV 화면 속의 뉴욕 최고층 빌딩, 가장 늘씬하고 멋있는 초고층 빌딩의 고층부에서 연기가 치솟고 있었다. 스티브 맥퀸이 소방수로 나온 영화 〈타워링〉에서처럼 단순한 화재가 아니라 '테러'라고 했다.

미국의 뉴욕 해운항만청이 개발한 미국 경제의 상징, 월드 트레이드 센터(WTC)가 테러 공격으로 검은 연기를 내며 불타고 있었다. 그러나 그때까지만 해도 불이나 좀 타다 꺼질 줄 알았지, 그게 무너져 내릴 줄은 상상도 못했다. 하지만 '저 높은 고층의 화재를 어떻게 끄나…'라는 걱정이 박살나는 데는 오랜 시간이 걸리지 않았다. 110층의 마천루로 미국 경제의 상징, 미국 국부의 대명사처럼 번쩍이면서 도도하게 버티고 있던 월드 트레이드 센터가 순식간에 무너져 내린 것이다. 그냥 무너진 게 아니라 산산조각이 났다. 그 바람에 뉴욕 맨해튼의 중심부 일대가 박살이 났고, 세계 제1의 도시 뉴욕은 아비규환이 됐다. 곧바로 펜타곤(미 국방부)도 공격받았다. 세계 최강의 군사대국 미군을 움직이는 심장부까지 테러 공격을 받은 것이다.

월드 트레이드 센터는 불과 일주일 전에 내가 취재차 뉴욕에 들러 지났던 곳이었다. 한편으로 놀란 가슴을 쓸어내리면서도, 속보로 전해지는 TV 속으로 빨려 들어가면서 술기운은 이미 다 깨고 있었다. '미국이 무너지는가? 그렇다면 미국은 어떻게 반응할까? 결국 전쟁인가?' 놀라움에 사로잡힌 짧은 생각으로는 뒤가 보이지 않았다.

9.11 테러는 현대사를 바꿔놓았다. 미국의 한복판에서 무고한 시민 3천여 명이 숨졌다. 아직도 '제국'이라고도 불리는, 세계 제일의 강대국인 미국의 심장부가 테러로 무너진 대사건이었다. 그리고 전쟁이 시작됐다. 미국은 즉각 '테러와의 전쟁'을 선포하고 반격을 개시했다. 알카에다가 배후로 지목됐고, 머지않아 이라크 전쟁이 벌어졌다. 테러 조직 알카에다를 제압하려던 전쟁의 전선은 아프가니스탄으로도 확대됐다.

그로부터 아프가니스탄에서 종전까지 10년 이상이 걸렸다.

이슬람권의 테러리스트를 응징한다는 명목의 그 전쟁은 오랫동안 계속됐지만 결국 결론도 끝도 없는 전쟁이었다. 동시에 미국식 애국주의도 일어났다. '다시 건설하자'며 미국인들은 국력을 모으고, 보안도 강화했다.

미국식 애국주의만으로도 세계에 미친 영향은 적지 않았다. 입국심사 강화, 엄격해진 비자 발급 등으로 당장 미국으로 들어가는 데서부터 불편해진 것은 우리 생활에 미친 작은 영향일 뿐이었다. 기독교 세계와 이슬람 세계의 전쟁이라는 평가도 나왔다. 9.11 테러가 기독교와 이슬람교의 충돌이었다는 진단이나 서구 세계와 중동권의 싸움이었다는 평가로 본다면 21세기 인류 문명의 흐름을 바꿨다고 할 만한 대사건임이 분명하다.

그런 식으로 새로운 진단이 줄을 이었다. 21세기에 들어 문명권, 문화권이 부딪힌 큰 사건이었고, 파장은 여러 방면에서 나타났다. 국제, 군사, 외교적으로 '대(對)테러 국제전쟁'으로 이어졌지만, 그뿐만이 아니었다. 경제적, 사회적으로도 파장은 이어졌고, 유사 테러 역시 계속 일어났다. 단기적으로는 주가가 폭락했고, 주식시장 자체가 일주일 간 열리지도 못했다.

그런 역사의 현장을 우리는 실시간으로 안방에서 TV를 통해 바라보고 있었다. 미국 대통령이 나와 주먹을 흔들며 보복을 다짐하는 발표도 생중계로 지켜봤다. 세계 각국이 어떤 논평을 내놓고, 어떤 공조를 하는지도 작은 시골마을 안에서 일어난 것처럼 전 세계가 동시에 접했다. 대참사가 빚어진 뉴욕의 현장을 마치 옆집에서 벌어진 일인 양 생생한 화면으로 지켜봤다.

현대문명을 유지하는 기술의 발달로 모든 게 동시에 일어나는 일이 됐다. 지구 반대편 미국의 대사건이 어느새 '나의 일'이기도 했다. 그 상황 하나하나, 장면 한 곳 한 곳을 지구촌 사람 모두가 실감나게 볼 수 있었고, 그에 따른 파장도 함께 맞았다. 일시적이었지만 국내에서도 동조화가 일어나 주가는 함께 폭락했다. 그렇게 시장을 덮친 공포는 뉴욕에서나 서울에서나 같이 움직인 동일성, 동시성의 것이었다. '그래도 더 나은 미국을 만들어 나가자'는 정치인들의 구호까지 함께 지켜봤다.

미국인들은 9.11 테러의 현장을 '그라운드 제로'라고 불렀다. 파괴의 현장에서 창조를 이루자는 구호를 외치는 한편, 즉각 중동의 테러 조직을 향해 전쟁을 선포했는데 이 모든 과정들을 지켜보는 이방인의 입장에서는 놀라움의 연속이었다.

충격의 9.11 테러 와중에 지나가듯 들린 한 마디가 내 귓전을 강하게 때렸다. 온갖 분야의 전문가들이 CNN이다 뭐다 하는 미국의 방송에 나와 이 사건에 대한 원인을 진단하고 앞으로 대응책을 모색하는 프로그램 어디선가였다. 테러와 전쟁, 문명의 충돌, 미국식 애국주의, 경제에 핵폭탄급…. 이런 말 가운데 스쳐 지나간 말이 '로테크 하이컨셉(lowtech highconcept)'이었다.

이 말은 미국의 상징물 같았던 건물이 박살나고, 수천 명의 사상자가 나온 상황을 압축한 표현이었다. 뜯어보면 하이테크(hightech) 시대에 대한 반성이 담긴 조어였다. 테러범은 단지 단

검 한 자루만 가지고 비행기 조종실로 침투했다. 이게 로테크(lowtech; 저급 기술)다. 결코 고급 기술이 아니었다. 첨단장비가 동원됐던 것도 물론 아니었다. 이제 막 이륙해 연료가 가득 찬 비행기 자체가 무기였다. 비행기를 45도 각도로 비틀어 건물의 높은 부분을 들이받음으로써 더 많은 층에 걸쳐 충돌한 것, 테러 거사일로 미국의 응급전화 911을 조롱하듯이 잡은 9월 11일이라는 날짜, 출근시간대에 전 세계가 지켜보게 한 것 따위는 하이컨셉(highconcept; 수준 높은 개념)이라는 얘기였다.

이 사건 이후 9.11 테러의 아류도 많았다. 로테크 하이컨셉의 개념을 전략처럼 활용한 것이다. 가령 9.11 테러 발생 7년 뒤인 2008년 11월, 인도 뭄바이 도심의 테러 사건도 그런 사례다. 첨단기술 하이테크 시대에서 보면 이 사건 또한 어이없는 사건이다. 테러 조직에서 잘 훈련된 청년 10명은 조그만 보트로 바다를 이용해 인도의 대도시 뭄바이에 거침없이 진입했다. 무기는 재래식 소총과 수류탄, 신분은 말레이시아 유학생으로 위장됐다. 9.11 테러 때 그러했던 것처럼 이것만 보면 영락없는 로테크다. 그러나 뭄바이 시내의 최고급 호텔의 하이테크 방어 기술은 청년 몇 명의 로테크를 막지 못했다. 금속 탐지기는 효과를 못 냈다. 시대는 우주공간에서 지상의 어떤 곳도 손바닥 보듯 들여다 볼 수 있다 하고, 가히 지구상의 모든 통신을 감청할 수 있다고 하는 때다. 한 마디로 하이테크가 일상화된 시대가 됐다. 그럼에도 로테크는 이를 뚫는다는 사실을 이런 테러 사건은 보여주고 있다.

시각을 조금 달리해서 보면, 기본기가 잘 다져진 로테크가 하이테크의 아성을 박살낼 수 있다는 것이 테러리스트들만의 얘기는 아닌 것 같다. 금융과 경제도 마찬가지다. 예전에는 돈이 많이 모자라면 남의 집을 빌려 셋집을 살았고, 조금 모자라면 갚을 수 있는 역량 내에서 은행 돈을 빌려 사는 게 집이었다. 로테크 시대의 생존법, 로테크형 집 구입 방식이며, 로테크형 재테크다.

그런데 그보다 훨씬 첨단기법인 - 하이테크 상품인 - 모기지 기법이 나왔다. 방법도 급속도로 다양하게 응용됐다. 모기지 채권은 변형과 이종을 거치며 거듭 진화해 전문 종사자가 아니면 이해하기도 힘든 첨단형 상품이 허다했다. 이런 것이 금융에서의 하이테크다.

하이테크 기법은 선보일 때마다 성공한 듯했다. 하이테크 기술 덕분에 누구라도 분에 넘치는 좋은 주택을 쉽게 살 수 있었고, 그 바람에 관련 업계는 황제 같은 부를 누렸다. 어디 주택금융뿐인가. 선물과 파생 거래는 하이테크의 급물결을 탔다. ELF(주가연계펀드), ELS(주가연계증권), ELD(주가지수 연동예금)… 이름만으로도 어지러운 첨단 금융상품 모델들이 국내외 시장과 뒤얽히면서 시장의 진화, 금융의 발전은 시작도 끝도 없이 계속됐다. 밤낮이 따로 없는 고등 거래에 하이테크에 충분히 적응되지 않은 개미 투자자들은 갑자기 동참했다. 외환과 연계된 하이테크 시스템은 이보다도 더욱 찬란하다. 가령 키코(KIKO, 중소기업들이 주로 가입한 외환 헤지 금융상품)만 해도 중소기업들이 두려움 없이 덤빈 하이테크의 신세계였다. 상품을 설계한 사람 외에는 제대로 이해도 못할 정도로 복잡한 파생상품, 과도한 레버리지 기법이 하루가 멀다 하고 하이테크 금융의 경계를 확장했다.

하이테크의 아성은 앞으로도 계속해서 신천지를 열어 나갈까? 기본기로 무장한 로테크를 따돌릴까? 이제 그런 질문을 진지하게 던질 때다. 그러면서도 그에 대한 답을 우리는 이미 보고 있다. 2008년 리만브라더스 파산으로 촉발된 금융위기 때 봤고, 그 뒤 3년 만에 접한 유럽 재정위기 때도 봤다. 하이테크의 신천지가 불안하고, 부실하기도 하고, 불안정한 것이기도 하고 그렇게 전 세계적으로 보여주고 있건만 우리는 아직까지도 그 답을 못 보고 있는지 모른다. 위기가 심화될수록 경제에서도 로테크가 얼마나 중요한지를 다시 보게 된다는 의미다.

경제의 로테크야말로 별 게 아닐지 모른다. 무엇보다 근검저축, 안전자산이 기본이다. 주식투자라면 우량 종목에 정석 투자하는 것일 테고, 부동산이라면 집과 꼭 필요한 사업장 위주의 안정적인 투자, 적정 수준의 현금 확보 정도가 아닐까. 경제 지식을 더 얻고, 그것을 바탕으로 지혜를 축적해가는 것은 여기에 붙는 하이컨셉이겠다.

정부도 하이테크화를 부채질하는 온갖 제도를 비판 없이 받아들이고, 그런 종류의 금융 상품을 쉽게 승인하면서 하이테크 세계로 앞서 달릴 일만은 아니다. 정부는 개인과 중소기업들이 가급적 로테크 기술을 다지도록 유도해야 한다. 피할 수 없는 사이에 너무나 빠르게 우리 곁으로 다가온 하이테크 시대에 로테크의 의미를 되새겨보는 것, 그것은 다름 아닌 기본을 되찾자는 얘기다.

'로테크 하이컨셉(lowtech highconcept).' 로테크를 로테크란 말로 끝내지 않고 하이컨셉에 갖다 붙인 의미는 하이테크(hightech) 시대에 대한 반성이다. 지금은 하이테크가 너무나 일상화된 시대라는 점을 부인할래야 부인할 수도 없거니와 되돌릴 수도 없는 사실이다. 너무 흔해 빠져서 하이테크의 산물인지도 모르고 지나치는 것도 부지기수다.

하지만 거듭 되는 문제는 하이테크가 로테크로 무너진다는 점이다. 9.11 테러가 그러했듯이 로테크는 하이테크의 체제를 뚫는다. 잘 다져진 하이테크 사회가 기본기를 확실히 다진 로테크 기술 한 방에 무너졌다는 점에 우리는 주목해야 한다. 우직해 보이지만 로테크가 하이테크를 이길 수 있다는 사실을 다시 한 번 염두에 둬야 한다.

2

가장 세계화된 노동시장, 축구 선수

― '축구 주식회사'와 '축구 선수의 근로조건'

✗

2012년 런던 올림픽은 한여름의 뜨거운 축제였다. 온갖 묘기가 나왔고, 극적인 드라마가 전개됐다. 숙적 일본을 꺾은 한국 축구는 한여름의 이 드라마에서 클라이맥스였다. 독도 문제로 양국 간 감정이 좋지 않는 시기에 일본을 꺾고 올림픽에서 동메달을 확보한 한국 축구에 온 국민이 열광했다. 그보다 2년 전인 2010년 남아공 월드컵 때도 그랬고, 2002년 서울 월드컵 때도 우리 사회 전체가 축구공의 움직임에 환호했다.

갈수록 뜨거워지는 축구 열기는 어디에서 비롯된 것인가? 월드컵을 지구촌 최대의 빅 이벤트로 키운 국제축구연맹(FIFA)의 마케팅 전략이 무엇이기에 지구촌이 함께 열광할까? FIFA는 축구를 산업화해 2010년 매출 33억 달러(4조원)에 순이익은 11억 달러(1조3천억 원)를 거두게 됐고, 이로 인해 보유한 현금자산만 10억 달러에 달한다고 한다. 이익률을 보면 기업도 이런 기업이 없다.

공 하나로 울고 웃는 이 단순한 놀이, 축구를 두고 세계적인 기업들은 홍보비용 쓰기를 주저하지 않는다. 2010년 남아공 월드컵에 코카콜라가 투입한 마케팅 비용만도 6억 달러에 달했다고 외신보도는 전했는데, 1억2,400만 달러를 FIFA와 스폰서십 체결에, 나머지 4억7,500만 달러는 순수 마케팅 비용에 썼다. 대회 시작 3년 전인 2007년에 이미 마케팅 전문가 6명을 남아프리카공화국에 파견해 3년 계획으로 월드컵 마케팅 준비에 들어갔던 코카콜라였다.

축구는 이제 단순히 스포츠의 한 종목만이 아니다. 국가주의, 민족주의가 강하게 스며든 그라운드의 전쟁이자 글로벌 초대형 기업들의 현대적인 마케팅이 어떻게 진화되는지를 보여주는 완전히 새로운 신천지다. 기업들에게는 놓칠 수 없는 홍보의 중요한 무대가 된 것이다. 축구계의 실력자는 곧 정치적 파워를 행사하게 되고, 뛰어난 축구 선수들은 어떤 연예인 못지않은 현대의 스타가 되어 엄청난 부와 명예를 누린다. 축구의 정치화이면서, 축구의 산업화이고, 축구의 엔터테이너화이다. 그러면서 축구의 세계화다. 이렇게 축구가 국제화되면서 시골 동네 곳곳에서 펼쳐졌던 전형적인 로테크형 '공차기 놀이' 축구는 완전히 하이테크형 게임으로 탈바꿈해가고 있다.

이렇게 축구가 급성장한 것은 다른 어떤 분야보다도 세계화와 상업화에서 앞섰기 때문이다. 2010년 상반기, 미국 예일대의 온라인 저널 〈예일 글로벌〉에 실렸던 한 칼럼은 바로 이 점을 지적했다. 칼럼은 "축구만큼 세계화된 스포츠는 없다"고 규정했다. 그러면서 "세계화로 구단 경쟁력을 키우고 축구 경기의 수준을 높여온 사례를 국제 노동시장에도 적용할 만하다"며 축구가 세계화를 통해 거둔 성공사례를 다른 분야도 배울 만하다고 제안했다.

몇몇 사례만 봐도 축구가 어떻게 세계화에 앞섰고, 상업화에 성공했는지를 잘 알 수 있다. 가령 영국의 프리미어 리그에서 뛰는 한국의 박지성 선수나 코트디부아르 오지 출신의 선수와 달리, 뛰어난 능력을 갖춘 카메룬의 의사와 나이지리아의 엔지니어는 영국, 스페인, 이탈리아에서 자유롭게 진료하거나 기술력을 발휘하지 못하는 게 현실이다. 공공 부문에서도 아직은 멀었다. 노동시장의 국제 장벽은 엄존하고, 기득권을 지키려는 보이지 않는 벽도 있다.

의사, 과학자, 엔지니어와 같은 실질적인 하이테크 분야의 최고 전문가들과 비교하면 상대적으로 로테크 분야의 전문가인 축구 선수들의 노동시장에는 국제적인 장벽이 없다. 능력 있는 축구 선수는 국적에 상관없이, 인종과 관계없이 최우수 팀에서 얼마든지 환영받으며 뛸 수 있다. 선수들은 더 많은 연봉을 제공하는 팀을 선택해 국경을 넘나들며 자유롭게 활동하는 게 현실이다. 2010년 5월, 유럽축구연맹(UEFA) 챔피언스 리그에서

45년 만에 우승한 이탈리아 인터밀란의 경우, 결승전 선발선수 중 이탈리아 출신은 단 한 명도 없었다. 그 당시 영국, 스페인, 이탈리아, 독일, 프랑스 등 유럽의 메이저 리그에서 뛰고 있는 2,600여 명의 축구 선수 가운데 800여 명이 외국인이었다. 오로지 실력으로 경쟁하는 외국 출신의 축구 선수들이 유럽 축구계에 점점 많아진다.

축구 선수의 '근로조건'이나 '고용계약'에 제한이나 규제가 처음부터 없었던 것은 아니다. 1995년 장 마르크 보스만이라는 벨기에 선수가 각 구단마다 외국인 선수를 2~3명만 채용할 수 있게 한 규정에 대해 '노동의 자유'를 보장한 유럽연합(EU)의 법을 위반했다며 이의를 제기했던 것이 변화의 시작이었다. 그의 주장이 받아들여지면서 선수들의 국제적 이동은 활발해지기 시작했고, 그만큼 축구의 세계화는 빠른 속도로 진행된 결과가 지금의 선수 분포다.

능력 있는 선수들이 아프리카와 남미, 아시아 할 것 없이 세계 곳곳에서 발탁돼 우수한 팀으로 몰려가니 이쪽에서 앞선 팀의 전력도 좋아졌다. 우수 선수들이 몰려 뛰면서 경쟁하자 축구의 수준 자체가 달라졌다. 개인기와 기술개발, 작전과 전략이 개발되면서 팬들은 축구에 더욱 열광하게 됐고, 그렇게 전형적인 로테크 경기가 하이테크 스포츠로 발전하면서 축구 팬 자체가 급증했다. 현대 축구시장이 하루가 다르게 커진 기반이다. 지금 FIFA가 돈은 돈대로 벌면서 위세는 위세대로 하는 권력체가 된 배경이기도 하다.

시장이 성장하자 여유 있는 팀들은 뛰어난 선수들을 속속 영입했고, 이 바람에 구단과 선수들은 더 부유해졌다. 일단 선순환 구조에 들어서자 팬들의 만족도도 높아졌고, 대기업들은 거액을 들고 앞다투어 스폰서로 나섰다. 세계화의 성과가 그렇게 나타나면서 축구는 로테크 영역에서 하이테크 세계로 변모했다.

한번 산업화의 길로 들어서자 축구업계(구단)는 장기투자에 나서게 된다. 실제로 세계적인 명문 구단은 장래를 내다보면서 아프리카, 남미 등지로 어린 축구 영재를 찾아 나선다. 유럽 구단들은 자질이 보이는 어린 선수를 발굴해 성인이 될 때까지 미리부터 '장학금'을 제공하며 입도선매도 한다. 우수인력을 미리 확보하겠다는 장기 발전전략이다. 이렇게 선수층을 두텁게 하니 '축구경제' '축구산업'은 점점 성숙해질 수밖에 없다.

하지만 축구의 세계화와 산업화에도 그림자는 있다. 여기서도 문제는 양극화다. 한 번 앞선 축구팀은 넉넉한 자본력으로 실력 있는 선수와 역량 갖춘 감독, 코치를 대거 유치해 전력을 더욱 향상시키지만, 뒤처진 팀은 그 반대가 된다. 선진국으로 우수 인재가 몰리면서 저개발국과 격차가 계속 벌어지는 현상과 같은 모습이다. 프로 선수들이 뛰는 멋진 잔디구장과 생활 주변의 맨땅 축구의 격차가 더 벌어지는 것도 양극화라면 양극화라고 볼 수 있다. 그렇다 해도 축구의 세계화와 산업화는 국제 노동시장의 선진화에 던지는 시사점이 크다.

3

경제가 어려워지면 먼저 떨어지는 것이 사람값

𝕏

1970년대에 〈6백만 불의 사나이〉라는 미국에서 인기 TV 드라마가 있었다. 전자 눈과 로봇 팔다리를 가진 '미니 슈퍼맨'이 악당들을 혼내는 드라마였는데, 그렇게 보통 사람을 초능력자로 완전히 개조할 때 드는 비용을 합계 낸 것이 당시 금액으로 6백만 달러였다. 40년도 더 지났으니 인플레이션을 감안하면 지금은 비용이 얼마나 올라갈까? 하이테크 세상이어서 첨단 제품에 대한 생산 단가가 내려간다고 할 수 있겠지만, 이 정도의 슈퍼맨을 만드는데 필요한 비용은 많이 내려가지 않을 것 같다. 세상에 제일 귀한 존재가 사람이라지만 건강하고 강한 육체로 보수·대체하는 개념에서 이렇게 '사람값'을 계산 못해볼 것도 없다.

인권으로 보자면 돈으로 계산 못할 게 사람의 가치이겠지만,

통상적으로 사람값을 생각해본다면 역시 임금과 개인의 수입을 놓고 판단해보는 것이 상식적이겠다. 경제가 나빠지면 주식이니 부동산이니 원자재니 하는 자산 가치가 모두 떨어지지만 사람값 떨어지는 것이 제일 커 보일 때가 많다. 청년 백수에 구조조정의 실직자로 유휴인력이 급증하니 경제적인 수급 논리로 볼 때 인력시장에서 공급이 넘치게 되는 사람의 가치가 떨어지는 것은 당연하다. 너무 비싸도 탈, 너무 싸도 탈인 게 사람값이다.

파생상품 등으로 하이테크의 모래성을 쌓고 수천만 달러의 연봉에다 더 많은 성과급까지 챙긴 월가의 금융회사 경영진은 사람값이 터무니없이 비쌌던 게 문제였다. 생산성이 뒷받침되지 않는 비상식적인 사람값이 어떤 결과를 초래하는지 우리는 2008년 글로벌 금융위기 때 생생히 봤다.

경제적 능력, 부가가치의 창출 역량을 넘어서는 인건비에서부터 거품이 쌓였다. 이런 데다 담보로 잡은 자산까지 부실해졌으니 회사가 정상적으로 굴러갈 리가 없었다. 메릴린치 CEO의 퇴직금 1억6천만 달러, 같은 회사의 다른 CEO의 한 해 보수 2,500만 달러, 베어스턴스 CEO의 2007년 보수 7,200만 달러, AIG 대표의 퇴직보수 4,500만 달러, BOA에 합병된 컨트리와이드 CEO의 3년간 스톡옵션 4억 달러와 합병시 별도의 5천만 달러 보상금 등등…. 망한 금융회사에서 천문학적인 임금과 보너스, 퇴직금과 위로금을 지급한 사례는 끝이 없다.

금융회사만이 아니었다. 당시 127억 달러의 적자로 회사의 존망이 흔들린 포드 CEO가 받은 보수도 2,800만 달러였다. 망한 금융회사의 경영자가 거액의 위로금을 받고 나가는 상황이니, 그 아래 부사장, 이사, 팀장 등 임직원들은 또 직급별로 얼마나 많은 임금을 받았을까. 이렇듯 과도하게 높여나간 사람값이 결국 뒤탈을 낸 것이다.

반면, 과거 식품에 들어간 멜라민 파동에서처럼 이따금씩 전해지는 중국 발 먹거리 품질 문제로 한국에서까지 소란스러웠을 때를 돌아보면 중국의 사람값이 너무 싼 것이 문제의 근원이다. 제조지 중국에서 인명 피해에 대한 보상비용이 높다면, 즉 사람값이 비쌌더라면 이런 일은 발생하기 어렵다.

후진국에서 대형 산업재해가 허다히 발생하는 것도 같은 맥락이다. 철저한 산업안전 시설을 갖추는 것보다 설사 사고가 발생해도 인명 보상비가 더 값싸기에 일어나는 일들이다. 적어도 경제적으로 보자면 그렇다.

이처럼 사람값은 경제 여건에 따라 수시로 변한다. 경제성장의 결과가 사람값으로 반영된다. 한국의 대졸 대기업취업자 초봉이 미국에서 중고생의 맥도날드 햄버거 가게 아르바이트 임금을 추월한 것도 1980년대 이후의 일이다. 지금 한국의 대학생들이 편의점에서 정부가 정한 최저임금 수준의 시급을 받으며 저임금이라 하지만 미 달러화로 환산해 비교하면 아프리카나 다른 저개발국의 대학교수보다 더 많은 돈을 받는 것은 한국 경제에 대한 국제적 평가인 셈인데, 한국의 사람값이 그런 나라보다 훨씬 비싸다는 사실을 보여준다.

해마다 정부 주도로 노동계와 사용자측, 공익 전문가들이 모여 격론을 벌이며 산정하는 최저임금 심의는 그런 차원에서 보자면 사람값을 산정하는 작업이라고도 볼 수 있다. 물론 이 때도 사람값 산정에서 기본은 경제 상황의 반영이다. 이 때 재계는 고임금 때문에 고용확대가 어렵다는 주장을 많이 하는데, 생산성이 떨어지니 사람값도 조정하자는 논리다. 반면 이에 반대하는 노동계의 주장은 사람값을 시대에 맞게 올리자는 것이다.

사람값은 경제의 선택에서 그대로 적용된다. 1984년 인도 보팔에서 미국계 농약공장 유니언카바이드의 원료탱크가 파손, 독가스가 유출되는 사고가 발생했다. 인도인 1만5천여 명이 사망했고, 10만여 명이 다친 초대형 참사였다. 사고 후 유니언카바이드는 인도 정부와 4억7천만 달러 지불로 사고보상에 합의했는데, 인도의 사망자는 1인당 당시 한국 돈으로 240만 원 가량을 받은 것으로 알려졌다. 인건비가 높은, 사람값이 비싼 유럽이나 미국에서도 과연 이 방식, 이 금액으로 무마됐을까?

어림없는 일이다. 이러니 다국적 거대기업들 중에는 제3세계에 대규모 사업장을 건설 운영할 때 안전시설을 의도적으로 기피하는 경우가 나온다. 안전시설 강화에는 막대한 비용이 추가로 들어가는 반면, 현지의 사람값은 싸니 극단적인 인명사건이 발생한다 해도 대가가 싼 쪽으로 의사결정이 내려지는 것이다.

사람값이 오르고 내리면 당연히 사람의 유출입도 빈번해진다. 재정 위기 이후 스페인의 청년 실업자들은 대거 독일로 몰려갔다. 그렇게 상품의 이동처럼 국제적 균형도 이뤄진다. 한국의 3D 업종에 종사하는 서남·중앙아시아 인력들 유입이 그렇고, 미국으로 진출하는 인도의 IT 전문가들이 그런 예다.

지나치게 사람값이 싼 것이 마구잡이식 먹거리를 생산하고 산업 위험을 방치했다면, 지나치게 비싼 사람값은 결국 국가 경제에 위기를 불렀고, 세계 경제까지 뒤흔들었다.

4

축을 이해하면 큰 줄기가 보인다

공부하고 학습하는데 중요한 것이 기본원리의 이해다. 세상을 제대로 바라보고 정확히 이해하는 데도 같이 적용될 수 있는 지적이다. 원리나 기본원칙을 잘 찾고 기준을 확실히 한다면 복잡다단한 세상의 기본 이해에 큰 도움이 될 것이다.

하루가 다르게 변화가 빨라지고, 여러 가지 트렌드가 뒤엉켜 굴러가는 현대사회에서는 더욱 더 그렇다. 그 기준을 간단히 축(軸)이라고 해두자. 평소 축에 대한 이해를 해두면 경제 문제를 비롯한 현대사회의 갖가지 현상을 받아들이고, 그것을 자기의 생각으로 재정리하는데 크게 도움이 된다.

가령 이런 식이다. 스포츠라고 하지만 아마추어 경기가 있고, 프로(프로페셔널) 리그가 있다. 그 둘 사이에는 큰 차이가 있지만, 그렇다고 딴 세계의 일은 아니다. 종교인이라 해도 일생을 통한 전업 여부에 따라 성직자와 일반 신자로 나눌 수 있을 만큼 큰 차이가 나게 된다. 사회적 업무 수행에서도 공공 부문(공직)이냐 민간 부문(기업 등)이냐에 따라 지향점, 행동양식, 성과와 보상 등 모든 것이 다르다. 지향점은 비슷하고 문제의 인식과 해결방법이 비슷하다 해도 과정과 결과는 많이 다르게 된다.

호모 루덴스(homo ludens: 놀이하는 인간)를 지향해가는 현대인이 일상적으로 접하는 문화와 예술에서도 그런 기준에서 여러 축을 생각해볼 수 있겠다. 그런 축으로 확실한 기준의 하나로 이성과 감성을 들 수 있겠다. 문학, 음악, 미술 같은 개별 장르를 떠나 시대사조라는 큰 틀에서 볼 때 이성과 감성이라는 축으로 바라보는 분석은 꽤나 유용하다. 이성과 감성의 강조 축에 따라 고전주의-낭만주의-사실주의-자연주의와 같은 문예사조가 근대 이후 서양에서 조화롭게 발달했음은 서양문화사를 들여다보면 바로 확인된다.

인간의 이성이 강조되면서 그 기반 위에서 나온 예술사조가 중세의 신(神) 중심 사고에서 벗어나 인간을 본격적으로 탐구하고 인간존중을 추구하는 고전주의 예술이다. 어느 정도 시간이 지나 이런 인간 이성의 엄격함과 완고함에 반발해 나온 예술사조가 낭만주의다. 낭만주의 시대에 인간의 느낌, 감성과 감정을 존중하면서 예술적 영감과 표현은 풍성해졌으나, 감성과 감정에 대한 낭만주의자들의 의존이 과도해지면서 그런 작품에 대한 비판과 기피 현상이 나타났다. 그렇게 낭만주의 예술사조에 대한 반발로 나온 것이 사실주의였고, 다시 사실주의적 이성과 논리 중심의 작품이 한계점을 드러낼 무렵, 자연주의라는 또 다른 감성, 감정 중심의 유파가 나온 것이다.

문예사조에 변화를 가져오는 이런 중심 축(이성-감성-이성-감성으로 변화)을 보면 문예사조가 왜 변하는지, 어떻게 변하는지를 보다 잘 이해할 수 있고, 작품 감상에도 큰 도움이 된다.

이렇게 축 이야기를 끌고 들어가는 것은 우리가 경제에 대한 현상 이해를 좀 더 수월하게 하고, 미래예측에서도 실제와 좀 더 맞도록 접근해보자는 취지다. 축의 개념은 경제 문제에서도 그대로 적용된다. 축으로의 분류는 여러 방향에서 접근이 가능하겠지만, 우선 대표적인 몇 가지로만 보자.

1. 경제에서 자유와 형평

먼저, 경제적 자유와 경제적 형평을 축으로 바라보는 것에서 시작하는 것이 좋을 것 같다. 경제적 자유는 시장경제, 민간의 자율경제, 그럼으로써 개개인과 개별 기업의 창의성과 독립성을 중시하는 경제체제를 유지하는 기본원리를 일컫는다. 현대 사회에는 정부의 개입이 불가피해지면서 완벽하게 경제적 자유 상태가 존재하기는 힘들겠지만, 개념적으로는 자유가 한 쪽 끝을 차지할 수 있고, 그 반대쪽에 형평을 세워놓고 볼 수 있겠다. 자본주의 경제, 시장경제의 본질이 경제적 자유를 기반으로 해 창의성을 극대화하자는 것이다.

경제적 형평은 아무래도 평등과 분배에 좀 더 방점을 두는 것을 말한다. 경제적 형평을 극단적으로 강조하는 경제구조라면 공산주의 체제가 여기에 해당된다. 그 정도까지는 아니어도 사회주의(혹은 사회민주주의)와 결부되면 형평을 중시하는 경제 체제가 되는데, 유럽에는 이런 전통이 강하다. 세금 부담률만큼 사회주의화된 것이라는 주장도 있다. 가령 한 국가사회 전체에서 번 돈의 30%(조세 부담률)가 세금으로 징수된다면 30% 공산주의화(혹은 사회주의화)된 것이고, 50%가 세금으로 나간다면 50% 공산주의화된 것이라는 식이다.

많은 나라에서 경제적 자유를 강조하느냐, 경제적 형평을 강조하느냐에 따라 양당 체제로 분류되면서 국가 권력을 주거니 받거니 다투는 점도 흥미롭다. 비록 양당 구조는 아니지만 프랑스나 독일을 위시한 유럽의 정당들도 이런 정치철학과 정강의 기반 하에서 움직인다. 미국도 공화당은 전자 쪽에 가깝고, 민주당은 후자 쪽에 더 가깝다.

한국에서도 이런 기류가 보인다. 과거 식으로 지역 기반 정당, 특정인을 중심으로 한 붕당 수준의 정당에서 벗어나 보수, 진보 성향으로 나누어지는 조짐이 최근 들어 한국 정치판에서도 보이는데, 그런 기준에서 보면 경제적 자유와 형평을 죽으로 삼는 관점은 상당히 현실과 부합된다 할 수 있겠다. 공화당-민주정의당-신한국당-한나라당-새누리당으로 간판을 바꿔온 보수 성향의 당이 대체로 경제적 자유를 강조하는 편이라면, 민주당-평화민주당-신민주당-열린우리당-민주통합당으로 이름을 바꿔온 자칭 진보 성향의 당은 상대적으로 경제적 형평에 무게를 둬왔다고 볼 수 있다. 이렇게 경제적 자유와 경제적 형평이라는 축을 들이대면서 보면 양쪽의 정당에서 내놓는 경제 관련 정책을 좀 더 분명하게 이해할 수 있게 된다. 미국 대선이나 미 의회 상하원 선거 때는 이 현상이 한국보다 더 분명히 나타난다. 유럽 정치의 큰 흐름을 이해할 때도 마찬가지다.

이렇게 축을 이해하고 이 축을 잣대로 삼아서 보면 2012년 프랑스 대통령 선거에서 상대적으로 보수 성향의 사르코지를 이기고 당선된 좌파 성향의 올랑드가 집권한 뒤 '프랑스 부자들이 다른 나라로 떠난다'는 기사가 왜 나오는지 알기가 쉽고, 비슷한 외신 기사가 나오는 배경을 이해하기도 쉽다. 경제적 형평을 강조하는 좌파 성향의 올랑드 정권이 들어서면서 프랑스에서 부자들에 대한 세금부과가 강화되고, 자국 자동차 시장 보호를 위해 한국산 자동차 수입을 가로막는 강력한 보호주의 정책을 추진하는 배경에도 경제적 자유보다는 경제적 형평을 강조하는 정권의 기본 성격이 깔려 있다.

반면, 경제가 좋지 않을 때 생산 라인의 규모를 줄이려는(그럼으로써 근로자 수를 줄이고 비용을 감축해 불경기를 직접 헤쳐 나가려는) 기업들의 생존 전략은 경제적 자유를 강조하는 정부 하에서 더 잘 수용될 것이고, 그런 정권에서는 기업들의 이런 경영활동에 제동을 거는 일도 상대적으로 적을 것이다. 다만 경제적 자유를 강조해야 할 정당에서 경제적 형평 차원에서 접근할 만한 정책이나 정강을 내놓기도 하는데, 정책 정당의 기본이 덜 갖추어진데 큰 원인이 있겠지만 한국에서처럼 선거 때 당장 유권자들의 표가 다급하다보니 눈앞의 표를 의식한 포퓰리즘이라고 보면 틀림이 없다.

2012년 대통령 선거를 앞두고 여야 정치권이 경쟁적으로 내놓은 '경제민주화' 논쟁이나 그 연장선상에서 나온 관련 법안들은 그래서 유권자들을 어리둥절하게 하는 변형 정책이다. 특히 일부 정파는 본인들이 속한 정당의 성격과 다른 정강을 제시했는데, 시대적 상황을 반영한 정책이라는 긍정적 평가가 없지는 않지만 기본적으로는 표를 다분히 의식한 정치권의 유권자 포섭 전략인 측면이 강했다. 경제적 형평과 경제적 자유라는 축을 분명히 이해하면 정치세력이 선거 때 내놓는 정책을 원만하게 이해할 수 있다.

2. 탐욕과 공포

인간의 본성은 어떤 상태일까? 본래 선한 존재라고 보는 데서 성선설(性善說)이 나왔고, 본래가 악한 존재라는 믿음에서 성악설(性惡說)이 나왔다. 여러 철학자들의 주장은 고대 이래로 많지만 입증되지도 않았거니와 판단이 어려운 문제다.

그렇다면 인간은 탐욕스런 존재일까? 경제적 관점에서는 그런 것도 같다. 탐욕적이어서 좋다, 나쁘다의 개념이 아니다. 탐욕, 혹은 욕심, 혹은 의욕은 지금껏 경제를 키워온 주요한 요소다.

탐욕의 정의를 어떻게 해야 할까? 개념적으로는 재론의 여지가 없는 쉬운 말이지만, 어디까지가 탐욕인지 그 경계를 긋기는 쉽지 않을 것이다. 주택시장의 과열로 연일 집값이 오르면서 전셋값을 마련하지 못한 가장이 목을 매다는 일까지 발생한 적이 있다. 자고 일어나면 집값이 오르는 상황, 주식시장에서 연일 사자 세력이 몰리면서 장바구니를 든 주부들까지 증권사로 몰리는 과열 주식시장, 태양광 사업이 신사업이라며 기업들이 너도나도 이 부문에 자금을 쏟아 넣는 과잉투자, 부동산 개발업이 최고의 수익투자라며 금융권이 앞다투어 PF(프로젝트 파이낸싱) 사업에 나서는 상황… 이런 것들이 경제에서의 탐욕 현상들이다. 역사적으로 보면 네덜란드의 튤립 투기 광풍이 대표적인 사례로 꼽힌다. 탐욕은 경제에서 단시간에 거품을 만들었고, 그 거품이 터질 때 개인들이나 후발주자들은 피눈물 나는 피해를 입으며 탐욕의 대열에 뛰어든 대가를 치러야 했다.

탐욕의 결과는 거품 붕괴다. 버블 세븐(2005~06년경 서울 강남과 과천 등 수도권 일대의 7군데 대표적인 집값 급상승지)이 탐욕(경제

주체 중 주로 개인들)의 결과였다면 '하우스푸어'(House Poor, 집을 구입하면서 대출을 과도하게 일으키는 등 집값에 무리한 투자로 생활까지 어렵게 된 주택 소유자)는 탐욕이 낳은 피눈물 나는 희생자들이다.

이렇듯 개념으로의 접근은 쉽지만, 어디까지가 탐욕이고 어떤 상황부터가 공포에 의한 행동인지 현실에서 꼭 꼬집어 적용하기는 어렵다. 마찬가지로 어디까지가 긍정적 의미로서 경제적 성취동기이고 의욕이며, 어디에서부터가 욕심을 넘어 탐욕인가 하는 것을 규정하기는 쉽지 않다. 그렇다 해도 기본적으로 모든 단시일 내의 급성장과 그에 따른 거품에는 탐욕이 깔려 있다.

경제의 국면으로 보면 탐욕의 반대에 공포가 있다. 탐욕도 문제이지만 공포 심리도 경제에서는 큰 걸림돌이 된다. 투자를 하지 않음으로써 경제가 축소형으로, 악순환 구조가 되는 것은 대개 공포 심리 때문이다. 공포 심리가 시장을 지배하면 예정된 투자, 상식선의 투자를 하지 않을 뿐만 아니라 필요한 경제활동, 적절한 소비도 하지 않는다. 미래에 대한 과도한 불안감, 현재에 대한 지나친 불안정감이 공포를 낳는다. 한번 떨어진 집값이 계속 하락하는 시장, 주가가 과도하게 폭락하는 장세, 경제가 더 나빠질 것이라는 비관이 팽배한 국면, 이런 때 시장을 지배하는 정서 혹은 기류가 공포다.

탐욕의 시기에는 낙관론이 팽창하면서 공포감은 우스운 애기가 된다. 반면, 공포가 지배하는 때에는 탐욕은 완전히 잊어버린 옛 얘기가 된다. 이 두 기류가 축으로 교차하면서 경제는 변화하고, 과성장을 촉발하고, 때로는 단순히 불황 차원을 넘어 위기라는 형태로 나타난다. 이 탐욕과 공포의 축을 잘 이해하면 경제상황과 변화의 방향이 점쳐진다. 그럼으로써 위기를 지혜롭게 넘길 수 있게 되면서 불안과 불만도 줄어드는 것이다. 하이테크 시대에는 탐욕기와 공포기가 더 자주 반복된다는 점도 주목해두자.

3. 투자와 투기

'내가 하면 로망스, 네가 하면 스캔들'이라는 말이 있다. 모든 판단의 중심은 '나'라는 얘기가 되겠다. 똑같은 사안이지만 보기에 따라 인생에 은밀한 맛을 더해주는 (따라서 선망거리도 되는) 로망스가 되는 반면, 동일한 사안이라도 비판적으로 보자면 (모두로부터 비난의 대상인) 스캔들이 된다.

경제를 키우고, 또 위축시키는 투자문제에서도 그렇다고들 한다. 일반적으로 내가 돈을 넣으면 (경제를 키우고 살찌우는) 투자라는 것이요, 남이 하면 (거품이나 잔뜩 키우면서 불로소득을 만드는) 투기라고 보는 경향이 강한 것 같다. 과연 그럴까? 투자와 투기 역시 개념적으로는 좀 쉽게 정리할 수 있을지 몰라도 명확하게 선을 긋기는 어렵다.

돈에는 색깔이 없다고 한다. 예를 들어, 주식시장만 해도 온갖 종류의 돈이 밀려든다. 청빈한 돈, 공무원의 연금과 실험실에서 청장년 시기를 보낸 과학자의 연구수당이 투자되는가 하면, 조직폭력배의 검은 돈과 불법사업으로 거둬들인 범죄 수익금도 들어온다. 이렇게 모인 온갖 종류의 자금이 모여 자본시장을 가동시킨다는 점에서 주식시장은 시장경제의 용광로 격이다. 요컨대 자본이 몰려드느냐 빠지느냐가 주요한 포인트이지, 이런 상황에서 투자 성격의 돈이냐 투기 성향의 자금이냐를 따지는 것은 그다지 중요하지 않을 수 있다.

그렇다 해도 개념적으로는 인식해둘 만하다. 경제를 이해할 주요한 축이기 때문이다. 단기성과를 노린 지출인가 장기적 안목에서 집행된 쓰임새인가, 모든 규정을 준수한 합법적인 투자냐 탈법과 편법도 불사하는 투기냐, 이런 것들은 염두에 둘 만하다. 시장에 대한 심판 격인 정부(국가 권력)는 이 점을 중시해야 한다. 마치 장기적 관점의 지출은 투자이고, 단기적 목표의 지출은 투기인 것처럼 보인다면 이 또한 오해다. 애당초 장기냐 단기냐를 구별하는 기준도 없거니와, 장기 혹은 단기라는 것 자체가 매우 상대적이고 주관적인 개념일 수밖에 없다. 데이트레이더에게는 주식을 사들인 뒤 불과 1시간 정도만 팔지 않고 보유하는 것이 장기투자일 수도 있는 반면, 국민연금과 공무원연기금, 군인연금과 같은 펀드가 1년 정도 투자한다면 상대적으로 단기투자에 가까운 것으로 평가되는 국면도 있다.

장기투자는 좋은 것이고, 단기투자는 문제가 있는 것이라는 식의 단선적 접근 또한 무의미하다. 투자의 행위는 결국 지극히 상대적일 수밖에 없다는 점을 받아들여야 한다. 다만 개인들이 경제를 이해할 때 시장에서 벌어지는 일이 투기성인지 투자 쪽에 가까운 것인지를 축으로 삼고 판단해보는 습관은 꽤 유용해 보인다.

4. 민간과 공공

공공 영역은 선(善)이고, 민간 영역은 그 반대일까? 혹은 그 반대로 공공 영역의 모든 결정은 규제인데 반해, 민간의 의사결정은 시장경제를 살찌우는 좋은 것일까? 공공 영역의 의사결정은 공익을 좇아가는 바람직한 결정이고, 민간 영역의 결정은 뭐라 해도 사적 이익이나 좇는 것으로 감시의 대상인가? 그래서 공공과 민간에는 격의 높고 낮음이 있는 것인가?

우리는 일상적으로 미처 확인이 안 된 명제들에 둘러싸여 있다. 이런 명제와 가설에는 맞는 내용도 없지는 않겠지만 지극히 감정적이고 즉물적인 것도 많다. 지금 짚어본 몇 가지 질문은 한 사례일 뿐이다. 이런 질문에서 우리는 편견에 사로잡혀 있을 때가 많고, 그래서 보다 중요한 본질을 놓칠 때가 많다.

우리에게 필요한 것은 민간 영역의 경제활동과 공공 영역의 그것을 구별하는 역량, 그 두 가지 영역의 차이점 알기, 그럼으로써 서로 다른 두 영역의 특성을 제대로 이해하는 것이 중요하다. 내용을 들여다보면 차이점은 명확하다. 민간과 공공이 대립적인 것이라기보다 상호보완적이라는 점, 이 두 영역이 조화를 잘 이룰수록 경제는 순항한다는 사실을 잘 이해하자. 민간과 공공의 영역, 양자의 고유한 기능과 지향점 또한 주요한 축이고, 이 축을 잘 보면 경제현상을 이해하는데 큰 도움이 된다.

5. 불황과 호황

경기는 끊임없이 변한다. 수요와 공급의 변화에 따라, 수요 자체가 많고 적음에 따라 경기는 순환한다. 불경기가 오는가 하면 호경기가 이어진다. 불황과 호황이라는 구별 축은 고전적인 진단 방식이면서, 가장 기본적인 접근 방법이기도 하다. 이 상황을 이해하면 개인의 선택에서도 실수를 할 가능성이 줄어든다. 상황 변화에 대한 이해력도 높아지게 된다.

이 밖에도 시장과 관청, 인플레이션과 디플레이션, 수요와 공급… 이린 식으로 축을 나눠보는 것도 관찰자이자 플레이어인 개인들이 갖추어야 할 지혜이고 능력이다. 특정 축 한 가지만으로 세상을 바라볼 필요는 없다. 기본 축에 보조 축을 가져와 적용해도 좋다. 여러 개의 축을 동시에 적용해 입체적 매트릭스 구조로 세상을 재어볼 수 있는 안목이 있다면 더욱 바람직하다.

일단 축을 정립하는 것이 중요하다. 그게 주관을 세우는 것이고, 세상과 경제를 바라보는 자신의 철학을 정립하는 것이다. 이렇게 축 세우기가 분명하면 분명해질수록 불안감은 줄어들 것이고, 불만도 적어질 것이다. 안정감이 늘어나고 만족이 높아지면 스트레스는 줄어든다. 그것은 행복에 접근하는 길이다.

이렇게 몇 가지 예시된 축으로 경제현상을 좀 더 쉽게 이해할 수 있듯이, 우리가 사는 현대를 더욱 더 잘 이해하기 위해 하이테크와 로테크라는 축을 섬세하게 들여다 보자.

5

빠르게 다가오는 하이테크 시대

✘

하이테크의 세상은 점점 빠르게, 더 큰 덩어리로 우리 주변에 밀려든다. 그만큼 현대인들은 열광한다. 하이테크는 왜 각광받을까? 하이테크의 일반적 특성들을 확인해 보자.

1) 편리하고 효율적이다

현대생활이 얼마나 편리해졌는지는 굳이 사례를 들 필요도 없다. 하루하루 생활에서 편리함은 우리가 일상을 버리고 다른 곳으로 떠나보면 안다. 해외로 나가보면 1인당 국내총생산(GDP) 순서대로 편리함과 불편함이 상관관계라는 사실을 알 수 있다. 잘사는 나라에 가면 그만큼 편리하고, 못사는 나라로 가면 그만큼 비례해 불편하게 마련이나. 이런 것을 수치로 꼭 집어서 확인하기는 쉽지 않지만 국내에서 생활하다가 미국과 일본, 중국과 인도, 베트남과 태국, 캄보디아와 나이지리아를 가보면 안다. 어느 나라에서나 그만큼 느낄 수 있고, 별로 예외가 없는 사실이다. 하이테크화의 수준과 일상의 편리함, 외형적인 효율성은 직접 정비례 관계가 분명하다.

2) 적은 비용으로 더 많은 만족을 거둘 수 있다

청정자연산만 고집한다면, 1천 원이면 살 수 있는 사과 1개를 사기 위해 1만 원을 지불해야 할지 모른다. 농약을 치지 않은 자연 상태의 사과만을 먹겠다면 제대로 맛이 든 것은 이제 찾기도 쉽지 않다. 하이테크 기술로 대량 생산이 가능해지지 않았다면 맛있는 과일 먹기는 오히려 더 어려워졌을 것이다. 요즘은 여름철에 수박을 사면서 과도로 수박 한 쪽을 삼각 피라미드로 도려내서 먼저 맛을 보고 사는 장면을 보기 힘들다. 하이테크 기술로 품질개량이 잘 되어 웬만하면 일단 예외 없이 당도가 높기 때문이다. 하이테크에 인류가 몰두하는 것은 이처럼 그 성과에 따라 돈과 직접적으로 연결되기 때문이다. 하이테크는 적은 비용으로 더 많은 재화를 생산하고, 같은 비용으로도 더 나은 상품과 서비스를 창출해 대중 소비자에게 더 많은 만족을 준다.

3) 생존에서 위험을 줄인다

하이테크가 현실에서 미치는 영향은 이중적이다. 그런 양면

성 때문에 하이테크 트렌드를 평가할 때는 딜레마가 생긴다. 그럼에도 불구하고 건강과 의료, 치안과 교통, 음식과 주거 등을 살펴볼 때 생활 속에 스며든 하이테크는 개인들이 생존에서 부딪치는 온갖 종류의 위험을 크게 줄여 준다는 것만큼은 부인할 수 없는 사실이다. 그런 쪽으로 제품이 개발되고, 관련 서비스가 상품으로 시장에 나왔다. 인류의 수명이 최근 몇 십 년 사이에 급속도로 연장되는 것은 그 결과다. 의학적으로, 영양학적으로 의식주에서 접하는 모든 위험을 응용 하이테크가 줄여 줬기 때문에 인간은 더 오래 생존할 수 있게 되었고, 생명연장이 가능해졌다.

4) 예측 가능한 미래를 만드는 데 기여한다

미래는 불투명하고 불확실하다. 경험치로 예견하고 예측한다지만 한계가 있는 것이 미래에 대한 전망이다. 당장 오후의 시내 교통상황에서부터 주말의 날씨, 내년의 물가와 환율, 미래의 주거 트렌드, 직업 선호도 등 예측해야 하고 전망해야 할 게 너무나 많다. 어쩌면 우리의 하루하루는 미래를 예측하는 그 자체일 정도다. 개인도, 기업도, 국가도 여기에 목을 매고 있으니 하이테크 기술, 기법이 여기에 응용되지 않는 구석이 없다고 봐야 한다. 몇 년 후의 일정까지 내 손 안의 휴대전화기 안에 다 들어 있다. 적지 않은 논란이 따르겠지만 하이테크가 미래 전망을 하는데 일단 도움을 준다.

5) 민간이 공공 부문을 이긴다

하이테크 기술은 정부와 관(官) 쪽에서 시작되는 경우가 적지 않다. 가령 지금처럼 멋지게 보편화된 스마트폰의 응용 기술도 거슬러 올라가면 전쟁터에서 쓰였던 미군의 전투형 무전기로 이어진다. 〈라이언 일병 구하기〉 같은 제2차 세계대전 영화나 〈플래툰〉 류의 베트남 전쟁 영화에 보면 최전방의 전투현장에서 소대장이나 중대장 뒤를 따라 다니는 무전병이 나온다. 등짝에 둘러맨 가방만큼 크고 무거운 무전기가 이런 영화마다 나오는데, 이 물건이 이동통신의 원조 격이다. 이 무전기는 미국 정부 주도로 개발된 전쟁무기임이 분명하다. 무전기를 들고 다니기 위해 전담 무전병 한 명이 필요했던 이 무기를 만든 기술이 정부 주도로 개발된 뒤 민간으로 이전되면서 지금의 휴대전화기가 나왔다.

지금 돌아보면, 원시적 형태로 벽돌만큼 큼직한 모토롤라의 초기 휴대전화기를 거쳐 불과 20여년 만에 음성까지 인식하는 멋진 스마트폰으로 몇 단계를 진화했다. 이렇게 전쟁터에서 전투장비로 시작한 무전기를 개발해 납품하고 휴대전화기로 개발한 주체가 민간기업인 모토롤라다. 이처럼 민간에 맡겨야 일이 된다. 하이테크의 응용 실태를 보여주는 스마트폰 진화의 시사점은 민간에서 연구하고 개발해야 눈에 띌 정도로 품질이 좋아지고, 서비스의 내용에서도 진전이 이뤄진다는 사실이다.

경제적 보상은 이런 진화를 가능케 하는 근원적 힘이다. 돈 때문에 하이테크가 빠른 속도로 발전한다고 해서 이를 폄훼할 필요가 없고, 이상하게 여길 필요도 없다. 그저 그렇게 움직이는 트렌드의 동기로 보면 된다. 갈수록 에너지 효율이 높고 디자인도 멋있는 데다 안전성도 강화된 모델이 속속 나오는 자동차가 그렇고, 주택과 의복류가 그렇다. 이밖에 다른 모든 생활편의들이 그런 동기에서 시작돼 발전했다. 적어도 하이테크 기술의 진화에 관한 한 민간이 정부를 비롯한 관(官) 사이드를 이길 수밖에 없다는 점, 애초에 양쪽은 경쟁이 되지 않는다는 사실은 분명하다. 다만 상호보완의 관계일 뿐이다.

6

정보화시대를 넘어

✗

1789년 발생한 프랑스 대혁명이 신대륙에 처음 알려진 것은 3달쯤이 지나서였다고 한다. 그나마도 첫 소식이 그랬다. 아메리카 대륙 구석구석까지 퍼지는 데는 얼마나 더 긴 시간이 걸렸는지 알 길도 없다. 예컨대 카리브 해의 아이티로 전파되는 데는 1년 이상 걸렸을 것으로 추정된다. 아이티의 독립운동가 루베르튀르의 노예해방운동(1790~91년) 시작을 고려해봤을 때 그렇다는 분석이다. 어떤 경로로든 프랑스 대혁명이 아이티의 노예해방운동에 영향을 미쳤을 것이기 때문이다.

신대륙의 대사건이었던 링컨 대통령 피격사건이 유럽에 전해지는 데는 보름쯤 걸렸다는 분석이 있다. 1865년의 이 뉴스는 최신식 증기선이 전해줬다. 당시로는 증기선이 대서양을 건너는 가장 빠른 수단이었다. 오늘날 현대화된 선박 기술로 보면 증기선은 아무도 타지 않을 배로 여겨지지만, 그 당시 증기선은 범선에 비해 한 단계 차원이 높은 하이테크형 선박이었다. 그런 신기술 덕분에 정보의 이동은 76년 만에 6배쯤 빨라진 셈이다.

프랑스 대혁명 전, 근대 이전에는 정보의 이동 속도가 더 느렸을 수밖에 없다. 가령 일본소설 〈대망〉을 보면 도쿠가와 이에야스(德川家康)가 스페인 선교사에게서 영국 여왕의 통치와 신문물에 대해 전해 듣는 장면이 나온다. 역사적 고증을 거친 내용으로 여겨지는데, 상당한 시차가 불가피한 시대에서는 그렇게 직접적인 만남을 통해 이뤄지는 대면(對面) 정보가 사실상 거의 전부였을 것이고, 서면(書面) 정보는 보완적으로 오갔을 것이다.

시대를 거슬러 갈수록 인간의 행동반경은 적었을 것이고, 당연히 인적 교류도 적었다고 봐야 한다. 사방이 로테크뿐인 환경에서 다른 세계의 소식, 뉴스의 전파는 그만큼 느렸다. 그런 시대에는 아예 개념도 없었겠지만 정보의 이동량이 제한적일 수밖에 없었다. 그런 로테크 시기에는 그나마도 외부 정보는 소수의 지배층이 독점했다. 그것이 힘이고, 권력이었다.

바야흐로 시대는 변해 이제 21세기다. 군데군데 정보의 오지가 없지는 않지만 드넓은 세상은 하루가 다르게 좁은 지구촌이 됐고, 말 그대로 유비쿼터스(Ubiquitous) 뉴스 시대가 되었다. 정상적인 개방 국가라면 나라 안팎의 실시간 뉴스 흐름은 너무나 당연하다.

몇 년 전, 새해 시작을 앞두고 남극해에서 발생한 한국 선박 제1인성호 침몰 때도 그랬다. 지구 정반대쪽 먼 바다 한가운데 였지만 "지금 가라앉는 중…"이라며 침몰 상황은 생중계되다 시피 했다. 배가 채 잠기기도 전에 한국인은 몇 명, 외국인 선원 은 또 몇 명이란 사실까지 파악되었다. 이런 정보가 이제는 신 문사나 방송국의 국제부 데스크만 보는 뉴스가 아니다. 정부만 손에 쥘 수 있는 정보도 아니다. 지구촌이 동일 뉴스대다.

게다가 국제 뉴스와 국내 뉴스의 구별이 어려워진 것도 지금 의 특징이다. 경제기사와 비(非)경제기사의 분류가 무의미해진 것과 같다. 그래서 편리해진 것도 같고 근사해진 듯도 하지만 이렇게 되니 불편한 일도 적지 않게 생긴다. 무엇보다 정보량이 과도하고 흐름도 너무 빨라 혼란스러울 때가 있고, 다수인들의 생활에 덜 좋은 영향을 미칠 때도 많다.

몇 년 전, 국제 코코아 값이 급등한 적이 있는데 정보가 실시 간으로 과잉공급된 것이 오히려 상황을 악화시킨 좋은 사례다. 당시 코트디부아르의 정정 불안이 코코아 값을 갑자기 오르게 한 주요 원인이었다. 아프리카 오지의 빈국에서 대통령 선거가 있었고, 선거 결과 전직 대통령과 새로운 당선자가 서로 대통령 이라며 한동안 싸우는 바람에 나라가 혼란에 빠지게 됐다. 이 통에 이 나라의 최대 수출품이자 나라 경제를 이끌었던 코코아 의 해외 선적에 차질이 생겨버렸다. 코트디부아르 산 코코아가 세계 생산량의 40%를 차지하다보니 초콜릿 값이 오르는 건 자연스런 수순이다. 문제는 현지의 상황이 실시간으로 그대로 전해지면서 가수요에다 투기가 뒤얽혀 오른 가격을 더 끌어올렸다. 이쯤 되어버리면 가격 예측은 한층 어려워진다. 차라리 코트디부아르의 정황이 외부로 알려지지 않았다면 그런 투기 바람은 덜했을 공산이 크다. 하이테크 시스템이 잘 구축된 정보의 유비쿼터스 시대에 나타나는 부작용의 좋은 사례였다.

2010년, 아직도 완전히 개방되지 않은 북부 아프리카 튀니지의 재스민 혁명이 이집트로 옮겨간 과정도 그러했다. 세계가 카이로 도심의 전투 상황을 거의 실시간으로 지켜봤다. 동시에 미 백악관의 대책회의까지 회의를 공개하는 한 바로 지켜볼 수 있었고, 직접 관계 당사국인 이스라엘 총리의 논평도 즉각 들을 수 있었다.

동시대형 진행을 확인하기 위해 이런 저런 사례가 더 필요한 것이 아니다. 21세기 현대사를 바꾼 하이테크 세계에 대한 로테크의 대공격인 9.11 테러를 우리는 지구촌 반대편에서 TV 생중계로 지켜보지 않았던가. 재스민 혁명 때, 이집트 카이로 거리 정황은 그대로 국제유가 변수로 이어졌고, 곧바로 세계 증시에 반영됐다. 정보의 유비쿼터스화와 그것의 실시간 공유 트렌드는 피할 수 없는 흐름이다. 따지고 보면 부작용도 적지 않지만 그래도 단점보다는 장점이, 부작용보다는 이점이 많아 보인다. 이 기류가 국제화와 세계화, 개방인데 이런 흐름은 한번 시작되면 스스로 속도를 낸다는 점도 우리가 유심히 봐야 할 특징이다.

한국의 경우, 이런 물결을 적극 타면서 스스로 개방경제를 택했다. 무엇보다 경제적 성취를 노린 선택이었지만 정치적으로 민주주의까지 가능케 해줬다. 사회적으로 볼 때 진화라면 진화이고, 경제적으로 봐서 성장이라면 성장이다. 사회와 역사는 그렇게 나아간다.

　재스민 혁명이 튀니지, 이집트 등지를 차례차례 거쳤을 때 중동과 마그레브(Maghreb; 리비아·튀니지·알제리·모로코 등 아프리카 북서부 일대의 총칭)의 진통도 그런 진화의 초기 과정이었을 것이다. 이들 지역의 국가는 하이테크 시스템에 힘입어 뒤늦게 사회와 정치발전에 나선 셈인데, 그렇게 보면 이집트는 대혁명의 프랑스와는 222년 격차로, 4·19의 한국과는 51년 차이로 뒤따라오는 것일지도 모른다. 재스민 혁명의 밑바탕에는 휴대전화, SNS(social network service)와 같은 하이테크의 물결이 크게 기여했다. 마치 하이테크 증기선의 출현이 신대륙 아메리카와 구대륙 유럽 사이를 확 줄여버린 것처럼.

1. 위상이 흔들리는 지식과 정보

　지식과 정보가 부(富)의 원천이라고 손꼽힌 것은 그리 오래 되지 않았다. 긴 인류 역사로 볼 때 완력과 물리력이야말로 굶주림과 추위를 막아주는 기본 동력이었다. 힘이 세고 빨리 달리는 능력에다 용감한 성격이라면 최고의 능력자였을 것이다. 수렵시대와 농경시대가 그러했을 것이고, 근대 이전의 인류사회의 기본이 그런 모습이었을 것 같다.

그러나 산업혁명을 거치고 정보화시대에 들어서면서 지식과 정보의 가치가 재확인됐다. 그 자체로 혁명이었고, 혁신 과정이었다. 최근까지도 부의 근원으로 지식과 정보의 중요성은 계속 부각돼 왔다.

지식을 경제나 경영, 즉 세상살이에서 편리나 풍요 문제와 연결하면 어떻게 될까? 지혜의 영역과 겹치지 않는 것은 아니지만 한 마디로 정리하면 지식은 생산성을 증대시키는 힘으로 이해될 만하다. 같은 투입요소에 더 많은 결과를 내는 방법이라면, 같은 결과물을 생산하는데 비용을 더 줄일 수 있다면 공학적 기술이든 경영의 방법론이든 모두 실용 지식이다. 생산에 직접 영향을 미치지 못해도 상관없다. 우회적으로라도 생산성을 더 높이는 것이라면 당연히 중요한 지식이다. 요즘 재조명 받는 인문학이 그런 것이다. 동일한 생산물로 더 많은 다수가 만족해하는 의미 있는 분배방식까지 지식에 포함해도 좋겠다.

정보의 효용성은 미래예측이라는 측면에서 보면 쉽게 납득된다. 증권과 부동산 같은 자산의 가치전망, 특정 기업의 경영예측, 경제와 사회적 트렌드 분석에 이르기까지 현대사회에서 정보라는 것이 적용되지 않는 부분은 찾아볼 수 없을 것 같다. 정보는 장·단기 미래전망 역량이다. 지금껏 이런 능력이 부(富)

를 크게 좌우해왔다.

하지만 지식과 정보가 지금까지 그러했던 것처럼 앞으로도 부의 원천이 될까? 미래에도 지식은 여전히 생산성을 좌우하고, 정보는 직업의 우열을 결정하는 핵심 요소로 남을까? 그 가치가 당장 수그러들진 않겠지만 위력만큼은 급속도로 약해질 것이다. 무엇보다 지식이 너무 흔해졌다. 인터넷에 쌓여가는 것을 보면 지식의 유비쿼터스화라 할 만하다. 지식은 널려 있고, 언제나 접근 가능해졌으며, 구하는 비용도 싸졌다. 이런 상황인데도 지식은 계속해서 사회적으로 힘이 될까? 이미 지금 대학생 정도의 지식은 18세기 옥스포드 대학 총장보다 나을 것이며, 현대의 평균 정도 도시 직장인 정도면 조선시대 웬만한 의사보다 의학적 정보량이 많을지 모른다.

누구나 접근가능해진 인터넷에 축적된 지식을 능가할 개인은 없다. 정보 또한 특정 계층, 소수 집단이 누리던 시대가 끝나가고 있다. 내가 아는, 우리만 알고 있는 정보는 더 이상 정보가 못 된다. 유포나 확산도 선이나 면을 따라가는 식이 아니라 동시에 전면적으로 퍼지는 것이 정보다. 그렇기에 약간의 시간차로 위세 부리기도 어렵게 됐다.

2. 성큼 다가선 '초(超)지식 탈(脫)정보 사회'

이렇게 된 사회, 이런 미래를 '초(超)지식 탈(脫)정보 사회'라고 불러보면 어떨까? 그렇다면 이때 키워드는 무엇인가? 재미(감동)와 멋(아름다움)이 될 것 같다. 예컨대 영화 〈아바타〉의 성공 키워드도 이쪽이다.

정부가 일자리 창출 영역으로 잡은 서비스·3차 산업, 콘텐츠·스토리 육성사업, 문화 프로젝트도 한결같이 재밋거리를 만들고 감동을 창조하자는 것이다. 앞으로 경제적 부가가치의 최대 창출 영역이 바로 이곳이다. 당연히 일자리도 따라온다.

그래서 인간 존재를 호모 루덴스라고 규정한 것에는 미래를 보는 안목이 있다. 여행, 레포츠, 영화, 방송은 재미 때문에, 그러면서 감동이 있어 몰입케 된다. 온갖 서비스업이 그렇다.

교육까지도 이 범주에 들어섰다. 법률서적만 탐독한 변호사보다, 500년 전 의학서를 교과서 삼아 읽고 또 읽은 한의학도보다 문학·역사·철학도가 돈을 벌기로 작정한다면 더 많이 벌수 있을 거라는 생각은 여기에서 나온다. 물론 제대로 공부했다는 전제에서 해보는 가정이고, 창의적으로 응용해서 대중들에게 재미있게 다가설 경우다.

'엣지있게', '멋있게', '예쁘게'도 대중문화 코드 이상의 가치가 될 것 같다. 몸단장, 옷치장에 돈을 아낌없이 쓰는 데는 남녀노소가 따로 없는 시대다. 유사 이래 이 땅에서 이렇게 아류

유미주의자들이 양산된 적이 없었다. 적용 안 되는 데가 없는 디자인산업도 핵심은 이것이다. 지금의 청년 백수들, 그리고 미래의 직업을 탐구하고 준비하는 다음 세대들, 아울러 그들을 교육시키는 이들에게 말해주고 싶은 이 시대의 단상이다.

3. 경제기사 왜 읽어야 하나?

1) 경제기사는 누가 많이 읽나?

취재활동을 하면서 해외여행의 기회가 많았다. 3등석, 이코노미석이 기본이지만 어쩌다 나은 등급의 좌석에도 탈 기회가 있었다. 대륙 간을 이어주는 대형 비행기는 3등석도 가격이 만만찮지만 2등석은 3등석보다 배가량 비싸고, 제일 값비싼 1등석은 2등석보다도 다시 배가량 더 비싸다. 대신 기내는 물론 공항에서부터 서비스 자체가 다르다 보니 "돈의 가치는 무엇보다 공항에서 비행기를 탈 때 제일 실감할 수 있다"는 말도 나온다. 유럽의 일부 공항은 비행기 티켓에 따라 공항의 수속을 밟는 게이트 자체가 다른 경우도 있다.

비행기를 이용하면서 유심히 기내의 승객들을 보면 흥미로운 대목이 보인다. 1등석 등 값비싼 '프레스티지 클래스' 탑승객들은 경제신문, 경제기사를 많이 읽는다는 점이었다. 가령 〈파이낸셜 타임스〉〈월스트리트 저널〉과 같은 신문이나 경제잡지를 손에 들고 있는 게 많이 눈에 띄었다. 반면 '이코노미 클래스' 3등석 승객들은 상대적으로 연예기사, 스포츠 뉴스에 관심이 많은 것처럼 보였다.

무료로 나눠주는 타블로이드 신문이 많아져 버린 탓에 단순 비교하기가 어렵지만 한동안 한국의 출퇴근길 지하철 안의 풍경에서도 비슷한 현상이 보였다. 예컨대 단정한 양복 슈트에 대기업이나 금융회사 배지가 양복 깃에 달린, 그래서 살림살이도 좀 나을 것으로 추정되는 화이트칼라 출근족들 가운데는 경제신문이나 경제기사를 읽는 이들이 많았다. 최근에는 오프라인에서는 많이 밀려 온라인으로 들어갔지만 신문 가판대에 스포츠신문이 많았을 때 스포츠신문이나 연예기사에 몰두하는 승객들은 그와 반대되는 부류라고 봤다면 편견이었을까.

2) 경제기사를 들여다보면 큰 흐름과 기류가 보인다

(1) 일반적으로 잘 살수록, 경제적으로 윤택해질수록 경제기사는 증가한다. 국제적으로 볼 때도 저개발 국가들이나 개발도상 국가들에서는 정치, 사회 관련 기사가 많은 것 같다. 반면에 선진국, 국민소득이 높은 나라에서는 경제 뉴스가 더 많다. 한국 사회도 산업화 과정을 되돌아보면 그런 과정을 거쳐 온 것 같다. 종합일간지에서 경제 섹션이 따로 떨어져 나오고, 경제신문의 페이지가 늘어난 과정이 경제성장과 밀접한 관계가 있나. 경제가 일반인들의 최대 관심사가 된 셈이다. 당연히 경제기사

에 대한 대중의 의존도도 높아진다.

(2) 현대로 올수록 경제기사는 늘어났다. 정치, 사회적으로 민주화가 제대로 안 된 상황에서는 경제기사가 상대적으로 큰 주목을 받지 못했다. 민주화가 안 된 사회에서 경제구조가 취약하니 기사가 될 만한 정보나 논란거리, 관심거리도 적을 수밖에 없다. 자연히 사회의 민주화, 정치적 변화가 대중의 더 큰 관심사다. 그러나 산업화가 진행되고 시대가 변할수록 경제기사가 주목을 받았다.

그렇다면 미래에는? 과거의 트렌드로 볼 때 답은 정해져 있다. 삼성전자, 현대자동차와 같은 대기업의 최고경영진이 주총을 앞두고 대거 바뀌는 정도의 인사라면 이제 한국에서 어떤 언론매체에서든 큰 기사가 된다. 이런 기사는 종합일간지에서는 10년, 20년 전만 해도 크게 다루지 않았던 사안이지만 이제는 이런 신문들도 대기업의 고위 임원 인사라면 비중 있는 기사로 다룰 정도로 변했다. 신문 앞쪽 면에 싣고, 안쪽에는 '해설기사'를 쓰고 하는 식이다. '삼성전자 경영진 세대교체로 대폭 젊어진 배경은' '현대자동차 기술직, 연구직 대거 전진배치' 'LG전자 재무통 중용, 해외영업 강화하나' 이런 류의 해설기사가 큼지막하게 실리는 것은 기업의 주요 인사가 우리 사회에서 얼마나 큰 비중을 차지하는지를 여실히 보여준다.

(3) 시대가 어렵다고 할수록 경제기사는 많아지면서 비중도 높아진다. 세계 경제는 갈수록 하나로 묶여지고 있다. 유럽의

재정위기에 따라 국내 증권시장이 바로 영향을 받고, 미국 시장의 변화는 동시에 우리 시장을 들었다 났다 하면서 직접 영향을 미친다. 자연히 1998년 외환위기 때 그러했던 것처럼 비슷한 처지에 놓인 국가들끼리 함께 움직이고, 2008년 글로벌 경제위기 때 확인된 것처럼 세계 경제는 함께 출렁거렸다. 국제 원유가에 전 세계가 함께 얽매이고, 금값의 추이를 세계 각국이 함께 들여다본다. 모두의 관심사다. 자연히 세계 경제의 순환에 각국은 함께 영향을 받게 되고, 사회가 어렵다고 할수록, 국가 경제가 어렵다고 할수록 경제기사는 많아진다. 그냥 많아지기만 하는 것이 아니라 중요해진다.

(4) 모든 기사는 결국 경제기사다. 정치, 외교, 사회현상까지 경제적 관점에서 보지 않을 수 없다. 정치의 최대 메뉴라고 할 선거부터가 그렇다. 경제적 관점에서 볼 때 대립각이 제일 잘 서고, 정파별 특징이 가장 명확하다. 실제로 각 정당, 정파의 정책은 경제적 관점에서 볼 때 구별이 잘 된다. 포퓰리즘 공약 논쟁 역시 그런 사례다. 정치뿐만 아니라 스포츠도 그 이면을 보면 결국 경제와 경영의 관점에서 움직인다. 문화와 사회의 트렌드에 관한 보도까지도 모두 경제기사의 연장이다. 해외에서 들어오는 외신도 따지고 보면 경제 뉴스가 많다. 광고와 유사 정보 역시 같은 맥락에서 등장하는 배경과 비중이 이해된다.

(5) 기사와 광고의 구별이 애매해지고 있다. 기사는 물론 정보이지만 광고도 많은 경우 정보다. 신문과 방송 업계의 속사정

을 보면 묘한 흐름이 있는 대목이기도 하다. 대체로 기사와 광고는 혼재하는 경우가 많고, 기사 쪽으로 광고가 스며드는 경우도 적지 않다. 과거처럼 신문의 8단 편집에서 5단, 3단을 단순하게 그어 위쪽 5단에는 기사를 싣고, 아래쪽 3단에 광고를 편집하는 시대는 지나가고 있다. 영역이 파괴되면서 광고는 다양한 방식으로 기사 쪽으로 스며들어간다. 어떤 의미에서는 기사와 광고를 단선적으로 구별하는 것 자체가 무의미하고 어려울 때도 있다. 그런 '기획기사'가 많아지지만 신문을 만드는 종사자들도 직접 담당자가 아니면 쉽게 파악하기 힘들 정도이니 일반 독자들은 예사로 긴장하지 않고는 그런 현상을 잡아낼 수 없다. 광고와 홍보 부문의 힘은 갈수록 커져 가는데, 이 부문 종사자들의 맨 파워(역량)도 매우 커졌고 자본의 파워 역시 한층 강해지고 있다. 기사와 광고, 정보와 홍보의 혼재는 현대 언론매체의 특성이다. 경제기사에서 이런 현상은 다른 영역에서보다 좀 더 앞서 진행되고 있다.

(6) 경제기사는 세계의 변화, 현대의 실상을 가장 잘 이해할 수 있는 지름길이다. 혼돈의 시대라고도 하고, 놀라움의 시대라고도 한다. 그렇게 급변하는 현대 도시생활에서 놀라지 않으려면, 길을 잃지 않으려면 경제기사를 꼼꼼히 읽어야 한다. 처음에는 어렵게 느껴질 수도 있고, 읽을수록 오히려 복잡해지는 사안도 있을 수 있다. 그러나 누구나 조금만 공을 들이면 기사를 이해하고 납득할 수 있게 쓰려고 신문들은 노력한다.

경제기사를 접할 때 수없이 많이 나오는 경제정책들과 경제 관련 주요 통계들도 실상 특정 사이클로 반복된다. 예를 들면, 국가예산의 수립과 집행, 국회의 주요 업무는 1년을 주기로 반복된다. 한국은행과 통계청, 전경련과 상공회의소, 기업의 실적과 같은 종류의 정보는 1년에 네 차례 매 분기나 1년에 두 차례 반기마다 정기적으로 자료가 나오는 경우가 많다. 수출입 통계 같은 자료는 1달에 한 번씩 월말 월초에 나오고, 기름값 동향과 환율이나 주가는 하루 단위로 변화를 잴 수 있다.

유형에서도 반복과 트렌드가 있다. 한번 자세하게 봐두면 비슷한 형태로 세부 내용만 다른 기사들이 많다. 이런 것들을 차분하게 보면 세계의 관심사가 보이고, 하이테크의 시대 현대사회가 흘러가는 흐름이 보인다. 경제기사들은 늘 그런 점을 염두에 둔다.

7

유비쿼터스 시대의 즐거움과 불편함

라틴어 유비쿼터스는 '언제나 어디서나 있다, 존재한다'는 의미다. 처음에는 이동통신의 기본 서비스 시스템에서 네트워크 구성망에 상관없이, 장소와 시간에 구애 없이 인터넷 등 네트워크에 접속할 수 있는 환경을 의미하는 말로 주로 쓰이기 시작했다. 컴퓨터, 개인 휴대통신, 인터넷과 같은 현대의 문명 체제가 그런 식으로 우리 생활 구석구석에 스며들었다는 것을 표현하는 말이기도 하다. 이제 컴퓨터, 인터넷, 스마트폰 등 '스마트 기기'를 기반으로 하는 정보통신 분야의 유비쿼터스화는 새삼스런 얘기도 못된다.

문제는 너무 많은 부문에서 유비쿼터스화가 진행되었고, 이전에 그랬던 것보다 더 빠른 속도로 유비쿼터스화가 진행된다는 점이다. 가령 돈의 이동이 그렇고, 온갖 의사결정과 결제가 그렇다. 신용카드만 있으면 유비쿼터스로 소비를 할 수 없는 품목이 드물다. 현금자동지급기(ATM)도 곳곳에 널렸는데, 이제는 특별한 경우가 아니면 ATM으로 갈 일도 없는 시대가 되었다. 카드로 이어지는 모(母) 통장에 숫자(나의 돈)가 있느냐 없느냐가 관건일 뿐이니 ATM 기기 제작회사들의 영업이 걱정될 정도다. 결제는 휴대폰으로도 얼마든지 되고, 외상으로도 가능하니 언제나 어디서나 구매를 하는 문화에 장애는 없다.

금융결제망이 잘 되어 있고, 어디에서나 유비쿼터스 문화가 자리잡아가다 보니 집이나 사무실에서 시켜먹는 음식류의 배달 서비스부터 유비쿼터스다. 통신만이 아니라 교통도 예외는 아니다. 가령 서울에서는 지하철이 유비쿼터스화 되어 있다. 거미줄 망으로 비유될 정도로 곳곳에 노선이 깔려 있는데 심야나 새벽 시간대를 제외하고는 몇 분 단위로 차량이 다니니 매우 편리하다. 게다가 편리성에 비해 비용도 싼 편이다. 대개의 경우 우리나라에서 지하철 이용 요금은 신경 쓰일 수준이 아니다.

많은 사람들이 지하철이나 시내버스는 우리 곁에 늘, 당연히 있는 것으로 여긴다. 언제든지, 거의 어디서나 지하로 들어가면 전철이 있고, 이 망과 잘 연계된 시내버스가 각 지역별로 향하고 있다. 물론 이렇게 편리한 것에 대한 대가가 없지는 않다. 서울 지하철에는 연간 4천억 원(2012년 기준)이 시 예산에서 서울메트로, 도시철도공사 등 지하철공사로 경영적자를 메꾸기 위해 직접 지원된다. 버스공영제란 이름으로 또 수십억 원이 버스

회사에 지원됐다.

물론 이 돈은 궁극적으로 서울 시민들이 내는 세금에서 나왔다. 유비쿼터스 지하철, 유비쿼터스 버스와 같이 이동수단인 교통이 숨 쉬는 공기처럼 된 것이다. 와이파이 이동통신망이 그렇게 공기처럼 제공된다지만 그 망 역시 휴대전화 이용 요금이라는 대가를 지불해야만 접근할 수 있는 유비쿼터스다. 이렇게 유비쿼터화가 진행되는 이면에는 경로만 다를 뿐 어떤 식으로든 비용이 들어가는데, 하이테크의 문화에 젖어 있는 현대인들은 그런 사실에 매우 둔감하다.

제대로 되자면 서울 지하철은 출퇴근 시간에는 지금처럼 촘촘히 운행하되 그렇지 않은 시간에는 운행 간격에 조정이 따라야 한다. 늦은 밤에는 20분 단위로 하든 30분 단위로 하든 운행 간격을 늘일 필요가 있다. 밤 10시, 11시를 넘어 자정이 다 되어도 지하철이 유비쿼터스로 운행되는 것이 정상적인가? 비용이 들지 않는다면 문제 삼을 이유가 없겠지만 당장 내 지갑에서 돈이 나가지 않을 뿐 유지비용은 결국 우리 모두의 몫이다. 그렇게 편리하게 교통의 유비쿼터스가 되는 바람에 엄청난 비용이 들어가는 데도 이런 사실을 모르거나 알면서도 외면하는 이들이 많은 현실이 유감이다.

교통이 하이테크의 물결을 타면서 유비쿼터스로 서비스 된 사례가 바로 서울 지하철이고 버스와의 연계망은 그런 유비쿼터스화를 한층 공고하게 했다. 어디 그뿐이랴. 채권과 채무관계도 유비쿼터스화 된 시대이고, 세금도 마찬가지여서 부지불식간에 세금을 낸다.

내가 일하는 신문사에서 매일 아침 열리는 편집회의에서도 정보의 유비쿼터스 현상이 보인다. 편집회의를 위해 국장이 각 부 데스크의 보고와 일정을 끌어 모을 때부터 시작해서 편집회의 도중에 국장이 한 마디 할 때에도 역시 그렇다. 국장이 일상적으로 해당 데스크들에게 예정 기사의 각론에 대해 묻거나, 또는 "그런 내용이 아니지 않느냐"라고 문제를 제기했을 때 대답이 막히기라도 하면 바로 손에 쥔 스마트폰이나 갤럭시 탭, 아이패드로 검색을 한다. 재래식 백과사전보다 더 많은 양의 지식과 정보가 즉각 각자의 손에서 검색되고, 현장의 기자와도 바로 문자 연락이 닿는다. 인류의 모든 지식이 네이버 지식인이나 구글 같은 곳에 쌓여 있고, 여기에 언제든지 접속이 가능해졌으니 모든 지식의 유비쿼터스다. 병원에서 진료와 치료도 유비쿼터스이고, 사람들끼리 만남도 그렇다. 페이스북 같은 매체도 그렇거니와 카카오톡 같은 무료 통신 앱도 유비쿼터스 문화를 더욱 재촉하는 현대적 장치다. 언제든지, 어디서든지 친구들과 만나 문자를 보내다가 무료로 대화를 나눌 수 있는 하이테크 시대에 우리는 이미 깊숙이 들어와 있는데, 얼마나 더 편리하고 획기적인 서비스가 나올지 예측불허다.

유비쿼터스 시대의 편리함은 새삼 말할 나위가 없다. 언제든지 궁금한 것이 해결되고, 별다른 대가를 지불하지 않고도 원하는 것을 쉽게 얻을 수 있는 세상이다. 근대화 이전에 공기나 물을 구했는 것처럼 비용을 지불하지 않고도 원하는 정보와 지식을 구할 수 있다는 것이 반드시 바람직한 것일까? 지식과 정보가 유비쿼터스화 되면 이런 쪽 종사자들은 무엇으로 먹고 살아야 할 것이며, 새로운 지식과 정보를 어떻게 개척하고 어떤 식으로 제공해서 생존해야 할까? 하이테크 시대의 편리함 이면에는 또 다른 문제점이나 부작용이 존재하고, 그림자도 있다. 너무 많은 것이 드러나면서 슬며시 감출 수 있는 맛이 없고, '다음에 알아보자'는 식으로 유보할 수 있는 여유도 없다.

하이테크가 주는 편리함은 일반인들의 예측치보다 더 빠르게 앞서 나가지만 아무리 봐도 이런 게 반드시 좋은 것만은 아니다. 온 가족이 둘러앉은 저녁시간, 모처럼 식사를 함께 하는 자리인 데도 가족들은 대화를 잃어간다. 대학생 아들은 아들대로 손에서 스마트폰을 떼지 않는다. 여고생 딸도 그 점에서는 조금도 다르지 않다. 친구들과 끊임없이 대화한다. 카카오톡을 통한 무의미한 대화다. 해도 그만, 안 해도 그만인 문자 주고받기로 키득거린다.

하이테크 시대의 발달한 기술은 이런 일에 사실상 비용이 들지 않게 해주고 있지만, 얼굴을 바라보면서 천천히 좋은 말, 좋은 표현, 적절한 음성의 높낮이를 써가며 나누는 직접 대화라는 로테크 기법보다 인간을 더 행복하게 해주는가? 카카오톡에서 문자를 주고받다가 질투심에 눈이 먼 남자친구에게 목 졸려 숨진 어느 20대 여성의 비극적인 살인사건을 보면 '유비쿼터스 친구' 시대의 그림자에 어떤 부작용이 뒤따라오는지 설명해줄 필요가 없다. 하이테크 시대에는 알아서 탈이요, 때로는 너무 많이 알아서 더 큰 탈이 되기도 한다. 하이테크의 명암이자 유비쿼터스 시대의 빛과 그림자다.

8

일상화된 하이테크

✗

하이테크에 관심을 갖는 것이 현대인의 일상사가 됐다. 어떤 신제품, 어떠한 첨단 서비스가 나오는지 젊을수록, 산업화가 진행된 곳일수록 더 관심을 갖는 것 같다. 아이폰과 그 후속 시리즈에 열광하고, 갤럭시의 진화에 목을 매는 젊은 층들이 갈수록 많아진다.

이처럼 하이테크가 모든 곳에서 적용돼 다수 현대인들의 일상이 된 것처럼 보이지만, 이면을 살펴보면 꼭 하이테크만도 아니다. 로테크는 여전히 빛을 발휘한다. 이따금씩 들려오는 '다시 기본으로'라는 구호는 의미심장하게 들린다. 현대인들이 로테크에 은근한 관심을 보이는 것은 하이테크를 추구하는 모습 이면에 있는 인간의 또 다른 본성 때문인지도 모른다.

하이테크와 로테크가 뒤섞인 게 현대라면, 스포츠가 대표적으로 그런 분야인 것 같다. 갈수록 개인기들이 현란해지면서 선수들의 이동에 국경이 없어져 버린 프로 야구, 눈높이를 현격하게 높여버린 유럽의 프리미어 리그 프로 축구, 시골동네 애들도 즐겨보는 세계 최장신들의 눈부신 향연이 돋보이는 미국 NBA 프로 농구에서 접하는 하이테크의 기술은 스포츠의 기준치를 확 끌어올렸다. 현란한 기량에 세계인은 함께 열광하고, 모두가 전문가가 된다.

그런데 시각을 조금 달리 해서 보면, 하이테크에 대중적 관심이 더 많이 집중되지만 로테크에도 관심을 갖고 있다. 사람들은 단순히 빨리 달리고, 멀리 뛰고, 높이 뛰고, 무거운 것을 들어올리는 육상 경기 종목의 로테크에 왜 관심을 가질까? 그 속에 질주하는 인간의 본성이라도 있는 것일까? 단순히 강한 것이 아름답다고 여기는 인간의 내재된 본능이라도 있는 것일까?

육상 경기는 확실히 그런 로테크의 영역이다. 사람들은 100m달리기에서 우사인 볼트의 기록에 열광하고, 그의 기록이 9.5초까지 내려갈지에 온 인류는 숨을 멈춘 채 응시한다. 세계에서 가장 빠른 사람이 누구인가? 얼마나 빠른가? 이전의 기록보다 얼마나 더 빨라졌는가? 이 기록은 언제까지 갈 것인가? 지금보다 더 빨리 달릴 순 없을까? 단지 빠르기 기록이라는 이 로테크의 영역은 전 인류의 관심사인데, 더 잘 살고 더 여유가 있을수록 관심도는 비례해 높아진다. 그러면서 관심의 영역을 넓혀가고 세부화해 나간다. 우사인 볼트는 100m에 이어 또 어떤 종목에서 이길 것이며, 세계육상선수권대회나 올림픽 같은 국제무대에서 몇 번이나 더 승리할지가 모두의 관심사다. 조금 더 내다본다면 육상 트랙 밖에서는 어떤 일을 하는지도 트랙에서의 질주 못지않게 큰 관심사가 됐다는 점도 미리 주목해둘 현상이다.

지극히 단순한 행위다. 원초적으로 그냥 내달린다. 원시시대에 사냥감을 향해 전력 질주했듯이, 달려드는 맹수를 피해 온 힘을 다해 도망갔듯이 달리는 것이다. 그렇게 보면 육상 경기는 확실한 로테크다. 높이뛰기가 그렇고, 멀리뛰기도 마찬가지인 것 같다. 약간 응용된 듯 보이지만 수영도 마찬가지다. 로테크의 전형인데, 뼛속까지 하이테크에 익숙한 현대인들은 여기에 열광한다.

로테크에 대한 근원적인 향수인가? 단순히 빨리 달리기, 무작정 높이뛰기는 바라보는 것만으로도 수백만 년 이어져 내려온 인류의 DNA를 자극한다. 올림픽이나 세계육상선수권대회 같은 행사가 갈수록 성대해지는 것을 보면 이런 단순한 로테크 능력에 대한 관심은 갈수록 더 커져가는 것 같다. 강하고 빠른 것에 대한 원초적인 갈구, 본능적인 갈망이라고 해두자. 머리만 커져가는 현대인들 스스로에 대한 경계와 자성(自省)이 깔린 까닭인지도 모른다.

그런데 한 꺼풀만 더 벗기고 들어가 보면 이런 로테크의 세계도 현대에서는 겉모습처럼 단순히 로테크만이 아니라는 사실을 보게 된다. 볼트는 땅 위에서 달리고, 박태환과 펠프스, 쑨양(孫楊)은 물속에서 질주하는 단순 로테크지만 현대사회에서는 이 또한 외형이다. 하이테크가 뒷받침되어 주지 않으면 발달할 수가 없는 로테크의 세계다.

100m든 1만m든 마라톤이든 스파이크 운동화 하나로 기록이 달라지는 마당이다. 좀 더 가볍게 그러면서도 튼튼하게, 선수의 발을 편안하게 해주는 운동화를 만드는 것은 고도의 하이테크 기술이다. 그 기술이 로테크 영역인 달리기 기술에서 신기록을 만들어낸다. 그에 맞춰 하이테크의 세상에서 현대과학을 공부한 전문가들이 주법에 대한 연구도 진행한다. 스포츠 과학이라는 영역이 그것인데, 로테크를 돋보이게 하는 스포츠 세계의 하이테크다.

예컨대 수영에서 영법(泳法)은 전문가들이 첨단 분석장비를 동원해 고도의 기술력으로 연구하는 분야라 할 만하다. 여기에 더해 수영복에 대한 하이테크 기술이 따라붙으면서 로테크 기량은 더욱 빛을 발휘하게 된다. 자연 상태인 사람의 피부보다 더 나은 소재로 물속에서 저항을 줄여 속도를 높이고 수영 선수가 힘이 덜 들게 하는 수영복의 개발은 누가 뭐래도 첨단 과학기술의 영역이다. 장거리 마라톤도 그럴 것이며, 멀리뛰기나 높이뛰기, 무거운 것 많이 들어올리기(역도), 멀리던지기 등등 이 모두가 사실은 하이테크 기술에 의존하는 로테크 기술들이다. 마냥 달리고, 뛰고, 던지며 몸을 날리는 로테크에 열광하는 현대인들도 이런 것은 안다.

주변을 돌아보면 이렇게 빛나는 하이테크 세상이지만 하이테크와 로테크는 함께 간다. 모든 사물이 그 그림자와 함께 가는 것처럼 하이테크가 로테크를 보이지 않는 곳에서 뒷받침하고, 로테크는 전방위에 걸쳐 하이테크의 도움을 받아 화려하게 진화한다.

1. 로테크의 마라톤과 하이테크의 프로 야구

해마다 11월 첫 일요일에 열리며 세계 최대의 마라톤대회로 손꼽히는 뉴욕마라톤. 2011년 대회에서는 케냐의 제프리 무타이 선수가 우승했다. 그가 세운 기록은 2시간5분6초. 그는 앞서 보스턴마라톤에서 비공인 세계신기록인 2시간3분3초의 대기록을 세운 선수이기도 하다.

2시간대 초반까지 내려온 마라톤 기록은 말 그대로 혁신적으로 단축되어 왔다. 첫 올림픽이 열린 1896년에 세계 1등 기록은 3시간3분5초이고, 1900년 올림픽 기록만 해도 2시간59분45초였다. 당시만 해도 지금처럼 42.195km가 아니라 40km정도였는데도 기록은 지금과 비교하면 1시간가량이나 차이가 난다. 그것이 1912년 2시간36분55초로 줄어들면서 로테크 기술은 혁신적으로 발전에 발전을 거듭한다. 1964년 2시간12분12초의 기록이 나온데 이어 1976년 2시간9분55초로 마침내 2시간10분대 기록이 깨졌다. 이런 속도에 맞춰 뉴욕마라톤도 대회 40여년 역사 이래 기록은 쑥쑥 경신됐다. 로테크의 진화양상을 우리는 마라톤에서 확인할 수 있다.

이렇게 로테크 기술이 발달한 데 숨은 최대의 기여자가 하이테크 기술 아닌가. 지금 인류는 마라톤에서 2시간 안쪽으로 주파하는 대기록을 기다린다. 100m달리기에서 9.5초 아래로 떨어진 기록이 나오길 기다리는 것과 같은 심정이다. 로테크 기술을 응시하면서 우리는 하이테크를 바라보고, 하이테크에 기대한다.

육상 경기가 로테크의 전형이라면 유도, 복싱, 레슬링과 같은 투기(鬪技)는 어떤 편이고, 구기(球技) 종류는 또 어떤가? 구기에서는 정말로 하이테크의 재미를 볼 수 있다. 단적으로 미국 프로 스포츠 구장을 직접 찾아 관람해보면 스포츠의 재미가 이렇구나 하는 것을 느낄 수 있다. 예를 들어, 미 프로 야구는 단순히 던지고, 치고, 달리는 공놀이만이 아니다. 경기 시작 전, 그리고 도중에 재미있는 프로그램이 무척이나 많다. 달콤한 사탕처럼 재치 있는 깜짝 이벤트가 끊이지 않고 이어져 잠시도 관람객의 시선을 놓아주지 않는다. 경품도 많고, 눈요깃거리도 많다. 물론 그렇게 팬을 확보해서 그만큼 판매수익을 올리는 사업 분야이기에 '야구 사업'이라고 해도 조금도 어색하지 않을 정도다. 한 마디로 '정말로 재미있다'고 할 수 있다. 홈구장 선수들은 물론 상대 팀 선수들의 여러 기록들이 모두 정보로 축적된다. 한국의 프로 야구 구장에서도 이런 IT 경기장의 모습이 반영되어 나가는 듯하다.

프로 야구 만이랴. 미식축구의 최종 승자를 뽑는 '슈퍼볼(Super Bowl)' 경기가 열리면 미국 전체가 열광한다. 타원형의 공 하나를 잡기 위해 다투고, 잡은 공을 패스하면서 건너편 라인으로 뛰기 위해 몸싸움하는 이 경기 역시 단순한 게임이다. 그래서 로테크다. 그나마 단거리 달리기나 장거리 마라톤보다 조금 진화한 듯은 하지만 그래도 로테크의 영역이다. 이런 로테크형 놀이에 열광해서 최종 승자를 결정하는 슈퍼볼 게임이 열리면 모든 미국인들은 TV 앞으로 다가서고, 심지어 세계 곳곳으로 퍼져나간 최전선의 군인들까지도 잠시 쉬면서 이 경기를 지켜본다. 슈퍼볼 결승 리그가 벌어질 때면 한반도 휴전선에서 전투부대로 진치고 있는 미 8군 2사단 전투병들까지도 훈련과 작업을 멈추고 이 게임을 지켜볼 정도다. 이러니 슈퍼볼은 세계 굴지의 기업들에겐 홍보와 광고의 경연장이 된다. 큰 비용을 들여 야심작으로 만든 새 광고를 미식축구의 최강자 팀을 가리는 이 시기에 맞춰 내보내는 것이 하나의 관행처럼 되어가는 마당이다.

이렇듯 구기에서 나타나는 열광을 보면 스포츠는 분명 인간이 '호모 루덴스'라는 사실을 가장 역설적으로 보여준다. 인간 외에 스포츠를 하는 동물은 없다.

2. 하이테크 시대 로테크 삶의 고수들

하이테크가 화려하게 빛날수록 로테크에 몰두한 로테크형 삶의 고수들을 바라보게 된다. 예를 들면, 김수환 추기경이나 법정 스님 같은 분들이다. 그런 큰 사람들은 자기 손안에, 당신들 방안에는 아무 것도 가진 것이 없었다. 작은 책상에 간소한 침상이 전부이거나 깨끗한 방 한 칸만 한없이 넓게 비치는 삶을 살아간 것 같다. 하이테크는 어디에도 보이지 않고, 오로지 로테크 그 자체인 것 같다. 그런데도 커 보이고 넓어 보인다. 그런 로테크의 삶에는 쉽게 접근하기 어려운 비범함이 있다.

〈위대한 침묵〉이라는 영화가 있었다. 독일어 영화였지만 대사는 많지 않았다. 영화시작 30분 이상 동안 아예 대사가 한 마디도 없다. 알프스 기슭에 접한 독일 산간의 수도원에서 수도사들의 일상을 기록한 영화였다. 너무 단순해 보여서 그 생활 속에 하이테크는 도무지 엿보이지 않았다. 극단적인 현대 속의 로테크 세계로 보였는데 그들의 정신만은 하이컨셉임이 분명하다.

몰두할 수 있다면, 제대로 이행할 수 있다면 로테크형 삶이 하이테크형 삶보다 더 의미 있는 것일까? 그런 로테크형 삶에 우리는 더 가치를 두고, 그렇게 지향해 볼 수 있을까? 돈을 벌기 위해 더 열심히 일하면서, 더 나은 집을 추구하고, 더 나은 자동차와 스마트폰을 구입하면서 삶의 여유와 윤택을 추구하는 시대에 살면서도 많은 하이테크 인류는 로테크를 동경한다.

이렇게 빛나는 하이테크 시대에 로테크를 찾아가는 이들은 로테크의 삶에서 '프로'인 저명인사들만이 아니다. 멀쩡한 도시의 현대적인 직장에 사표를 내고 오지로 알려진 경북 봉화로, 지리산 자락으로 찾아가는 이들 모두가 그런 이들이다. 고정된 월급이 없어지면서 수입이 훨씬 줄어들어도, 인터넷과 수백 가지 채널이 나오는 TV는 스스로 없애버린 채 흙을 만지며 느리고 불편하게, 투박하고 검소하게 자연의 일부를 지향하는 이들이 많다.

내 주변에도 서울의 준공직 생활을 정리한 채 지리산 기슭의 남원으로 가기로 작정하고 집을 짓고 있는 친구가 있다. 그도 경제적으로 여유가 있는 형편이 아니어서 땅 구입비에 수천만 원, 건축용 패널로 된 간편한 집을 짓는데 추가로 수천만 원 정도로 일을 벌이고 있다. 그러면서 이 친구는 수천 권에 달하는 책만 챙긴다. e북, 인터넷 시대를 감안하면 낡은 문고판 일본어 책과 구닥다리 종이책 또한 로테크의 영역이지만 이런 로테크를 찾기 위해 하이테크로 가득 찬 서울 생활을 버리기로 한 것이다.

은퇴 이후에라도 도시의 편리함을 떠나 고향 땅이나 평소 눈여겨봐둔 시골 지역으로 가려는 이들이 늘어나고 있고, 또 다른 이들은 가족들과 떨어져 살더라도 전원 속으로 들어가 불편함을 기꺼이 감내하려 하는데, 이들 또한 하이테크 시대의 진지한 로테크 족들이다.

3. 주거와 먹거리에 적용되는 하이테크

전에 살았던 나의 집은 바로 앞에 공원이 내려다보이는 아파트의 19층이다. 저 멀리 도시와 서울 근교의 산이 훤히 보이고, 조명이 빛나는 야경도 그럭저럭 좋았다. 처음부터 전망을 보고 멀리까지 조망할 수 있는 뷰(view)에 반해 산 집이었으니 집 밖을 내다보면 속이 확 트이고, 눈과 마음이 즐거워졌다.

이렇게 높은 데서 멀리까지 바라보는 멋진 조망 역시 현대 하이테크의 산물이다. 높은 데서 생활할 수 있는 공간을 만드는 것, 특히 그런 공간을 그다지 비싸지 않게 만들 수 있는 능력이 바로 현대의 건축에서 하이테크다.

뉴욕 맨해튼 같은 곳에서는 집에서 바라볼 수 있는 바깥의 전망이 집값에 아주 큰 영향을 미친다. 센트럴 파크 인근의 고급 맨션아파트 중에는 공원 조망을 계속 확보하기 위해 집 주변의 값비싼 땅을 아예 구입하는 사례도 있을 정도라고 한다. 이런 지역의 초고층 주거시설의 최고층에 있는 주택인 펜트하우스의 경우, 가격이 일반인들의 상상을 뛰어넘는다. 한국의 대도시에서도 같은 크기에 동일한 내부 구조를 갖춘 아파트라 해도 1층 등 저층 가구와 전망이 멋진 고층부의 아파트 가격차가 1.5배 정도 나는 것은 자연스러운 현상이라는 전문가들의 분석이 있다.

유럽 같은 곳에 가면 전망이 좋은 멋진 성이나 수도원이 많다. 보고 즐기기에는 그만이지만 얼마나 큰 희생과 노력으로 지은 것이었겠나 싶은 마음이 들기도 한다. 그런 시설을 지을 당시에는 엄청난 비용을 치렀을 것이고, 당시로서는 최고급 하이테크 기술에 힘입어 가능했을 것이다. 로테크 시대에 일반인들의 주거양식은 단지 지표면에서 벗어나지 못했고, 소수의 지배자만이 높은 위치, 고층으로 올라갈 수 있었다. 지금 문화재로 남아 있는 유럽 등지의 성, 수도원 같은 명소가 얼마나 높이 올라가 있는지 한번 보라. 인간은 끊임없이 지표상에서 벗어나 높이 고공으로 올라가려 애썼다.

반면 현대의 공동 주거시설은 그다지 비싸지 않는 비용으로 전망을 확보하고, 역시 큰 대가없이 지표상에서 누릴 수 있는 전기, 수도, 가스, 통신 같은 편의시설을 초고층으로 올린다. 이렇게 좋은 공간을 만들 수 있다는 사실이 중요한 것이 아니라 갈수록 상대적으로 적은 비용으로 이런 고층부의 생활공간을 만든다는 점이 중요하다. '비싸지 않게'에 방점이 찍히는 것이다. 이 역시 생활 속에 자연스럽게 들어와 있는 하이테크가 주는 편리함과 경이의 사례다.

이런 관점에서 조금 시야를 넓게 본다면 현대의 집은 시간 관리에서 효율성이 높은 지역, 적절한 프라이버시가 확보되는 위치, 보다 나은 전망이 따라붙는 (인위적) 공간이 잘 조합을 이루고 있느냐 그렇지 못한가에 따라 얼마나 좋은 집인지 여부가 판명난다. 이렇게 시간문제와 공간문제가 이상적으로 만나는 접점이 가장 경제적인 주거 공간이라고 할 수 있고, 호모 루덴스들은 경제적 여건이 되는 한 그런 곳의 집을 찾는다. 그 공간을 잡기 위해, 그런 공간을 만들기 위해 주거 전문가들과 주택 건설 회사들은 주택에 적용할 수 있는 최상의 하이테크 기술을 지금도 개발해 나간다.

그렇게 본다면 하이테크는 그 바탕에 깔린 '경제성'이 핵심이고 본질이다. 얼마나 저렴한 비용, 즉 적은 재화와 적은 인력의 투입으로 원하는 것을 창출하느냐에 따라 하이테크가 될 수도 있고, 그렇지 못할 수도 있다는 얘기가 된다.

그런가 하면 우리가 하루도 빠짐없이 먹어야 하는 먹거리도 같은 맥락에서 볼 수 있다. 농업은 인류의 가장 오래된 직업일 것이고, 농부는 인간의 최고(最古) 직업임이 분명하다. 그러면서도 지금 농업은 첨단산업으로 다시 자리잡아가고 있다. 요체는 얼마나 적은 비용으로 질 좋은 먹거리를 더 많이 만들어내느냐, 똑 같은 투입요소에 비해 많은 양을 생산해낼 것인가 하는 점인데, 이는 농업이든, 어업이든, 축산업이든 먹거리와 관련해 적용되는 기본 원칙이다. 이 원칙에도 하이테크는 예외 없이 적용된다. 그래서 또 한 번 하이테크 시대를 확인하게 된다.

여기까지는 분명히 맞다. 그러나 그런 것만으로 끝이고 전부가 아니다. 다시 한 번 돌아보자. 유기농을 찾아 나서는 행렬이나, 도시에서 그럭지럭 질 나가는 이들이 귀농해 자연농법을 연구하고, 생명체로서 흙을 연구하면서 자연을 복원하려는 이들이 늘어나고 있다. 이런 현상은 다시 로테크로 회귀다. 그런 기류도 분명히 존재한다.

문제는 하이테크의 거탑이 매우 취약한 구조라는 점이다. 적어도 아직까지는 그렇다. 하이테크의 기술이 한껏 적용된 주거지만 해도 고층의 주상복합 건물들을 보면 한편으로는 얼마나 취약한 것인지 우리는 잘 안다. 그 위험성은 새삼 하나하나 거론할 것도 못된다. 9.11 테러에서 보았듯이 로테크의 공격, 현대인들의 실수와 나태로 순식간에 모든 편리함을 송두리째 정지시키고 파괴할 수도 있는 취약함이 현대의 하이테크에 깔려 있다.

실제로 먹거리에서도 우리는 하이테크로 대량 생산한 농작물과 양식 해산물이 혹시라도 어떤 치명적 위험을 안고 있는 것은 아닌지 제대로 인식하지 못한다. 대량 생산과 잘 개발된 맛의 이면에 무엇이 있는지 정확히 알지 못한다. 편리함과 경제성에 매몰돼 로테크 시대를 잊어버렸고, 로테크의 기본기가 얼마나 중요한지를 모른다. 로테크의 탄탄함과 안전성을 알려고도 하지 않는 것은 더 큰 문제다.

9

생활 속 하이테크가 주는 매력

✗

    하이테크의 메가트렌드가 펼치는 현란한 경지를 굳이 부인할 필요는 없다. 최신형 노트북에다 태블릿 PC에 신형 휴대폰까지 들고 다니며 즐기는 대학생 세대와 바로 비교할 수는 없겠지만 나도 하이테크 시대를 즐긴다. 각자 다른 영역에서 하이테크가 주는 달콤함, 편리성, 효율성, 감각을 즐길 뿐이다. 다만 이런 저런 문명의 이기와 생활 속 깊숙이 스며든 신기술의 편리함이 사실은 하이테크 시대의 산물이라는 점을 우리가 충분히 인식하지 못할 뿐이다. 따지고 보면 우리 생활 속에 하이테크의 영향이 미치지 않은 곳이 없다고 보는 게 맞다.

    생활 속에서 즐기는 하이테크 시대의 혜택은 곳곳에 널려 있지만, 얼핏 보면 잘 보이지 않는다. 내 경우에는 생활 속의 로테크라고 여기면서 수시로 즐기는 주말 등산에서 찾아볼 수 있다.

겨울날, 영하 20도 아래로까지 내려가는 눈 덮인 오대산, 함백산에 올라 살을 에는 강추위에도 뜨끈뜨끈한 밥과 국을 먹을 수가 있다. 단순히 먹는 게 아니라 그 추위 속에서 따뜻한 음식을 음미하면서 즐긴다고 해야 맞을 것 같다. 그것은 이른 아침에 집에서 한 밥이고, 국이다. 그런데 어떻게 그것이 가능한가? 보온 도시락에 밥과 국, 약간의 반찬을 담은 뒤 인터넷 서점의 책 포장재로 딸려온 은박지 같은 소재로 한 번 더 감싸고 테이프로 봉해서 산으로 가져간다. 그러면 여섯 시간이 지나 한겨울 북풍이 몰아치는 산꼭대기에서 꺼내 먹어도 여전히 따뜻함을 잃지 않는다. 커피를 담아가는 보온병도 그렇게 온도 보존이 잘 된다. 우리가 의식하지 못하는 사이에 소재 기술이 그렇게 발달했다는 얘기인데, 그런 소재가 값 싸게 나온 것은 물론 현대 과학의 개가다. 하이테크 시대에 우리가 누리는 자그마한 호사다. 세종대왕이라고 한겨울의 산 정상에서 김이 무럭무럭 나는 음식을 먹을 수 있었을까. 절대 권력의 시대에 굳이 그렇게 하자면 못할 리는 없었을 테지만, 나만을 위한 한 끼의 따뜻함을 위해 솥단지부터 땔감까지 산 정상으로 들고 가 그런 강추위에서 불을 지피기 위해서는 얼마나 많은 인력이 수고를 해야만 했겠는가. 그렇게 본다면 우리는 이 시대를 산다는 것만으로도 현대 과학, 하이테크의 수혜자다.

등산 이야기를 좀 더 이어가 보자. 등산은 인간이 하는 묘한 활동이다. 특히 스트레스에 절은 채 만성 운동부족으로 온갖 성인병에 노출된 현대인들에게는 정신적 무기질 공급원이자, 생활 속의 비타민 같은 것이다. 원시시대에 침팬지 같았던 인간이 '지혜로운 인간(Homo sapiens)'으로 발전하게 된 것에 대해 여러 가지 원인 분석이 나오지만 그 중의 하나가 '직립하는 인간(Homo erectus)'이었다. 직립보행(直立步行), 두 발로 걷게 되면서 허리뼈가 머리(두뇌)를 수직으로 받치게 됐고, 그런 과정을 통해 두뇌가 특별히 커졌다는 이론이다. 몸집에 비해 가장 큰 두뇌를 가진 생명체가 바로 인간인데, 그럼으로써 인간은 지능을 발달시켜 왔고, 그 결과 문명과 문화를 발전시켰다는 논리다.

걷는 바람에 앞쪽의 두 발(팔)을 쓸 필요가 없어진 인간은 덜렁덜렁 다른 데 쓸 데가 없어진 두 팔을 생산적으로 활용하게 되면서 도구를 만들기 시작한다. 그런 도구의 발달사가 문명의 역사다. 그렇게 하나씩 만들어낸 도구로 생존과 편리에 필요한, 때로는 단순히 생존과 편리 이상의 활동을 창조해온 것이 문화다. 두 발로 직립보행 한다는 것은 이처럼 중요한 일이었다. 호모 에렉투스가 출현했기에 먼 훗날 '호모 루덴스'가 한껏 발휘할 수 있게 된다.

그런데도 현대인들은 직립보행의 중요함과 그 의미를 잘 모른다. 인간은 걸음으로써 사유하게 되고, 온갖 잡병과 질환을 예방하게 되었는데 지금의 '현대'를 만든 걷기의 진정한 의미를 잊어버리고 사는 것은 아닌지…. 우리는 날마다 자동차에만 의존하면서 육체적 역량은 평균적으로 약해지고, 점차 퇴보해가고 있다. 등산은 그런 현대인들에게 원시본능을 일깨워주고, 사색의 인간이 되게 해주는 돈이 적게 드는 놀이다. 이쯤 되면 정신의 비타민 공급원이 아니라고 부인하지는 못할 것이다.

골프 같은 운동도 많이 보편화 돼 바쁘고 잘난 현대인들에게 주말 걷기 기회를 준다. 하지만 꼭 4인1조로 편을 짜서 골프장을 찾아가야 하는 데다 골프장에 가서도 너무 진지하게 사업 얘기하랴, 돈 버는 얘기하랴, 정치 평론하랴, 그것도 아니면 하나마나한 잡담을 나누느라 도무지 스스로 생각할 틈을 갖지 못한다.

인간은 태어난 뒤 누워만 있다가 몇 달이 지나면 겨우 기어 다니고, 돌이 될 무렵에 홀로 서게 된다. 이때 처음으로 직립을 하게 되면 가족으로부터 박수를 받으면서 '인간의 모습을 갖추어 가는 첫 단계'라고 칭찬받는다. 그러다가 늙고 쇠약해지는데, 세상을 떠나기 한두 해 전쯤까지도 지팡이나 휠체어 의존 없이 혼자 두 발로 서서 원하는 곳으로 이동할 수 있다면 역시 주변에서 박수를 받다 가는 존재다. 하지만 이렇게 처음과 마지막 기간 이외에는 걷기가 얼마나 중요한지 그 중요성을 모른다. 단지 내 두 발로 마음껏 걸을 수 있다는 그 단순함이 얼마나 소중하고 중요한 것인지, 걷기 능력을 상실하게 되지 않으면 모른다. 이것 또한 인간의 한계다.

이처럼 중요한 것이 걷기인데, 하이테크와 로테크라는 개념으로 나눠서 적용해보면 걷기야말로 완전한 로테크 그대로다.

아무런 생각 없이 걷기, 평소보다 빨리 걷기, 조금 욕심을 내어 많이 걷기, 오르락내리락 하면서 걷기, 숨이 차도록 걸어 올라가 천천히 내려오기, 조금 멀리까지 나가서 자연 속에서 걷기, 먼 곳을 조망하면서 걷기, 시원한 바람을 맞으며 천천히 걷기, 출근길 걷기, 스트레스가 마구 차오를 때 사무실 바깥으로 나가 무작정 걷기, 연인이나 친구와 걷기, 가족과 함께 대화하며 걷기, 국토를 종단해 걷기, 서울에서 출발해 동해안까지 여름휴가 내내 걷기… 이런 게 바로 생활 속의 로테크다.

하이테크 시대, 이런 로테크 생활이 우리를 건강하게 해준다. 사색하게 해주고, 여유를 찾게 해준다. 한때 도시민들에게 걷기 열풍이 불어 닥친 적이 있다. 지금도 등산객들은 꾸준히 늘고 있다. 굳이 통계를 들이대지 않아도 알 수 있는 우리 생활 주변에서의 로테크의 한 단면이다. 이를 두고 현대인들의 로테크 회귀 본능이라고 하면 너무 거창한가. 부지불식간에 원시 로테크로 돌아가는 것을 우리는 트렌드로 본다.

10

더 어려워지는 하이테크 세대의 사회진출

✗

하이테크 세대의 사회진출은 그 이전 세대들과 많이 다르다는 점도 주목해볼 만하다. 하이테크에 익숙해지기 전, 경제성장기의 초입 세대들은 학교 과정을 가급적 빨리 졸업하려 했다. 대학을 8학기 만에 졸업하지 못하면 당장 부모님께 엄청난 불효를 하는 게 된다. 아니면 학비를 마련해야만 하는 본인이 더 고생해야 했다. 대학에 더 남아있는 만큼 추가로 등록금을 내는 것이 큰 부담이었기 때문이다.

그러나 요즘은 8학기 만에 대학 졸업자는 소수가 된 판이다. 졸업해봤자 취업 자리도 만만찮고, 사회인으로 자기 궤도를 찾기까지 갈 길이 멀다는 점을 요즘 대학생들이나 그 부모 세대 모두 잘 알고 있기 때문에 나타나는 현상이다. 서울대에서조차 8학기 졸업자는 소수이고, 한 학기에 한두 과목씩 명목으로 등

록하면서 학생 신분만 계속 유지하는 경우가 많다는 조사보고서가 나왔다.

재학 중에도 교환 학생이다, 어학연수다 하면서 1년 정도씩 해외로 나다니는 것은 예사다. 젊은 세대들이 해외로 나갈 수 있는 통로도 다양하다. 1970, 80년대까지만 해도 해외유학은 수재들이 국비장학금을 받을 정도로 공부를 많이 했거나 집안이 유별나게 부유한 경우에나 가능했다. 소수 선택받은 사람들이나, 정말로 의지력이 강한 학생들이 가는 게 해외유학이었다.

그러나 지금은 웬만한 대학은 학생을 교환 파견시키는 해외 제휴대학이 있고, 학생들 개개인도 이런 저런 통로로 어학연수 정도를 위해 바다 건너로 나가기에 큰 애로가 없다. 그 이전에 지방에서 서울로 공부시키러 보내는 것보다 요즘 한국에서 해외로 유학시키는 것이 더 보편화됐고, 실제적으로 크게 부담을 가지지 않아도 될 정도로 사회적 경제력이 축적됐다.

대학 운영제도에서도 은연 중 많은 발전이 이뤄져 이런 부문에서도 하이테크화 되어 간다면 과장된 표현일까. 인생 설계에서 '3·3·3 균등배분'을 만들어 지금 젊은 세대에게 적용해 본다면 어차피 취업은 30세에 해도 그다지 늦지 않은 것이고, 100세까지 산다고 가정하면 30대 중반에 첫 일자리를 얻어도 아주 나쁜 상황은 아니다. 취업, 취직 현실이 어렵다고도 하지만 청년들의 학생 시기, 즉 사회인이 되기 위한 준비기간이 이처럼 획기적으로 연장되고 있는 데는 그들이 의식했든 않았든 늘어난 수명을 나누어 관리해보는 계산이 깔려 있다고 봐야 한다.

학생 시기를 포함해 사회인이 되기 전의 준비기간이 이전보다 많이 늘어나는 이런 기류를 나쁘게 볼 것만도 아니다. 신문사의 사회부 데스크(부장) 일을 하면서 2012년 연중기획 기사로 여러 대학 총장들을 인터뷰했었다. 단순한 인터뷰가 아니라 미리부터 기획을 한 것이었는데, 해당 대학 출신 기업인(최고경영자, CEO)과 총장이 개별 대담을 나누게 하는 형식으로 준비해 진행했다. 대담의 주제와 방향은 주로 대학과 기업의 협력, 청년들의 사회진출, 미래시대 취업과 일자리 만들기, 기업가정신과 창업, 현실 극복과 미래 도전과 같은 쪽으로, 청년 대학생들에게 희망을 줄 만한 말을 들어보도록 잡았다.

이런 분야에서 사회적으로 성취한 이들이 젊은이들에게 들려주는 지혜와 혜안을 들어보자는 취지였는데, 나는 사회자 형식으로 대담의 중간에서 대학과 기업 쪽의 진솔한 대화를 듣고, 또 좀 더 허심탄회한 대화들이 오갈 수 있도록 유도했다. 이때 만났던 총장들과 기업인들이 청년들에게 들려준 말들은 다시 봐도 곱씹을 만한 내용들이었다. 몇몇 대학 총장과 동문 기업인들의 열정어린 충고를 간단히 정리한다.

이 대담 프로그램에서 중앙대의 안국신 총장은 '신(新)오디세이'론을 제시했다. 그는 "대학시절뿐 아니라 졸업 후 2~3년 정도 자신이 진정으로 원하는 일을 찾아 신오디세이를 경험해보는 것도 좋다. 율리시즈처럼 세계를 누비며 다양한 경험을 해보라"고 제안했다. 신오디세이라는 것은 창조적으로 방황하면서 성장하는 시기임을 일컫는 것이리라. 어차피 대학졸업과 동시에 취업도 여의치 않은 것이 사회의 구조다. 좀 더 진지하게 일자리를 고민하고 준비하되 아직 큰 책임 따르지 않는 시기를 즐기면서 더 준비하라는 얘기다. 그래봤자 긴 인생에서 2~3년은 아무 것도 아니다. 수명이 늘어나는 것을 찾아서 계산해 보라. 안 총장과 대담한 박상환 하나투어 회장은 일에서 행복을 느껴야 혁신도 가능하다며 기업을 일군 자신의 경험담을 전했다.

유지수 국민대 총장은 'Look West(서쪽을 바라보라)'는 말을 던졌다. 서쪽을 보라니! 중국과 인도, 중앙아시아를 넘어 멀리 중동과 아프리카까지, 한국에서 볼 때 서쪽의 국가들에서 청년들이 기회를 찾으라는 충고다. "그동안 한국의 발전과정은 'Look East(동쪽을 보라)'로 요약됐다. 동해 건너편 일본과 태평양 너머 미국만 바라보는 형태였다"는 설명이다. 미국 일변도로 고등학문이 들어왔고, 일본에서 앞선 기술을 도입했다. 그런 한국을 말레이시아 같은 곳에서는 '동쪽을 보라'며 따라오기도 했다. 그러나 이제는 발상을 전환해 동쪽의 미국과 일본 대신 서쪽의 중국과 그 너머 중앙아시아에서 기회를 찾으라고 청년들에게 역설한 것이다. 중국부터 중앙아시아까지 서쪽으로 과감히 진출해 터를 잡고 돈도 벌고 인생의 성패를 걸어보라는 조언이다.

유 총장과 대담했던 윤상규 네오위즈게임즈 대표는 'Look

West' 슬로건에 맞받아 'Look Local(지방을 주시하라)'이라는 말로 젊은이들이 갈 방향에 대해 화답했다. 모두들 서울로 서울로만 몰려드는 기류에서 과감히 벗어나 오히려 지방으로 가라는 지적이었다. 역발상으로 던진 화두다. 그의 이런 역발상이 30대에 벌써 유망한 게임기업의 대표가 된 힘이었는지 모른다. 하이테크 시대, 모두가 한 쪽 길로 몰려가지만 역발상으로 로테크로 몰두하는 용기와 저력이 필요하다. 그게 성공의 비결이었을 수 있다. 대부분이 몰려들어 무리지어 가는 길과 다른 길을 선택해 보라는 충고로 들렸다. 이 시대 모두가 몰리는 길과 다른 소수자의 길이 바로 로테크의 길일 수 있다.

김준영 성균관대 총장과 대담에 응했던 오세영 코라오 그룹 회장도 역발상이란 측면에서는 대단히 이색적인 인물로 기억에 남는다. 그는 대기업 직장생활을 정리하고 베트남에서 자기 사업을 시작했다가 말 그대로 쫄딱 망한 뒤, 맨손으로 라오스로 가서 현지 최대의 기업을 일군 개척 기업가다. 그는 베트남에서 무척이나 어려웠던 시기를 회상하며 "세상의 끝에 선 것처럼 절박하게 느껴졌을 때 '베트남에서 내가 가장 잘하는 것은 무엇일까?' 고민한 끝에 '베트남에서 내가 한국말만큼은 제일 잘한다'라고 스스로에게 답을 던지며 이겨냈다"고 한다. 그는 "한국에서 청년 실업자가 많다고는 하지만 100만 명이 됐든, 200만 명이 됐든 인도차이나 지역을 포함해 동남아 인구 6억5천만 명 가운데다 풀어놓으면 표시도 안 날 정도"라는 의견을 내났다.

그 또한 역발상의 개념으로 현안을 접근한 셈이다.

김 총장과 오 회장은 한국의 젊은이들이 대학생 때까지만 해도 배낭여행이다 어학연수다 해서 해외여행을 적극적으로 잘만 나가는데, 막상 사회생활의 시작으로 취업하는 문제에서나 일자리를 찾는 과정에서는 한국보다 조건이 못한 나라는 기피하며 나약한 모습을 보인다는 점을 지적하며 크게 걱정했다. 한마디로 '배낭여행 가듯이 해외취업에 도전하라'는 것이었다. 젊은 세대가 어차피 가진 것도 없는데 뭘 주저하고, 무엇을 걱정하느냐는 지적이었다. 하이테크 시대에 나고 성장한 세대는 두려움이 더 많은가? 하이테크의 편리함을 떨쳐버리지 못하는가? 이것도 하이테크 세대의 단점일까.

박철 한국외국어대 총장은 이 대학 출신으로 일찌감치 미국으로 건너가 사업에 성공한 이덕선 얼라이드테크놀로지 회장과 대담을 했다. 두 사람은 "일본의 젊은이들이 자국 내에서만 안주하다가 경기 침체를 맞았다. 한국의 청년들은 일본의 젊은 세대들 행태를 따라가지 말고 글로벌 감각을 키워 세계와 소통하라"고 조언했다. 그러기 위해서는 외국어, 특히 아직까지는 영어 정도는 확실하게 다져두면서 해외 각지의 현지 문화에 대한 이해를 높여야 한다는 말을 당부했다. 과거 앞선 세대들 가운데 많은 젊은이들이 해외로 나가 맨몸으로 도전하고 실패하고 또 도전하는 과정을 반복하면서 이뤄낸 것이 한국의 기적이었다는 것이다. 그런데 젊은이들이 뭘 두려워하느냐고 도전을 재촉했다.

같은 형식의 지상 대담에서 조남철 한국방송통신대 총장과 장재진 오리엔트바이오 회장도 만났다. 방송통신대라는 특성이 있었기 때문이었을까, 이들은 좀 더 구체적이었다. 아예 대학 진학에만 목매달 게 아니라 먼저 취업을 시도하고 대학공부는 오히려 천천히 나중에 하라는 것이 이들의 메시지였다. 장 회장처럼 본인 스스로가 갖은 고생을 해본 뒤 기업을 일군 성취자들은 실제 경험에서 우러난 더 진솔한 얘기를 청년들에게 권했다. 그것은 "별 생각 없이 남들이 가니까 나도 가는 식으로 대학으로 향하지 말라"는 것이기도 했고, "예술에 재능이 있는 사람은 예술에 몰두하고, 돈을 벌고 싶은 사람은 돈을 버는데 집중하면서 자기가 하고 싶은 걸 꼭 이뤄내야겠다는 꿈과 도전정신을 키워라"는 것이었다.

임덕호 한양대 총장과 이 대학 공과대학을 졸업한 구자준 LIG손해보험 회장도 한 자리에 초빙해 대담을 주선했는데, 청년들의 취업 고용문제와 관련해서 두 사람은 "스펙 좋다고 일 잘하는 것은 아니다"는 점을 특히 강조했다. 대학생이나 졸업생들은 스펙 만들기에 목을 매달고 있지만 실제 채용을 하는 기업 입장에서 보면 다르다는 얘기다.

임 총장은 25년 동안 학생들을 가르쳐 본 경험을 얘기하면서 "사회에 나가 성공한 제자들에게는 모두 공통점이 있다는 걸 알게 됐는데, 그것은 적극적이면서 긍정적인 생각과 태도다. 어떤 조직이든 그런 마인드를 가진 이들이 이끌어야 건강하고 발전 지향적으로 된다"라고 지적했다. 구 회장은 요즘 부모들이 공부 잘 하면 의대 진학부터 생각하면서 한편으로는 자녀를 너무 나약하게 키우고 있고, 젊은이들 또한 대학을 졸업하고도 부모에게 용돈을 받으려고 한다는 게 도저히 이해가 가지 않는다고 세태를 꼬집었다. 임 총장은 "스펙을 만들기 위해 휴학하는 학생까지 생길 정도면 심한 상황"이라고 지적했고, 구 회장은 "토익 점수가 높다고 일을 더 잘 하는 것은 절대 아니며, 명문대를 나왔다고 일 잘하는 것도 아니다. 그러니 기업 입장에서는 성적이 조금 떨어져도 인성 좋은 인재를 뽑는 게 훨씬 유리하다"라고 말했다.

하이테크 현대사회의 찬바람이 쌩쌩 부는 고용시장에서도 결국은 사람의 됨됨이, 즉 인성의 중요성이 부상하고 있고, 사람과 조직을 배려하는 인재는 더욱 필요해졌다는 점을 두 사람은 거듭 강조했다. 그것은 로테크의 중요성에 대한 지적이었다.

하이테크 시대, 젊은이들의 고민은 더 커져간다. 그만큼 이들을 격려하고 용기를 주기 위한 기성세대의 노력도 더욱 치열해진다.

11

성큼 다가온 고령화 사회,
밀려나는 하이테크인

✗

하이테크 시대가 주는 또 하나의 불편함이랄까, 위기가 있다. 고령화 사회의 도래다. 한 마디로 말하면 사회적으로나 개인적으로나 준비가 되어 있지 않은데 모두들 너무 오래 살게 된 것에 대한 사회적인 우려다. '개똥밭에 굴러도 이승이 (저승보다) 낫다'는 옛말도 있거니와 일단 살아 숨 쉬는 것이 죽어 없어지는 것보다는 좋다고 한다. 죽지 않으려는 것이야말로 인간이 지닌 본능 중의 본능인지도 모른다.

문제는 그런 시대에서 노후의 삶이다. 준비 안 된 노령사회, 초고령사회에서 일어나는 여러 가지 문제점이야말로 하이테크 시대의 그늘이고, 갑자기 덮친 거대한 먹구름이다. 준비가 안 된 노후가 얼마나 위험한 일이면서 불안한 것인지에 대해서는 이미 무수히 많은 주장과 경고가 있었고, 실증적인 연구도 있었다. '준비하고, 또 준비하라'며 수없이 많은 금융회사들이 한 목소리로 외치고 있다.

이렇게 외치는 사회적 목소리의 선두에는 개인연금 상품류를 취급하는 보험회사들이 있다. 딱히 보험회사들만도 아니다. 은행도 그렇고, 증권사와 자산운용사 모두가 노후를 대비해 돈을 굴리고, 나중을 위해 저축하라고 외친다. 온갖 금융상품이 망라돼 있다며 금융의 하이테크를 달콤하게 내세운다. 단순히 생활의 규모를 줄여 저축하고, 조금 더 아껴 근검하라는 로테크 방식의 제안과 충고는 잘 보이지 않고 현란한 하이테크만 크게 보인다.

고령화 시대의 노후대책 문제에서 사회적 책임 문제를 따진다면 언론도 예외는 아니다. 금융 쪽에서 광고와 홍보 정책 비용이 나오는 한 현대 한국의 언론은 금융회사의 입장과 논리를 좀 더 반영한 기획물을 쏟아낼 수밖에 없다. 노후를 대비한 금융상품에 관심을 가지라고 사회적 압박을 가하는 게 지금의 평균치 언론 모습이다. 조언인지, 충고인지, 경고인지, 협박인지 모를 노후 위험론은 앞으로도 계속 제기될 것이다. 이 점에서는 정부도 논쟁의 장에서 크게 벗어나 있어 보이지 않는다.

정말 무엇이 문제인가? 갑자기 늘어난 노령화의 길에서 핵심 문제는 무엇일까? 나는 '3·3·3 균능배분'이 삶의 포드폴리오로는 꽤 그럴 듯할 것이라고 거듭 생각한다. 내 경우, 대학을 졸업하고 현역 군복무까지 마치고 27세에 기자로 취직을 했다. 그러면서 27년 정도 일하려고 마음먹었다. 취직하기 전에 성장하고 공부하면서 사회생활을 위해 준비한 시간만큼 일하자는 계산이었다. 대학원(석사 과정)도 이 기간에 일하면서 주경야독으로 거쳤다. 이렇게 일을 한 뒤 직장에서 은퇴하면 대략 27년 정도 살 수 있을 것으로 예상했다. 내가 40대에 들어설 무렵 대충 계산해본 삶의 큰 구획이었다.

별 탈 없이 80세까지 살 수 있다고 나름대로 가정하면서 생각해본 3·3·3식의 구분이다. 그런데 40대를 지나 50대에 접근하면서 이런 생각은 달라졌다. 정확히 말하자면 생각을 고쳐야 할 상황이 됐다. 통계청이 내는 한국인의 기대 여명치가 들어있는 생명표를 보니 90대까지 살지도 모르겠다는 생각이 든 것이다. 물론 내 삶에서 큰 변수가 없고, 한국의 사회보장이 최소한은 지금 수준 이상으로 유지된다는 전제에서인데, 실제로 그렇게 될 가능성이 상당히 높다.

이렇게 되면 30년간 공부를 해서 30년간 일하고 나머지 30년을 살아야 한다. 이게 3·3·3식의 합리적인 설계가 될 것이다. 나의 경우에는 그런 설계를 세우지 못했는데, 문제는 소급할 수도 없다는 점이다. 그런 설계를 못한 상태에서 27세에 취업을 했고, 일(직장 기준)도 27년 밖에 못한다면, 남은 시간은 36년이 된다. 벌지는 못하면서 쓰기만 하는 생활이 점점 길어지는 것이다. 그것도 건강유지 비용이 적잖게 드는 시기가 인생 후반부의 이때다. 이렇게 하이테크 시대로 더 깊이 접어들면서 내가 60대가 된다면, 그때는 100세 수명도 먼 나라 얘기가 아니다.

베이비부머 세대를 포함해 지금 살아가는 전체 세대는 이런 심각한 고민을 할 수밖에 없다. 그렇게 되면 27년(수명 80세)이 아니고, 36년(수명 90세)도 아니고, 46년(수명 100세)을 대책 없는 노후로 살아야 한다는 얘기다. 돈을 벌지 못하는 시기, 노후라는 그 불안한 시기의 생존비용은 누가 댈 것인가? 2039년에는 서울시에서 생산인구 2명이 고령자 1명을 먹여 살려야 한다는 예측이 나왔다. 통계청 인구 추계를 분석한 서울시가 2012년 9월에 내놓은 분석이었다. 2명이 1명을 부양해야 하는 구조라면 경제활동을 하는 생산인구는 본인이 버는 돈 가운데 얼마를 세금으로 내놓아야 한다는 얘기인가? 그러고도 돈을 버는 연령층이 이 땅에 남아 있을까? 대부분이 세금을 적게 내는 젊은 나라로 튈지 모른다. 그런 전망치가 확실시되면 그 시기는 2039년보다 실제로는 훨씬 더 앞당겨질 수도 있다.

이 문제가 결국 하이테크 시대의 본질적인 리스크가 아닐까? 내 의지와 관계없이 수명 – 기대여명 – 은 늘어나고, 그런 하이테크 시대 앞에 우리 대다수는 속수무책이 될 수밖에 없다는 점을 인식한다면 개인적으로, 사회적으로 무엇을 준비해야 하나? 하이테크 시대를 탓하기에 앞서, 돈을 충분히 벌어두지 못한 나 자신을 원망하는 구조를 뛰어넘는 사회적인 지혜가 필요한 시점이다.

치료약품이 좋아지고, 예방의학이 발달하는 등 의학과 의료 기술의 발달만 두고 하이테크 시대의 전부라고 할 수는 없다. 하이테크 시대의 발전은 당연히 제도적 측면에서 진화까지 포함한다. 가령 의료보험제도의 도입과 시행, 계속 확대되는 시스템 보완이 그런 예다. 의료보험이란 제도가 없어 통상적인 소득에 비해 많은 의료비용이 들어가던 시대라면, 또 중산층 서민은 '웬만큼만' 치료를 받고 세상을 떠날 수밖에 없는 시대라면, 대다수가 그런 환경에 처해 숙명처럼 질환을 받아들인다면 실상 문제가 없을 텐데 발전하는 현실은 그렇지 않다. 제도의 발달, 즉 사회 운영체제라는 소프트웨어의 하이테크화가 역설적으로 우리를 궁지로 몰아세우는 측면이 있다.

미래 세대는 이 문제에서 더 심각한 위기를 느낄 것이다. 우리 세대는 대체로 한 번 취직하면 그럭저럭 한 직장에서 정년까지 바라볼 수 있는 세대다. 제도적으로 그러했고, 관행적으로도 별 문제가 없었다. 2000년대 초반까지만 해도 대부분 정규직으로 취업됐으며, 노동조합과 정부의 노동관계법 우산 아래 많든 적든 따뜻한 월급을 꼬박꼬박 받았다. 자녀들의 대학 학자금까지 직장에서 대주는 곳이 많았으니 꽤 좋은 시절이었다.

그러나 본격적으로 좋아진 시점, 하이테크가 더 넓게 퍼진 '좋은 세월'에 태어난 우리 다음의 하이테크 세대는 이런 혜택에 대해 일찌감치 꿈 깨는 것이 맞을 것 같다. 아무런 보장이 없다. 하이테크 시대의 또 다른 모습은 냉정하고 얼음장처럼 차갑다.

12

하이테크와 로테크는 공존할 수 없나?

✕

하이테크와 로테크는 공존할 수 없는 트렌드인가? 민간과 공공 부문이 상호보완하고 서로 끌어주고 밀어주면서 발전하듯이, 하이테크와 로테크는 나란히 발전할 수 없을까? 하이테크는 언제나 로테크 영역을 억누르면서 달려 나가는 것일까?

무엇보다 하이테크에 집중하고 몰두하면서 더 나은 하이테크 기술을 개발하고 추구하는 것이 인류의 문화, 문명의 발달임은 분명해 보인다. 그런 쪽에서 속도를 더 빠르게 하는 것이 일차적으로 국가 간 경쟁이다. 그렇다고 국제 경쟁이 정부 간 경쟁으로만 끝나는 것은 아니다. 근래 들어서는 기업 간 경쟁이 국가(정부) 간 경쟁보다 더 격화되고 치열해 보인다.

국가 간 하이테크 경쟁이 가장 치열했던 섯은 한 세기도 진에 벌어졌던 근대화 경쟁 때였다. 제1, 2차 세계대전을 거친 뒤 현대화를 지향하면서 벌어진 국가 간 선두 다툼도 그러했다. 지금 70억이 넘는 많은 인구가 전에는 살지 못했던 지구촌 곳곳으로 주거지역과 산업지역을 넓혀 가면서 경제 무대를 팽창시켜 나가고, 그럼으로써 인구가 급증한 현대 인류가 버틸 수 있는 기반도 한 마디로 요약하면 하이테크 경쟁이었다. 하이테크가 보편화되면서 이렇게 많은 인구가 생존할 수 있게끔 해줬다는 얘기다. 반대로 인구가 늘어나다보니 필연적으로 하이테크가 발전하고, 하이테크에 의존할 수밖에 없었다고도 볼 수 있겠다. 이런 관점은 하이테크가 인류의 활동 영역 모든 곳으로 빠르게 스며들어갈 수밖에 없는 환경이 됐다는 설명이 되겠다.

이렇듯 하이테크 트렌드가 너무나 광범위하고 명확하게 드러난 상황에서 하이테크냐, 로테크냐 하며 우선순위를 가려보는 것은 어렵고 애매한 일이다. 닭이 먼저든, 달걀이 먼저든 아무래도 좋다. 우리가 걱정해야 할 사실은 일단 하이테크 만능주의 같은 사회적 인식이 더 심화되지 않을까 하는 점이다. 현대의 첨단기술은 모든 문제를 해결해줄 것이라는 믿음, 하이테크만 구축하면 모든 숙제가 풀릴 것이라는 기대가 오히려 현대사회의 문제가 될 수 있다는 것이다. 의심하지 않고 바라봤지만 하이테크의 오류나 부작용을 너무나 많이 본 까닭이다. 새삼 하나하나 지적할 필요도 없을 정도로 하이테크의 취약성이 사회 곳곳에 널려 있다.

하이테크가 진행되는 과정의 속도도 문제다. 과속임이 분명하다. 경제 분야를 예로 들면, 고도성장이 진행되고 있는 곳에서는 예외 없이 지나치게 빠른 속도로 하이테크화가 진행된다고 보면 된다. 한국도 경제발전 과정에서 한때 장기간 연평균 두 자리 숫자로 성장한 고도 성장기를 거쳤고, 지금 중국도 그런 과정에 있다. 일본은 그보다 앞서 그런 길을 걸었다. 세부적으로 보면 조금씩 차이는 있겠지만 큰 틀에서 볼 때 이런 압축 성장은 필연적으로 그 시기, 당대의 하이테크 기술을 바탕으로 한 것일 수밖에 없는데, 이게 반드시 문제를 남긴다는 점에 주목해 보자는 것이다. 산이 높을수록 계곡은 깊고, 빛이 강할수록 그늘도 짙다고 했다.

하이테크화의 과속과 더불어 공존의 문제를 생각해볼 일이다. 어쩌면 앞으로 인류에게 주어진 제일 큰 과제가 바로 하이테크와 로테크의 공존, 조화라는 생각이 든다.

13

로테크로 회귀

✗

현대사회를 하이테크로 급속하게 달려가는 시대가 분명하다고 규정했지만, 우리 주변에서는 로테크로 회귀도 엿보인다. 현대인들은 역시 똑똑하고 현명하다. 크고 작은 국내외의 대형사고, 현대사회형 범죄, 연속되는 경제위기를 바라보면서 하이테크만 믿다가는 큰일 나겠다는 자각일지 모른다. 이런 자각은 본능이다. 큰 위험에 대한 그런 본능은 긴 세월 동안 인류가 생존해온 힘이기도 하다. 조용히 진행되고 있는 로테크로 회귀 사례를 살펴보자.

1) 슬로 시티가 뜬다

모든 것이 빠르게만 움직이는 사회, 음식도 패스트푸드가 인기다. 햄버거만 해도 맥도날드에 이은 크고 작은 업체들이 성업

중이어서 젊은이들 입맛을 사로잡았으며, 밥도 인스턴트 제품이 나와 있다. '햇반'의 대유행이 그렇다. 국도 입맛대로 종류대로 일회용 플라스틱 용기에 담겨 나온다.

그런데 이게 전부가 아니라는 자각이 들기 시작한 것이다. '빠르게, 편하게, 값싸게'가 정답은 아니라는 얘기다. 그래서 슬로(느리게) 템포로 가자는 것이다. 천천히, 더 오래 씹으며, 더 조악한 구식으로 먹고, 단순히 걷고 움직이자는 기류다. 당장 입 안에서 도는 맛이 좀 못하면 어떤가? 식사시간이 조금 더 걸린들 어떠한가? 단맛이 조금 덜 하면 또 어떤가? 건강에 좋은 음식으로, 마음이 더 편한 쪽으로, 인간 본래의 모습에 더 부합하는 쪽으로 가자는 의도적인 노력이다.

우리나라의 일부 시, 군 지역에서는 아예 슬로 시티를 모토로 내걸고 바쁜 일상에 지친 도시민들을 부른다. 마치 '로테크의 세계로 오십시오. 환영합니다'라고 부르는 것 같다. 이렇게 로테크 동네로 가는 데도 다소간 비용은 들지만 그래도 감내할 만하다. 하이테크의 세상에 맞춰 사는 것에 비하면 결코 비싼 비용이 아니다.

2) 걷기 열풍, 새롭게 주목받는 생활 속의 로테크

현대인의 생활에서 걷기가 매우 중요하다고 주목받는 사실이 역설적이다. 초기 원생 인류의 신화단계에서 '호모 에렉투스'라는 개념도 나오거니와 인류는 걷기를 하면서 본격적으로 문명과 문화를 형성하기 시작했다고 한다. 또 직립을 하면서 인류의 두뇌는 그 어떤 생명체보다 체격에 비해 커질 수 있었다. 지능의 진화다.

이런 배경도 있지만 현대인들은 걷지 않음으로 인해서 너무나 많은 부작용이 생긴다. 기본 체력이 떨어지는 것은 말할 것도 없고, 오장육부와 관련된 온갖 성인병과 치질, 하체 부실, 각 부위의 디스크까지 많은 질병의 원인이 걷지 않음에서 비롯된다. 그런데도 조금만 신경 쓰지 않으면 걸을 일이 없다. 대중교통은 너무 잘 발달되어 있고, 승용차도 비교적 싼 비용으로 이용하는 시대다. 오죽하면 운동하러 나가서도 잘 걷지를 않는다.

한국의 많은 골프장이 그런 곳이다. 대자연의 녹색 잔디 위에서 걷자는 운동이 골프인데 한번 골프채를 휘두르고는 카트로 이동한다. 그러니 걸을 일이 없다. 골프장에는 이런 우스갯소리가 있다. "3보 이상은 걷지 않는다." 걷기 운동을 하러 왔는데도 걷지를 않고 무조건 카트를 타고 이동한다는 것이다. 그럴거면 왜 주말 귀한 시간에 비싼 돈 내고 운동하러 가나? 현대인들이 걷기를 기피하기도 하지만 골프장에서 한 팀이라도 내방객을 더 받아 수입을 늘리기 위한 비즈니스 전략을 짜는데, 이 때문에 카트로 골프 팀을 빠르게 이동시킨다. 걸어서 움직이면 라운딩에 시간이 많이 걸리고, 시간이 많이 걸리면 더 많은 고객을 받을 수 없으니 카트로 빨리빨리 손님을 돌리게 된다.

그런데 이제는 달라졌다. 무작정 걷기가 좋아 걷는 도시민들이 급속도로 증가하고 있다. 출퇴근 시간에도 걸어서 이동하거나 자전거로 움직이는 로테크 족들이 주변에는 의외로 많다. 나도 지하철로 출퇴근하는데, 주된 이유는 평소 모자라는 운동을 보충하기 위해서다. 그래서 갈아타는 지하철 환승역의 계단이 150개나 되지만 가급적 에스컬레이터를 이용하지 않고 그냥 계단으로 걷는다. 로테크 영역을 보충하듯이 지하철이라는 하이테크 시스템을 이용하면서도 걷기라는 로테크를 최대한 끼워 넣는다.

제주도 올레길, 북한산 둘레길, 지리산 길, 고양 누리길 등등 전국 각지의 수많은 주거지 주변의 걷기 코스가 그래서 나왔다. 걷기 그 자체를 위한 무작정 걷기 코스는 더 많이 생기고 있고, 앞으로도 계속 생겨날 것이다. 그저 로테크의 영역인데 육체노동자들보다는 머리를 많이 쓰는 전문가 직종과 화이트칼라의 사무직 등 하이테크 종사자들이 더 많은 관심을 갖는다는 점도 주목된다. 회사라든가 직장에서도 걷기를 통한 단합대회가 늘어난다. 그렇게 걸으면서 서로 얼굴 바라보고 대화를 나누는 것은 로테크 분야가 주는 과외의 소득이다.

3) 템플 스테이는 무슨 의미일까?

하루가 바쁜 현대인들이 갑자기 절로, 교회로 간다. 템플 스테이 프로그램의 참가자들을 보면 준 성직자들이다. 편리함을 버리고, 감각적인 음식과 기호음료들 버리고 불편하고 단순한 종교시설로 간다. 완전히 그 시설로 들어갈 수는 어렵겠지만 그렇게 한번쯤은 진지하게 시도하고 지향한다. 이 또한 이전에 없던 일이다.

이것도 로테크의 영역이다. 그렇게 자신을 돌아보고 명상한다. 돈이 되는 일도 아니고, 당장 자기 일에 큰 도움이 될 것 같지도 않지만 그런 현대인들은 늘어난다. 결국 로테크야말로 인간의 영혼을 정화해주고, 힘든 현대생활도 이겨 내게 해주는 것이 아닐까.

하이테크 시대, 인류는 감각적인 편리함에 젖어 근원적인 문제를 등한시하다 보니 요즘은 동서양 할 것 없이 성직자의 충원이 어렵다고 한다. 성직을 일생의 업으로 삼으려는 젊은 층들이 줄어들어 각 교단, 교파마다 큰 걱정이라고 한다. 그럴 만도 할 것이다. 풍요롭고 아쉬움이 없는데, 재밌거리는 곳곳에 널려 있는데 스스로 고행의 길로 찾아들어가 절대가치와 참된 나의 모습이라든가 그 어떤 가치를 추구한다는 것이 무모해보일 수도 있다. '수녀를 모집합니다' '스님을 구합니다'라는 광고가 나올 시대가 됐는데 잘사는 사회, 하이테크 사회일수록 성직자 희망자는 적고 아직도 못사는 로테크 사회에는 여전하니 하이테크 시대 감각적 편리함에 묻혀 머리 위를 바라보지 못하는 것인가.

그렇게 성직자가 되려는 좋은 인적재원이 줄어들어 종교계가 성직자 충원에 대해 우려하는 와중에도 템플 스테이를 찾아가는 대중들은 늘어가니 대조적이다. 종교의 참 의미를 찾는 이 트렌드도 로테크를 찾아가는 명확한 기류 중 하나다.

4) 비(非)가공 자연으로

가공 음식보다 생식으로, 육식보다 채식으로, 자극적인 맛보다 자연의 맛으로 음식을 추구하는 이들이 많다. 단맛만 해도 설탕의 과보급으로 곳곳에 단 것이 널려 있다. '단맛의 슈퍼인플레이션' 격이다. 전근대 시대에는 먹는 것에서부터 신분의 차이가 드러났다. 계급이 다르면 당연히 먹는 것이 달랐다. 요즘처럼 대중식당에서 사장과 신입사원이 같은 메뉴를 먹게 된 것은 그리 오래지 않은 일이다. 근대 이후 민주화 혁명에 따라 현대 민주주의가 자리 잡고 자본주의가 성장하면서 시장이 성장한 결과다. 그러니 전근대 이전에는 열대과일이라도 널려 있는 지역이 아니라면 중하층민들은 단맛을 즐기기가 힘들었다. 귀족들, 소수의 특권층만 누렸던 단맛이 너무나 많이 급속도로 퍼지면서 부작용도 심각해졌다.

감칠맛은 입 안에서는 즐겁지만 많이 먹으면 해롭다. 그래도 스스로의 힘으로 끊기 힘든 것이 단맛이다. 설사 끊으려 해도 이제는 사방에 널려 있어 섭취를 강요한다. 단맛은 짠맛(소금)과 함께 들어가 뒤섞이면서 독특한 맛을 내는데, 현대인들은 실제로 이런 음식이 얼마나 단지, 얼마나 짠지를 모른 채 먹는다. 짜장면이 그런 대표적인 음식이다. 아이들도 한 번 맛들이면 쉽게 여기에 매몰된다. 그러고는 좋지 않은 습관으로 굳어버린다. 원초적 미각이라는 것이 있는지는 정확히 알 수 없으나 사회 곳곳에 널려 있는 맛의 과잉, 특히 단맛의 홍수에서 벗어나자는 것이다.

음식만이 아니라 입을거리에서도 그렇다. 멋과 효율보다는 천연의 소재, 천연의 채색 재료를 찾는 것도 그렇게 로테크의 연장에서 보면 이해가 쉬운 현상이다. 단순히 걷기, 뛰기로 몰리는 것도 그런 연장이라 할 만하다.

조금 확대해석일 수도 있지만 기업에서 인력을 충원할 때 기량과 지식보다 인성과 품성을 보는 것도 그런 맥락에서 이해하면 수긍하기가 쉽다. 기량과 지식, 화려한 스펙이 하이테크 쪽이라면 인성과 품성은 로테크의 영역이다. '자연 그대로!' 로테크로 회귀는 그렇게 소리치는 듯하다.

5) 더 많아지는 느리게 살기, 자연으로 돌아가기

20세기 초, 영국에서는 '더 디거스(the diggers)'라는 일군의 이상주의자들이 있었다. 이들은 일체의 문명을 거부하고 삽과 곡괭이만 들고 산으로 들어갔다. 말 그대로 대자연의 땅을 일궈 새 사회를 만들어 새로운 삶을 살아보겠다는 것이었다. 하지만 이들은 며칠을 못 버티고 자신들이 살던 동네로, 집으로 복귀했다. 인간은 사회적 동물이다. 이미 사회화가 돼 분업화되어 있는데, 어느 날 갑자기 이를 거부한다는 것은 길게 살지 않겠다는 얘기가 되고, 인간다운 삶을 포기하는 것이 된다.

그러나 생활은 생활대로 유지하면서 여유도 찾아보자는 노력이라는 차원에서 나타나는 흐름이라고 본다면 느리게 살기에도 주목할 대목은 많다. 삼림욕장이 늘어나고, 숲속처럼 자연

휴양지 건설에도 적극 나선다. 웰빙(well being)은 먹거리 차원 이상으로 확대된다. 옷에서도 그렇고, 주거와 사무실에서도 그런 기류는 분명하다. 이제는 웰빙을 넘어 웰다잉(well dying)으로 이행하자는 목소리도 나오는데, 설득력이 있다.

이런 기류에까지 로테크로 회귀라는 개념을 인식하고 한 행동이라고 규정하기는 어려울 수도 있다. 미처 그런 인식을 체계적으로 못했을 수도 있다. 그러나 현상은 분명하고, 트렌드는 명확하다. 로테크가 우리 삶을 어떻게 보완해주고 있으며, 이게 왜 절실한지 우리는 부지불식간에 아는 것이다. 금융이나 경제, 투자에서는 이런 것을 '기본으로 돌아가자(Back to the Basics)'라고 외친다. 생활 속의 로테크가 어떻게 확산되는지, 어떻게 응용되는지, 로테크가 어떻게 발전해 나가는지 살펴보자. 의미 있는 메가트렌드가 보일 것이다.

하이테크의 물결이 슈퍼메가트렌드(초거대 물결)를 형성해 나가는 와중에서도 로테크가 생활 속의 비타민처럼 부분적으로나마 명맥을 유지할 수 있는 힘은 무엇 때문일까? 하이컨셉 때문이다. 9.11 테러에 대한 성격 규정으로 로테크 하이컨셉 사건이라는 설명을 했거니와 현대의 로테크가 빛나는 것은 로테크 트렌드 아래에 깔려 로테크를 빛나게 해주는 하이컨셉의 힘 덕분이다. 슬로 시티 붐, 걷기 열풍, 템플 스테이를 찾는 작은 흐름, 가공이 아닌 자연에 대한 추구, 느리게 걷기와 같은 로테크 현상의 사례에도 하나같이 하이컨셉이 바탕에 깔려 있다.

로테크를 함께 지향하는 현대의 호모 루덴스들은 그렇게 수준 높은 개념(하이컨셉)을 가진 존재들임은 굳이 부연 설명할 필요도 없다. 어쩌면 하이테크만 무작정 좇는 대다수 다중의 호모 루덴스들보다 로테크를 찾아 나서는 쪽이 소수이겠지만 하이컨셉에서는 한 단계 더 위쪽일지 모른다. 그래서 큰 강물 격인 하이테크의 슈퍼메가트렌드와는 비교할 수 없을 정도로 작은 시냇물이거나 맑은 옹달샘 정도일 수도 있지만 로테크 영역을 무시할 수가 없고, 반대로 더욱 주목을 하게 된다. 하이테크형 호모 루덴스들보다 때로는 로테크형 호모 루덴스들이 하이컨셉과 더 가까운 부류라는 얘기도 된다.

하이컨셉이라 해서 거창하게 생각할 이유는 없다. 본격적으로 철학을 하고 어떤 추상의 세계로 들어가 그런 데 몰두하는 것으로 보는 것이 아니고, 학업과 생업을 팽개치고 종교나 명상의 세계로 깊이 빠져드는 것이라고 규정할 필요도 없다. 삶을 바라보는 넉넉한 여유, 좀 더 사색하면서 발휘하는 지혜에서 나오는 판단 같은 것일 수 있다. 현란한 스포츠의 하이테크 세상이 되어 버린 프로 야구와 프리미어 리그 축구에도 열광하지만 그냥 빨리 달리고, 높이 뛰고, 멀리 던지는 로테크의 세계인 육상에도 깊은 관심을 갖는 것은 하이컨셉의 시각으로 로테크를 바라보는 까닭이다. 그렇게 현대에서 로테크의 영역은 때로는 하이컨셉과 나란히 간다.

14

놀이하는 인간

인간의 존재에 대해 네덜란드의 문화사학자인 요한 호이징어(Johan Huizinger)는 '호모 루덴스(homo ludens)'라고 규정했다. '놀이하는 인간'이란 뜻이다.

에버랜드나 롯데월드 정도를 가봤던 경험에서 미국 플로리다 올랜드의 디즈니월드를 둘러보면서 정말로 놀랐다. 우리 가족 4명은 나흘 정도 머무른 그곳에서 재미있게 놀았다. 아마 그곳에서 수십만 원은 족히 썼을 테지만 그래도 아깝다는 생각이 들지 않았다. 넓고 신기한 동산에는 놀 것, 볼 것, 놀랄 것 천지였다. 아예 재미있게 노는 곳으로 작정을 하고 어떻게 하면 재미있게 즐길 거리들로 채울까 하고, 숲이나 늪지대였을 플로리다의 그 넓은 땅을 꾸몄다. 입구에서 궤도열차와 배를 타고 이동해 들어가는 동안 재밋거리와 볼거리를 바라보면서 놀이의 왕국, 재미의 제국이란 인상을 지우기 어려웠다.

이런저런 놀이기구를 많이 타봤지만 나는 그 중에서도 소아린(Soarin)이란 가상 체험이 가장 재미있었고, 오래 기억에 남는다. 가만히 앉아서 안전벨트를 하고 극장 스크린 같은 대형 화면을 바라보고 있으면 마치 비행선을 탄 것 같은 착각 속에 빠져들게 하는 프로그램이었다. 화면만 보고 있으면 사전에 프로그래밍된 의자가 적절하게 흔들어주면서 마치 금문교 위를 나는 것 같고, 캘리포니아의 오렌지 농장 위를 지나는 것과 같은 느낌이 들게 해준다. 그 주변에는 우주선 체험관도 있었는데, 실제 우주선 안쪽처럼 만들어 놓은 좌석에 앉아 안전벨트를 매면 우주선을 타고 지구 밖으로 나가는 체험을 그대로 할 수 있게 만든 가상공간이었다. 우주선을 탔을 때와 같은 느낌을 재현한 것이라고 한다.

올랜드의 디즈니월드는 수천 명이 직접 생업으로 먹고 살고, 방문객들의 소비에 올랜드 지역 경제가 왔다 갔다 할 정도의 시설이다. 미국만이 아니라 전 세계에서 제대로 놀아보겠다며 아이들 손을 잡고 별러서 찾는 곳이다. 그렇게 가족 단위로 방문하면 며칠씩 놀다 간다.

놀이시설뿐인가. 인간의 존재는 참으로 흥미롭다. 음악 콘서트에 가서 열광하고, 영화와 연극을 보고, 드라마에 빠져든다. 스포츠의 세계는 또 어떤가? 운동경기도 야구, 농구, 축구, 아이스하키, 아메리칸 풋볼, 테니스 등 프로페셔널 경기는 참으로 다양하다. 바둑이나 체스를 두는가 하면, 낚시와 등산도 있다. 골프만 해도 얘깃거리는 많고도 많다. 골프로 파생되는 직업과 일자리 또한 패션과 골프용품, 골프 잡지와 인터넷의 전문 사이트, 전문 채널, 골프 아카데미와 교습 프로그램까지 참으로 다양해 골프 하나로 직업으로 삼고 살아가는 이들도 많다. 좁은 한국 내에서만 골프 전문 텔레비전 채널이 몇 개이며, 골프용품 생산업체는 또 얼마나 다양한가.

등산도 매우 단순한 현대인들의 취미일 뿐인데 관련 산업은 규모가 계속 커진다. 값이 만만찮은 등산복과 배낭, 등산화 외에 크고 작은 등산용품들을 보면 '아웃도어(outdoor) 산업'이란 말이 결코 과장이 아니다. 요즘 현대의 호모 루덴스들은 아무렇게나 티셔츠 걸쳐 입고 등산을 가지 않는다. 얼마 전까지만 해도 생소했던 등산용 스틱은 들지 않은 사람이 드물 정도다. 물론 이게 모두 산업이다. 물통에 간편한 컵, 간이의자까지 다양하다. 산악회가 있어 불특정 등산객들을 모집하는 온갖 여행상품을 내놓고, 항공사나 여행사가 제휴해 유럽의 알프스나 중앙아시아의 에베레스트로 트래킹 가는 프로그램도 내놓는다. 모두 경제적 생산 활동으로 일자리를 만들고 부를 창출하는 중요한 영역이다. 세계 경제가 나아질수록 에베레스트 산기슭의 네팔 인들의 소득도 늘어난다. 해외 원정 등산객들의 짐을 날라주는 짐꾼(세르파)의 수요가 많아질 것이기 때문이다. 이 또한 호모 루덴스로 놀이에 인간이 매달리면서 경제를 키우는 또 하나의 좋은 사례이자, 영역이다.

이 모든 인간의 활동이 호모 루덴스란 말 한 마디로 설명이 된다. 인간의 존재가 그런 것이어서 더 많은 놀이와 여흥 프로그램이 나올 것이다. 여기에서 부가 창출되고, 관련 일자리가 나올 것이며, 국가 간, 특정 지역사회 간 미래 경쟁력이 판가름 날 것이다.

여행도 그런 범주에 들어간다. 여행 수요는 더욱 늘어나고 있고, 그만큼 여행 프로그램도 더 많이 공급될 수밖에 없다. 기자 일을 하면서 지금껏 세계 46개국을 방문했다. 미국 같은 곳은 장기체류도 했고, 횟수로는 열 번도 넘게 다녀왔다. 영국이나 프랑스, 독일 같은 곳도 여러 번씩 다녀왔고, 러시아와 멕시코, 터키, 이집트 같은 곳도 여러 번 다녀왔다.

나처럼 업무로 가는 이들 못지않게 그냥 즐기러, 구경하러, 그것도 아니면 그냥 나가는 이들도 많다. 경제성장의 결과이겠지만, 이런 바람은 쉽게 꺾일 리가 없다. 아무리 바쁜 업무로 간다 해도 여행은 설렘을 갖게 한다. 나 또한 호모 루덴스라는 사실을 확인하는 때다.

경제가 발전하고 부가 쌓이면서 여행 수요는 늘어날 수밖에 없다. 관광 또한 호모 루덴스의 차원 높은 기호품이기 때문이다. 여행업만 해도 예전에는 교통편이나 준비해주고 숙식 업무를 대행해주면 대략은 됐다. 안내자를 두는 게 이제는 기본이겠지만 한 시절 전만 해도 이렇게 길라잡이를 두는 것부터가 사치

스러운 서비스였을지 모른다.

그러나 점점 달라졌다. 무엇보다 여행사와 여행업이 더욱 전문화되고 세분화되면서 소비자에게 맞춤형으로 다가갔다. 일단 전문화가 시작되자 먼저 여행에 관한 모든 것을 취급하는 '단순 여행사'에서 젊은 층의 신혼여행 전문, 은퇴한 고령자 대상 특화 여행사 정도로 분류됐으며, 지역으로 본다면 유럽, 미국, 중국을 전문으로 취급하는 '전문 여행사' 정도로 나뉘었다. 요즘 들어 여행업은 더 전문화되면서 이제는 알래스카 연어잡이 전문, 동남아 중저가 골프여행 전문, 프랑스 와이너리 체험 전문, 신혼여행 발리 전문… 이런 식으로 세분화되면서 특화되고 있는데, 이런 추세는 더 속도를 낼 것이다.

가령 의사나 변호사, 개인사업가와 같은 고소득층의 유럽 미술관 투어 프로그램을 생각할 수도 있겠다. 이미 그런 여행 상품이 나와 있고, 여행사에 그렇게 맞춤형으로 짜달라고 하면 얼마든지 해준다. 내가 잘 아는 전직 고위 공무원은 다섯 부부가 10명 맞춤으로 유럽의 알프스 트레킹을 다녀왔는데, 의도적으로 인적이 드문 곳을 택해 현지 산장에서 숙식을 하고 맞춤 버스로 인근을 다니는 완전 주문형 여행이라 매우 만족스러웠다고 전했다. 백화점에 전시된 물건처럼 기성품 같은 규격 여행 상품보다 비용이 더 드는 것은 당연한 일이지만, 비용이 문제가 되지 않는다는 경제적 상류 계층이 많아질 뿐만 아니라 그다지 경제적으로 여유 계층이 아니더라도 자신이 좋아하는 여행을 위해서는 얼마든지 우선적으로 돈을 쓰겠다는 이들도 많아지는 추세다.

이렇게까지 변화하고 발전하니 고객을 유치해야만 하는 여행사 처지에서는 일단 피곤할 것이다. 사업자 간 경쟁은 심화될 것이고, 까다로운 고객의 입맛에 맞추고 영업을 계속 하자면 더구나 부유층 고객들의 지갑을 열자면 더 나은 서비스를 고안해내느라 힘들기도 할 것이다. 그래도 어쩔 수 없다. 기업을 키우고 돈을 버는 일은 그런 힘든 과정을 이겨내는 것이 기본이다. 힘든 만큼 더 벌고, 그럼으로써 더 윤택해질테니 그런 쪽으로 애쓸 수밖에 없다. 아무튼 그런 과정의 결과로, 고객은 즐겁고 편해지고 더욱 재미있고 흥미로운 선택을 하게 된다. 그럼으로써 경제가 발전하고, 현대인들은 한 단계 높은 고급 호모 루덴스가 되어가는 것이다.

단순한 여행이 아니라 때로는 지식이 덧붙여지기도 하고, 예술적 감동을 더하기도 한다. 가령 유럽으로 인문학 기행이라든지, 미국 뉴욕의 브로드웨이 등지로 뮤지컬 투어를 간다든지, 캘리포니아 특정 지역의 와이너리 방문 프로그램이라고 생각해보자. 호모 루덴스, 현대의 고객들은 여행을 한 번 준비해도 선택의 폭이 넓어지고 즐거워진다. 물론 대가(비용)를 치러야 한다. 그 대가라는 것이 공급자(여행사) 편에서 보면 그만큼 매출을 올리면서 일자리를 만들 수 있는 근원이고, 각각의 노력에 따라 이익을 많이 내느냐 적게 내느냐도 여기에 달렸다. 인지산업(人紙産業―사람이 종이만 두고 특정한 생산설비 없이 하는 사업. 보험업, 여행업 같은 종류가 여기에 해당된다)이 하기에 따라서는 웬만한 제조업보다 부가가치가 더 높은 서비스 산업이니 어찌 머리를 싸매고 고민하지 않겠는가. 그런 결과는 여행업의 발달과 함께 더 많은 사회 성원들의 만족이고, 경제의 발전이다. 당연히 쓸 만한 일자리도 더 생긴다. 가령 음악이나 미술 같은 예술을 공부한 사람에게도 전업 연주자나 전문 화가 외에 또 다른 선택 가능한 직업이 생기는 것이다.

실제로 이탈리아나 프랑스 같은 곳에 가보면 한국에서 유학 간 음악도나 미술가, 문학도가 현지 여행 가이드로 활동하는 경우가 적지 않다. 음악을 전공한다고 모두 전문 연주자가 되고, 또 음악교육자나 음악연구가가 되기는 어렵다. 그런 자리는 예나 지금이나 매우 제한돼 있다. 물론 음악, 미술, 문학은 호모루덴스의 영역에 많이 해당되니 그런 영역에서 이전보다 일자리는 늘어날 것이지만 그래도 제한적이다. 그러니 로마나 나폴리, 폼페이를 찾는 여행객이 편하게끔 한국말로 설명해주고, 루브르 박물관과 오르세 미술관의 작품을 전문가의 식견을 바탕으로 한국말로 설명해주는 일자리(여행 가이드)가 넉넉하면 음악과 미술 전공 지원자들에게 또 하나의 사회적 백업 장치가 될 수 있다.

그렇게 본다면 예술 분야가 발전하게끔 지원해주는 주요한 후원자로 여행업이 크게 한 몫을 한다고 해도 과장이 아니다.

나 역시 이탈리아 여행에서 르네상스 시대 문학을 전공한 한국인 유학생 가이드의 안내를 받은 적이 있는데, 그의 유창한 설명에서 전문가의 지식이 곳곳에서 우러나와 아주 유익한 여행을 즐긴 기억이 있다. 파리에서도 미술학도의 안내로 매력적인 설명에 흠뻑 빠져든 적이 있었다. 호모 루덴스의 길이 어디로 향하는지, 또 예술과 산업이 어떤 식으로 연계되어 상호발전을 이끌어내는지를 보여주는 사례들이다.

호모 루덴스로서 현대 인간의 일상 속 모습은 또 다른 곳에서도 보인다. 백화점이나 대형마트, 할인마트와 같은 곳들이다. 우리가 어렸을 때 지방에서는 5일장이 작은 지역 경제의 중심축이었다. 지금도 5일장은 남아 있지만 과거만 못하다. 5일장이 생활의 중심이었을 때, 어머니들에게 장보기가 예삿일이 아니었을 것이다. 교통수단도 여의치 않은 시대, 장으로 내다팔고, 생활용품을 사들여 이고, 안고, 지고 오자니 장보기는 힘든 노동이었다. 요즘처럼 가정으로 구입물품이 배달되는 세상은 꿈도 못 꾸었던 시절이었다. 오래 되지 않은 일이다.

그런데 본질적으로 같은 일이 이제는 '쇼핑 문화'가 됐다. 쇼핑도 하고, 매장에 맞붙은 문화교실에서 취미강좌도 듣고, 맛있는 음식도 사먹으며 공연까지 보는 식이다. 서울에서는 대략 10만 원 정도의 물품 구입만으로도 배달까지 해주는 백화점 아래층의 계열사 마트도 있다. 한껏 꾸미고 멋부린 채 장보러 갔다가 필요한 물건을 즐기듯 구입한 뒤 배달 서비스에 맡기고 문화

생활이나 즐긴 뒤에 깔끔하게 집으로 돌아오는 것이 현대 도시의 장보기다. 이러니 쇼핑에 문화라는 말을 붙인다 해도 무리한 일이 아니고 어색하지도 않다. 본질은 같은 것인데 행태는 완전히 달라졌고, 노동이 놀이가 된 사례가 장보기다. 쇼핑 문화로 발전한 장보기는 앞으로도 더 진화해 쇼핑 예술로 발전해 갈까.

어떻든 호모 루덴스로서의 인간 존재가 쇼핑에까지 확대됐다는 사실에 주목해보자. 공부까지도 '놀면서 공부하기'라 하거니와 학교 체육에서 기본 중의 기본이 될 농구 슛하기, 배구 리시브 연습하기, 줄넘기까지 학원에 가서 과외로 돈 내고 배우는 사회다. 물론 이것도 호모 루덴스의 한 모습이다. 인간은 어디까지 돈으로 배우고, 어떤 영역까지 사업으로 만들어 키울 것이며, 어떤 행위까지 산업으로 발전시켜 나갈 것인가, 끝이 없다.

15

인문학에서 고통까지

✗

재미의 창조자는 희극인(코미디언, 개그맨)만이 아니다. 가수 싸이는 '강남 스타일'이라는 춤과 노래 하나로 한 달도 안 되는 사이에 1백억 원대의 수입을 올리는 판이다. 물론 엔터테인먼트가 산업으로 자리 잡으면서 이런 성과를 싸이 혼자 갖는 시스템이 아니라는 점도 주목되지만, 엉성한(?) 춤 하나의 위력은 참으로 대단하다. 그 위력은 웃음을 자아내게 한다는 것인데, 유튜브를 통해 전 세계인이 동시에 함께 보고 바로 공감하는 시대에 우리는 살고 있다.

재미의 폭, 감동의 범위가 이렇게 넓은 적이 과거 어느 때인들 있었을까? 재밋거리가 단순히 많다는 정도가 아니다. 정말로 별 게 다 재미다. 옛날 같으면 재미와 정반대 쪽에서나 있을 일과 공부도 재미 쪽으로 변해가고 있다. 그 중 하나가 인문학

열풍이다. 기업의 경영진이라든가 최고급 기술자 같은 경제계의 상류층에서 먼저 이런 기류가 확실히 보이고, 중산층들도 가세하는 추세다.

인문학이라면 흔히 문(文)·사(史)·철(哲)이라고 해서 문학·역사·철학을 일컫는데 요즘은 컨텐츠라는 말로도 통한다. 근래 서울대에서 최고경영자 과정에 인문학 강좌를 만들었는데 값비싼 등록금에도 불구하고 기업의 최고경영자 같은 사람들 사이에서 인기가 매우 좋았다고 한다. 이들 역시 한 차원 높은 재미를 찾아 나선 이들이다. 〈논어〉의 재탄생, 고전의 재해석 등 일상과 동떨어져 보이는 영역에서 감동과 감성을 자극하는 고급 상품들이 갈수록 많아진다. 물론 이 서비스에는 네트워크 구축이 덤으로 함께 내걸려 이쪽에 관심이 더 가는 이들이 있을 만하다. 그렇다 해도 재미가 없고, 감동이 따르지 않는 서비스와 프로그램에 소위 잘 나가는 이들이 적지 않은 비용을 들일까. 이들에겐 비용이 문제가 아닐지 모른다. 재미가 없다면, 흥이 나지 않는다면 귀한 시간을 투자할 리가 없다.

재미와 감동의 범위가 넓어질수록 호모 루덴스의 길은 덩달아 확대된다. 가히 무한대라 해도 무방해 보인다. 때로는 동양과 서양의 전통과 감각, 가치가 혼재되기도 하고 융합하면서 새로운 복합 재밋거리를 만들어 내기도 한다. 여기에는 빈곤과 추위 같은 기본 생존문제에서 벗어난 인류의 지적 호기심, 지적 허영심, 지적 만족 추구가 깔려 있다.

그렇게 무한대로 영역을 넓혀 가다보니 고통까지도 감동이 되고, 재미가 된다. 군대를 다녀온 사람들에게는 신병훈련소 생활이 무엇보다 지겨운 추억이고, 자기가 근무했던 전방 부대 쪽으로는 보기도 싫다고 한다. 그런데도 돈을 주고 스스로 병영체험을 나서는 직장인, 학생들이 늘어난다. 젊은 직장여성은 물론 중년의 아줌마들도 이 체험에 스스로 나선다. 얼마 전까지만 해도 기업 같은 곳에서 신입사원들을 정신무장시킨다며 보낸 곳이 병영체험이었다. 이런 정도까지만 해도 재미와 감동의 영역이라고 보기 어려웠다. 극기와 통과의례일 뿐이었다. 그러던 것이 이제는 돈 주고 찾아가는 '고통상품'으로 그런 체험시장이 형성됐다. 그렇게 감내할 만큼의 '적당한 고통'을 만들어 제공하는 군대 같은 서비스 회사들도 많이 생겼다. 모두 호모 루덴스의 외연을 넓혀 주는 현상들이다.

부서에서 함께 일하는 한참 나이 어린 후배의 경우, 그 귀한 여름휴가를 자전거 타고 땀을 뻘뻘 흘리며 동해로 가는 것으로 보냈다 한다. 일 년에 한 번 맞는 여름휴가 한 주를 자전거 타고 그냥 동해로 가는 데에만 썼다. 자전거가 아니라 걸어서 동해까지 가는 중년의 직장인도 봤으니, 고통도 내가 찾아서 하는 것이라면 재미인가 보다. 이제 사회적으로 중견이 된 모 인사는 아예 직장을 그만두고 중국 대륙으로 자전거를 몰고 달려가기도 했다. 이런 경우까지 굳이 재미와 감동이라고 얘기해버리는 것은 무리일 수도 있겠다.

그러나 이런 행위가 사회적으로 단순히 용인을 넘어 칭찬거리가 되고, 화제가 되면서, 나아가 부러움의 대상이 되는 데는 호모 루덴스를 지향하는 현대인들의 가슴 속 깊은 정서가 분명히 작용한다. 실행을 못해도 그렇게 꿈꾸는 이들이 많고, 내가 못해도 멋지다고 박수 보내는 이들이 더 많다는 얘기다. 감동의 범위는 그렇게 넓어져 간다.

그렇게 본다면 과거에는 기행으로 여겨졌을 일들, 사서 하는 고생과 같은 일들에 앞으로 일반 대중들은 더 몰릴 게 뻔하다. 고통을 알았든, 재미나 감동이라고 오해를 했든 대중들이 몰린다면 이 분야는 성장하게 돼 있다. 돈이 몰리고, 일자리가 따라 생긴다. 고통까지도 재미화 하는 호모 루덴스의 길이다.

1. 인문형, 예술형, 문화형이 주목받는 사회로

인문형, 예술형, 문화형 인간이 공학형, 기술형, 연구형을 제치고 더 많은 경제적 성취를 거둘 날도 이제 멀지 않았다. 호모 루덴스 시대가 본격화됐기 때문에 가능하다. 산업혁명 이후 오랜 기간 동안 공학도, 기술자, 엔지니어, 과학자들이 경제적으로 성과를 내고 자본을 장악하면서 세상을 완전히 바꾼 것처럼 이제는 호모 루덴스가 세상의 흐름을 주도할 것이나. K팝이 팽창하는 과정은 물론, '강남 스타일'이라는 노래 하나로 순식간에 세계 문화시장을 뒤흔든 가수 싸이의 핵폭탄 같은 돌풍을 보면 결코 무리한 예상이 아니다. 그런 시기는 의외로 빨리 오게 되어 있다.

거듭 우리가 주목하는 것은 놀이와 정보와 지식이 함께 어울리는, 그래서 융합하는 분야다. 이게 지금은 물론 앞으로도 부가가치가 제일 높은 분야다. 표면적으로 보면 재미와 감동, 감성과 흥미의 영역이다. 인문학 ─ 문(文)·사(史)·철(哲) ─ 이 하루하루가 전쟁터 같은 현대의 치열한 일터에 스며들고 전통적인 경영(학)과 결합된 형태를 '인문학 경영'이라 하고 '감성 경영'이라고도 한다. 돈만 벌지 말고, 미친 듯이 일만 하지 말고 호모 루덴스로 진화하라는 얘기다. 다만 일과 휴식의 구별이 쉽지 않듯, 전통적인 경제 활동과 호모 루덴스로 인간 활동의 영역 구별이 쉽지 않은 채 어울려 융합될 것이다. 경영과 인문, 재미가 뒤섞일 것이다. 아무래도 상관없다. 그렇게 인간은 '이성의 시대'에서 '감성의 시대'로, '합리의 시대'에서 '감정의 시대'로 급변하고 있다. 상상력이 중요해지고 직관이 돋보이면서 정서가 존중받게 된다. 이 흐름 또한 호모 루덴스의 개념으로 보면 무척이나 명료한 트렌드다.

2. 골프장에서 나타나는 한국인들의 창의성

호모 루덴스, 놀이하는 인간으로서 한국인들은 참으로 창의적이다. 대중문화부터 방송 오락, 현대 예술에 이르기까지 끝없이 창조하고 발전한다. 많은 직장에서 요즘 '잘 노는 사람이 일도 잘 한다'라는 모토를 내걸고 있고, 신입사원을 선발할 때 얼마나 잘 놀았는지, 잘 노는지를 물어보는 기업도 적지 않다고 한다. 많은 직장에서 잘 놀 수 있도록 지원을 아끼지 않는다.

호모 루덴스로 한국의 중상류층이 매달리는 대표적인 것이 골프다. 경제적 여유가 있거나 사회적으로 나름대로 성취했다고 하는 사람들은 미친 듯이 골프장에 몰려간다. 그간 재밋거리, 감동거리와 담을 쌓은 채 일만 하다 보니 무엇을 즐길지, 어떤 것으로 고단한 삶에서 탈출구를 삼아야 할지, 어떤 놀이로 스트레스를 덜어야 할지 몰랐던 것이다. 그런데 먹고 살 만은 하다. 지갑도 두툼해졌다. 모처럼 휴일, 주말엔 뭔가 본능적으로 재밋거리를 찾아 나섰는데, 일단 골프장이다.

하지만 한국인들은 그냥 골프를 치지 않는다. 골프라는 놀이에 내기라는 응용 놀이를 덧보탠다. 어떤 경우에는 골프가 본질인지, 기발한 방식으로 만든 내기가 본질인지 의심스러운 때도 많다. 골프 칠 때 하는 내기의 진화는 곧 골프라는 놀이의 진화다.

골프에서 내기는 상금을 마련해두고 매 홀 당 이긴 사람이 1

천원씩, 1만원씩 상금으로 빼먹는 식의 '스킨스 게임'이라는 게 있다. '스크라치 게임'이라 해서 매 홀 당 타수의 승패로 그 차이만큼 계산하는 게임도 있다. '라스베이거스 게임'이라 해서 둘씩 편을 나눠 승리를 재는 게임도 있다. 여기까지는 외국에서도 하는 그대로다. 그 방식이 국내 골프장에서도 원용됐다.

근래 한국 골프장에서의 게임은 여기서 한 발 더 나아가 '뽑기'라는 방식이 있다. 그때그때 다양하게 편을 나누고 승리를 재고, 조금 앞서가면 'OECD(경제협력개발기구) 게임'이라는 제재 룰을 만들고, 그 안에 또 세부적인 부가 규정을 만들어 끝없이 흥미를 돋우며 긴장감을 의도적으로 만든다. 복잡하다 할 정도로 세분화되는데, 이런 골프장 풍경을 보면 호모 루덴스의 진수를 한국인들에게서 보는 것 같다.

국내 굴지의 어느 상장회사 최고 경영자의 말이다. "제휴한 외국 기업의 대표가 국내로 업무협의차 왔다. 업무 얘기를 하다가 제주도로 초빙해 골프장으로 모셨다. 그냥 골프만 하기에는 다소 적적하기도 하고 단순한 감이 있어 분위기도 만들 겸 한국식 '뽑기' 게임을 적용했다. 1달러짜리 미국 돈 40장을 마련해 복잡한 한국식 규정을 설명해가면서 18홀을 게임으로 이어가며 돌았더니 그는 너무 재미있어 했다. 1달러라면 기업 CEO에게 대단한 돈은 아니지만 한 게임에 1달러를 받느냐 못 챙기느냐에 관심을 가지면서 더 집중했고, 1달러를 먹는 홀이면 '럭키 머니(행운을 가져다주는 돈)'라며 즐거워했다. 자연스런 분위기에서 업무 협의도 잘 진행됐다." 놀이하는 인간으로서 실전 응용력이 사업에 어떻게 윤활유 역할을 했는지 잘 보여주는 사례다.

비단 그뿐이겠는가. 호모 루덴스는 단순히 개인의 업무 영역만 넓혀주고 직장 내 업무 효율을 올리는 정도만이 아니다. 앞으로 한국 경제도 이 방향으로 나아가야만 한다. 인간의 생존에 절대적인 필요사항은 아니지만 사람들은 겨울이면 길이 막혀도 스케이트와 스키를 타러 가고, 여름철에는 해수욕을 위해 해변을 찾고, 평소에 별렀던 여행을 가고, 온갖 취미생활에다 기호품을 찾아 움직인다. 이런 게 현대의 경제를 움직이는 요인이 된다. 영화와 연극을 보고, 음악을 듣고, 미술관과 화랑을 찾는 행위, 이 모든 게 호모 루덴스이기에 이루어지는 일이다. 경제성장이 이루어지는 곳, 일자리가 창출돼 돈을 돌게 할 수 있는 새로운 영역이 바로 여기다. 한국의 드라마에 이어 K팝이 번져나가면서 형성된 문화 한류가 꾸준히 수출되는 것을 보면 외국 돈 벌기에서도 유망한 개척지가 될 수 있어 보인다. 그렇기 때문에 방송국 같은 데서 큰 투자사업으로 대형 드라마를 만들 때 당연히 수출까지 염두에 둔다.

3. 그래도 나는 걷는다

제주도에 올레길이 생기면서 사람들은 해안가를 걸으려고

앞다투어 비행기를 타고 제주도로 갔다. 한때 올레길을 다녀오거나 올레길에 대해 한 마디 할 정도가 아니면 대화 자리에 끼기가 어려울 정도로 큰 유행이었다.

올레길이 한 번 뜨자, 지리산 주변의 지방자치단체들이 경쟁적으로 길 조성에 나서 지리산을 휘감아 도는 지리산 둘레길이란 게 생겼다. 이 무렵, 서울에서도 적지 않은 예산을 들여 북한산 둘레길을 만들고, 한양 성곽길을 만들어 시민들에게 걷기를 권했다. 서울 근교의 고양시가 고양 누리길이라며 한 나절 정도의 걷는 길 3개 코스를 만든 것도 최근의 일이다. 모두가 같은 맥락의 일들이다. 옛날 사람들에게 물으면 대답할 것이다. "걷는 게 무슨 재미냐" "그 힘든 걷기를 왜 일부러 하느냐" "그저 할 일도 없이 막연히 걷는 게 무든 감동이냐"라고. 그러나 현대인들은 말하지 않아도 안다. 걷는 것 그 자체로 재미가 있고, 조금 사연이라도 있는 걷기 코스라면 감동을 줄 수 있다고.

그렇게 혼자, 또는 친구들끼리, 직장 동료들과 함께, 가족들이 더불어 걷기에 나선다. 모두 그렇게 자신을 되돌아보겠다는 것이고, 그렇게 인생을 반성하면서 살아가겠다는 것이고, 그런 공간에서 미래를 내다보겠다는 것이다. 이제 그 누가 목적 없이 걷는 것의 합목적성을 부인할 것인가.

이렇다 보니 단순히 걷기 위해 스페인까지도 간다. '산티아고 가는 길'을 걷기 위해서다. 옛 중세시대 유럽의 수도승 같은 이들이 인생의 고해를 체험하고 신앙심을 키우기 위해 걸었던 길이 바로 스페인의 800km의 산티아고 가는 길이다. 그 길에 지구 반대편에서, 종교도 문화도 다른 한국인들이 왜 달려가나? 먹는 것도 열악하고, 찬바람이 그대로 밀려들어오는 열악한 숙소는 정상적인 현대인이 밤에 몸을 뉠 곳이 못된다. 이 길에는 병원이나 약국도 변변찮다. 편의점도 식당도 별 게 없지만 언론인, 지식인들이 산티아고 가는 길에서 막연히 걸었던 것을 유별난 체험이라며 소개한다. 그런 칼럼이 한둘이 아니고, 그런 체험을 전하는 강연 또한 한둘이 아니었다.

양승태 대법원장이 2011년 9월, 대법원장 지명 소식을 받은 것도 미국 땅이었다. 그것도 미국의 오지, 우리로 치면 강원도 골짝 같은 로키 산맥의 트레킹 코스였다. 보통의 미국인들도 좀체 가지 않는 로키 산맥의 첩첩산중, 문화나 문명이라고는 거의 눈에 띄지 않는 곳으로 스스로 찾아가 즐기는 도중에 청와대로부터 대법원장을 맡으라는 소식을 들은 것이다. 아마 그가 간 이유도 이색 체험, 결국은 재미와 감동을 찾아 갔을 것이다. 대법원장이라면 한 사회의 최고 지성인이요, 최고 명예의 자리이면서 권위로도 어느 누구에게 밀리지 않을 자리다. 깐깐한 사법부의 정점에서 법조계를 이끄는 자리다. 그런 그도 단순한 재미, 원초적인 감동을 찾아 미국의 로키 산맥으로 갔다.

사람들은 알프스로 달려가고, 에베레스트 산 언저리로 달려간다. 호모 루덴스의 길에는 사회적 상하가 없다. 재미와 감동에는 끝이 없다. 이처럼 끝없이 팽창하는 현대의 재미와 감동을 정리하면 이렇게 될 것 같다.

(1) 재미의 범위에는 끝이 없다. 재미와 감동의 영역은 무한대다.

(2) 어려운 것, 공부까지도 재미로 변용된다. 〈논어〉가 재밋거리고, 고전이 감동이다. 요즘 논어에 대한 재해석, 현대적 해석으로 논어가 새삼 관심사다.

(3) 고통도 재미다. 병영체험을 하기 위해 돈을 내면서 스스로 찾아간다.

(4) 힘든 것도 감동이다. 스페인의 '산티아고 가는 길'로 찾아가 고생을 즐긴다.

(5) 재미는 공공의 추구다. 국가와 지방자치단체 할 것 없이 이런저런 재밋거리를 만들어 국민과 시민들에게 제공한다. 무수히 생겨나는 걷기 코스가 그런 것이다.

(6) 맛도 재미다. 맛이야말로 감동이다.

(7) 스토리가 담기면 감동은 배로 늘어난다. 한류 스토리라도 들어가면 식당은 단순히 식당이 아니다.

(8) 재미의 길에는 사회적 지위도 상관없다.

(9) 스스로 찾아서 하는 일이 더 재미있다.

(10) 재미 만들기, 감동 생산은 유망한 성장산업이다.

호모 루덴스의 한 전형, 전업 사진작가 S

한국에서 작품사진 만으로 먹고 사는 사람은 극소수다. 사진에 몰두해 사진으로만 먹고사는 전문가 층이 두텁지 않은 데다 아직까지는 작품으로서의 사진 시장도 크지 않기 때문이다. 사진으로만 먹고사는 사람이 한 손으로 꼽을 정도로 좁은 한국의 작품사진 시장에서 S씨는 최근 작가로 전업을 한다 할 정도로 성공한 경우다.

그는 유명대학을 나온 것도 아니고, 좋은 직장을 제대로 다녀본 적도 없다. 이름도 잘 알려지지 않은 지방대학에서 미술을 공부한 그는 나이 50이 다 돼가도록 통장에 돈이 없었다. 이런 저런 일로 조금씩 돈을 벌기는 했지만 은행통장 잔고는 10만~20만 원으로 올라가기가 무섭게 다시 마이너스로 내려가 버리는 것이 일상이었다. 다만 그런 와중에도 손에서 카메라만은 놓지 않았다.

수년 전, 그는 디자인 미술을 하는 후배의 제안으로 여행 관련 잡지를 만들게 됐다. 그래도 미술대학을 졸업한 데다 '사진은 좀 찍으니' 여행사에 필요한 잡지를 만들어 호구책을 삼으려 한 것이었는데, IMF가 여행 잡지 사업의 발목을 잡았다.

그러던 중에 그에게 이색적인 계기가 있었다. 여행 잡지도 신통치 않아 발행을 이어가지 못하면서 다시 백수 비슷하게 되자, 함께 잡지를 만들며 일하자고 권유한 후배가 월급을 대신하는 셈으로 그에게 아프리카 대륙 동쪽에 붙은 마다가스카르로 가는 단기 팸 투어 초대권을 준 것이다. 가족도 없어 몸은 가볍고 달리 할 일도 마땅찮았던 그는 주저 없이 마다가스카르로 향했다. 생전 그런 곳이 있나 싶을 정도로 관심도 두지 않았던 마다가스카르에서 그는 프로 호모 루덴스가 될 모멘텀을 잡게 된다.

마다가스카르는 생텍쥐페리의 〈어린 왕자〉에 나오는 바오밥 나무가 독특한 모습으로 자라는 곳이다. 이곳은 가난하고 낙후된 아프리카 지역이면서도 독특하게도 주민들의 표정이 밝다. 게다가 아프리카 지역이지만 서양인 등 이민족과 교류가 많아 까만 피부에 크고 맑은 눈이 뚜렷한 아이들이 많다. 한 마디로 사진거리가 되는 지역이었는데, S씨는 이를 알아본 것이다. 그는 마다가스카르에서만 자라는 그리스 신전 기둥 같은 바오밥 나무와, 가난하면서도 밝고 발랄한 아이들의 표정을 담기 위해 연신 카메라 셔터를 눌렀다.

그렇게 우연한 기회에 〈어린 왕자〉에 나오는 별나라 분위기에 가장 근접한 곳에 발을 디딘 그는 최대한 많은 마다가스카르의 풍광을 담아와 한국에서 사진전을 열었다. 반응은 기대 이상이었다. '어린 왕자의 땅' '바오밥 나무와 가난하지만 해맑은 아이들' '별, 소년, 바오밥 나무, 마다가스카르'라는 주제의 가보지 않은 먼 나라에 대한 사진전은 호평을 받았다. 그러나 이건 시작에 불과했다.

사진작가들이 작품사진만으로 먹고 살기가 힘들고, 한국에서 그런 작가가 몇 명 되지 못하는 것은 작품으로 내놓은 사진이 사진 그 자체로 팔려 사무실이든 집이나 벽에 걸리기가 힘들기 때문이다. 기껏 잡지나 화보, 달력에 실리는 정도이니 작품은 돈이 되지 않고, 시장도 매우 제한적이다. 마다가스카르 사진전이 호평을 받으면서 고무된 S씨는 다시 마다가스카르 행을 계획했다. 마치 별나라 같은 분위기를 연출하는 바오밥 나무에다 까만 아이들의 천진무구함에 매료됐던 그는 이번에는 색다른 준비도 했다. 아이들을 위해 마술처럼 보이는 풍선불기 기술을 배운 것이다.

다시 찾은 마다가스카르. 다른 외국어는커녕 영어도 겨우 기초적인 의사소통을 하는 수준이었지만 S씨는 부담감도, 두려움도 없이 그곳을 찾았다. 다시 카메라 셔터를 누른 그의 주된 관심사 중 하나는 어떻게 하면 까만 모습으로 입는 둥 마는 둥 자연 상태로 돌아다니는 마다가스카르 아이들의 더 밝은 모습을 렌즈에 담을 수 있을까 하는 것이었다. 그러기 위해서 그는 미리 준비해간 풍선으로 그곳 아이들에게 연신 마술쇼를 연출했다. 바람을 잔뜩 불어넣으며 긴 풍선으로 순식간에 토끼도 만들고, 강아지도 만들고, 기린도 만들어 아이들에게 나눠줬다. 그가 가는 곳마다 아이들에게선 환호성이 터졌다. 그렇게 아이들과 소통하는 데는 말이 필요 없었다. 영어가 서투르다고 위축될 일이 조금도 없었다.

방문 며칠 째인 어느 날, 소나기가 한바탕 시원하게 대지를 적시고 난 오후에 바오밥 나무들이 보기 좋게 늘어선 이 섬의 한 곳에서 몰려든 아이들에게 풍선으로 마술처럼 사자를 만들었다, 쥐를 만들었다, 집을 만들었다 하며 빠져드는 순간 눈동자가 유독 맑은 한 소년이 그에게 말을 걸었다. 말을 건 것이라지만 서로가 언어로는 통하지 않았고 풍선으로 온갖 조화를 부리는 한국의 사진 아저씨에게 한 꼬마가 손가락으로 S씨의 가슴을 콕콕 찌르며 뒤를 돌아보라는 몸짓을 한 것이다. 고개를 돌린 S씨는 하마터면 탄성을 지를 뻔했다. 바오밥 나무 위로 떠오른 쌍무지개! 그것은 평생을 통해 그가 봤던 그 어떤 무지개보다 선명했고 아름다웠다.

그는 바오밥 나무와 무지개를 향해 미친 듯이 셔터를 눌렀다. 그러면서 마다가스카르의 때 묻지 않은 아이들, 풍선으로 만든 온갖 동물들을 하나씩 손에 쥐고 기분이 한껏 좋아지면서 표정은 더없이 밝아진 그곳 아이들을 앞세운 채 사진을 찍고 또 찍었다. 바오밥 나무, 무지개, 천진난만한 아이들, 아프리카, 별, 어린 왕자… 우리가 일상에서 보기 힘든 소중한 존재들이 한 곳에 다 모인 셈이다. 별나라 같은 그 풍경이 S씨의 사진에 모두 담겼다. 대성공이었다. 특별한 목표가 있어서가 아니라 사진 그 자체가 좋아 벽에 걸어놓고 싶어 사진을 구입하는 사람들이 나온 것이다.

그렇게 한번 자리를 잡자, 모 방송국에서 연락이 왔다. 마다가스카르 기행 특집을 제작하는데 현지를 찾아 탐험하고 체험하는 프로그램의 자문역으로 발탁된 것이다. 마다가스카르를 재미있게 소개하는 교양 프로그램을 위해 그가 전문가로 활용된 셈이었다. 그가 호모 루덴스들에게 감동을 주고 흥미를 불러일으키는 프로 호모 루덴스로 도약하는 순간이었다.

마다가스카르 전문 사진작가, 〈어린 왕자〉의 바오밥 나무와 무지개, 아이들 전문 사진작가라는 명함이 붙게 되자 예상치도 못했던 제안들까지 들어오기 시작했다. 강남도 아니고 광화문 도심도 아니었지만 서울 시내 한 곳에 작은 빌딩을 지은 건물주가 그에게 1층을 부담 없이 사용하라는 것이었다. 이름은 갑자기 알려지기 시작했다지만 팔린 작품사진은 아직 몇 점 안되는 가난한 작가에게 전시공간을 확보한다는 것은 예사 고민거리가 아니다. 전문 화랑은 임대료가 비싸고, 비용이 덜 드는 데를 찾자니 전시 여건이 마땅찮은 게 현실이다. 그는 널찍한 새 건물에 자신의 마다가스카르 사진을 전시하는 한편, 내부를 커피전문점으로 만들었다. 눈의 즐거움(사진 감상)과 입의 즐거움(커피 음미)을 결합시킨 공감각형 호모 루덴스 공간을 만든 것이다. 건물주에게는 거액의 보증금도, 정해진 월세를 주기로 한 것도 없었다. 그저 커피전문점으로 돈을 벌게 되면 절반씩 나누자는 게 약속이었다.

그러면서 S씨는 한 가지 아이디어를 더 짜냈다. 자신처럼 돈이 없어 좋은 전시공간을 빌리지 못하는 많은 전문 사진작가들을 위해 이 커피전문점을 상설 사진작품 전시공간으로 만들고 활용하게 했다. 전시 임대료는 따로 받지 않았지만 매번 전시가 열릴 때면 그래도 많든 적든 사람들은 전시장으로 왔고, 최소한 커피 한 잔씩은 사 마셨다. 그렇게 자리잡아 가자 그의 커피전문점은 동네의 명소가 됐다. 오전이면 남편들을 출근시킨 젊은 아줌마들이 유모차 끌며 모이는 곳이 됐고, 이색적인 사진 작품들 더에 분위기 좋은 만남의 약속 장소가 됐다.

커피전문점으로도 돈을 조금 벌게 되고, 방송에도 나가자 그에게 기업 같은 데서 강연초청이 들어오기 시작했다. 명사들 초청 기업의 교양강좌에 나선 그의 이야기는 솔직했다. "나는 13남매의 막내로 태어났어요. 어릴 때 집에 있거나 없거나 누가 간섭하지도 않았고, 밥을 먹지 않아도 따로 신경 써주는 사람도 없었죠. 한번은 내가 한 달간 집을 나갔다 왔는데도 어머니는 '일주일씩이나 어디 다녀왔나'라는 그 한마디 뿐, 그렇게 자랐습니다. 나는 변변한 직장도 한번 제대로… 다만 사진집 등으로 책은 몇 십 권 냈지요." 그러면서 그는 마다가스카르와 친해진 이야기, 그로 인해 명사처럼 뜬 이야기를 한다. 거창한 이론이 담긴 것도 아니었고, 심오한 철학을 전하는 강의도 아니었다. 단지 그가 자라온 시절, 그가 방황하며 고생한 이야기, 그리고 자리 잡은 이야기를 담담하게 한다. 그 스토리에 듣는 이들은 몰두한다. 생존형 인간에서 진정한 호모 루덴스의 길로 변하는 전문 사진작가의 모습에서 감동을 받는 것이다.

그는 이제 마이너스 통장 걱정을 하지 않는다. 지금은 제법 큰 SUV 차량을 몰 정도이니 사진작가로 폼도 나게 됐다. 국방부 등을 대리해서 국위 선양을 하는 특사 위촉도 받아 그 명함으로 해외 오지로 나가 공무수행도 하니 그 보람은 덤이다.

S씨의 변모에서 자기 길을 개척해 나가는 호모 루덴스의 길이 보인다. 그것을 요약하면 다음과 같다.

1) 그냥 멋진 사진이 아니라 더욱 진한 인상을 남길 수 있

는 장면을 찾되 스토리를 부여하는 것이 중요하다.

2) 사연이 되고 이야기가 된다 싶으면 그런 대상에 집중을 하는 것이 중요하다.

3) 호모 루덴스의 길로 가기 위해서는 최소한의 경제적 기반이 필요하지만 그 고비만 넘기면 역으로 호모 루덴스의 길에서 이룬 성취가 경제적 성과로 이어진다.

4) 사진, 여행과 같은 것들에다 인생역정의 스토리가 가미되면 감동은 몇 배로 커진다.

5) 작게나마 사회적으로 주목을 받는 일을 하게 되면 조금 더 노력을 해 자기만의 호모 루덴스 공간을 만들어 특허처럼 자기 영역으로 만들어야 자기 성취가 된다.

6) 이런 과정을 거쳐 언론(매스미디어)의 주목을 한번 받으면 어떤 분야든 사회적으로 명사가 된다.

16

호모 루덴스의 놀이

✗

호모 루덴스의 놀이가 전방위로, 무제한으로 퍼져 나가는 것을 살펴봤다. 그렇게 호모 루덴스의 길은 급속도로 뻗어 나가고, 호모 루덴스의 영역은 예측불허로 팽창한다. 호모 루덴스의 길은 그 자체로 복지인류, 행복인류, 신인류가 추구하는 목표일까? 더 많은 생산을 위한, 더 많은 지식사회를 위한 수단이면서 방편일까?

일찍이 독일의 철학자 칸트는 취미에 대해 '목적 없는 합목적성'이란 한 마디로 정리했다. 취미활동에 대해 이렇게 간결하고 적절하게 정의내릴 수가 있을까. 아마 직접 표현을 하지 않아서 그러했을 뿐, 칸트의 머릿속에 든 취미의 개념에 '놀이하는 인간'이란 의미가 깔려 있었을 것 같다. 취미뿐만 아니라 기호(嗜好)에 대해서도 비슷한 정의를 할 수 있을 것 같다.

"나는 등산이 이렇게 좋을 수가 없는데, 너는 왜 등산을 좋아 하지 않나?" "낚시보다 더 재미있는 놀이가 없는데, 당신은 왜 이 좋은 것을 거들떠보지 않는가?" "나는 일 년에 한 번 여행하 는 맛에 온갖 고생을 다 참고 먹을 것에도 아끼는데, 너는 왜 여 행에 나설 생각조차 않는가?" 이런 식의 '취미 논쟁'에서부터 "나는 자장면을 좋아하는데 너는 왜 짬뽕을 좋아하나?" "우리 나라에서는 축구가 최고인데, 당신 나라에서는 왜 이상한 경기 풋볼에 열광하는가?" "나는 소주가 좋은데 너는 왜 맥주만 찾 는가?"와 같은 '기호의 우열 가리기'에 이르기까지 우리가 일 상생활에서 한두 번쯤은 정색을 하고, 또는 농담조로 해봤을 입 씨름거리들이다.

이에 대한 최종 판결이 바로 칸트의 '목적 없는 합목적성'이 다. 따로 목적이 없다는 것이다. 그 자체가 목적이고 목표다. 그 렇다고 해서 아무런 의미가 없는 행위냐 하면 그것은 아니다. 그래서 합목적성이라고 했다. 목적이 있는 것과 부합하고 그런 형식이라는 것이다. 직접 목적이 있는 그 어떤 것, 목적물과는 또 다르다. 합목적성이라니, 안 해도 그만이다. 그러면서도 합 리성에서 벗어난 것이 아니다. 학문의 세계나 기술의 영역과 또 다른 것은 그냥 합리성과 목적이 아니라는 점이다. 호모 루덴스 의 길이 꼭 그렇다. 그런 방향으로 발전하면서 영역을 확대시켜 나간다.

때로는 기업의 생산 현장이라든가 각종 사업장에서 일의 능률을 높이고, 그렇게 생산성을 증대하면서 투입한 요소에 비해 성과를 더 내려는 욕심에서 재밋거리를 제공하고 감동거리를 만들 수도 있을 것이다. 그렇게 조직원들에게 흥미를 북돋우고 감성을 자극할 수 있다. 젊은 세대에게 재미있는 현대 직장의 표본처럼 거론되는 구글의 미국 본사의 내부 구조가 그럴지도 모른다. 깔끔한 이미지가 외부에서부터 돋보이는 경기도 분당의 NHN 본사 내부도 그런 식이라고 평가한다. 그 외에 많은 사업장들 가운데도 따지고 보면 여기에 해당되는 곳이 무척이나 많을 수 있다.

그게 중간 목표라고 정의해도 상관없다. 그런 부분적인 효용성에 대해 그 가치를 부인할 일도 못된다. 일과 재미가 구별이 안 되는 사회, 공부와 놀이가 융합되는 시대로 가는 것이 큰 흐름이라면 그런 과정에서 약간 '목적이 있는 것처럼 보이고' '합목적성이 아니라 목적이 있는 것으로' 평가되어도 큰 문제는 없을 것 같다는 얘기다. 궁극적으로 그렇게 경계를 가르고 구별하는 것 자체가 무의미해지는 시대로 현대 인류는 들어서고 있다.

더 많은 재미를 찾아 나서는 개인들, 흥미를 불러일으키는 감성산업의 급성장, 잔잔한 감동을 제공하는 서비스가 행정을 비롯한 공공 영역에서도 주요한 업무의 하나로 확대되는 것이 21세기 호모 루덴스로 지금 우리가 사는 시대의 모습이다. 그렇게 문화가 만들어지고, 산업과 경제가 발전한다. 이런 것들이 개인, 기업, 정부의 한 모습인데, 여기서 거듭되는 문제는 비용이다. 재미와 감동이 산업이 되면서 언제나, 어디서나, 어떤 형태로든 너무나 많은 흥밋거리와 감동의 서비스가 제공되고 있지만, 이게 수요와 공급 측면에서 보면 불균형이 있다는 점이 고민거리다. 이 대목이 앞으로 우리가 풀어 나가야 할 과제임이 분명하다.

어릴 적에 어른들에게 들은 말 가운데 "소는 움직이면 똥을 싸고, 사람은 움직이면 돈을 쓴다" "살아 숨 쉬는 한 돈은 쓰인다"라는 것이 있었다. 소는 종일 뭔가를 먹고, 먹은 것을 되새김질하는 가축이다. 그렇게 많은 풀을 먹다보니 수시로 똥을 쌌고, 농경시대에는 그 처리가 예사 잡무를 넘는 성가신 일이었다는 것에서 나온 말이었다. 그렇듯이 사람도 어떤 식으로든 활동하고 행동하는 데는 비용이 든다. 단순히 살아 생존하는데 그럴 정도이니 일부러 재미를 찾아 나서고 감동 체험을 누리려 한다면 비용은 당연히 들게 마련이다.

문제는 그런 비용이 때에 따라서는 만만치 않다는 사실이고, 어떤 식으로 그 비용 부담을 줄일 것인가 하는 점이다. 적은 비용으로 더 많은 재미를 얻는 것, 같은 비용을 투입해서 감동을 더 많이 느낄 수 있는 프로그램을 만들려는 것은 최소의 투자로 최대의 만족을 얻으려는 경제의 기본 동기와 하나도 다를 게 없다.

재미와 감동 얻기, 흥밋거리 찾기와 감성의 극대화를 추구하는 것은 결국 우리 삶에서 만족을 더 많이 얻자는 것이다. 생존을 위한 생산 활동의 고충을 이겨내고, 살아가는 과정에서 필연적으로 수반되는 스트레스를 줄이거나 잊게 해주는 것을 찾아나서는 일은, 그럼으로써 행복의 양을 늘리자는 것이기도 하다. 미학자로서 칸트의 말대로라면 그렇게 쾌(快. 쾌락과는 조금 다른 개념)를 넓히자는 것이다.

적은 비용으로 더 많은 만족 – 행복, 쾌 – 을 누리자는 데서 호모 루덴스는 호모 에코노미쿠스(homo economicus; 경제적 인간)의 모습을 보일 수밖에 없다. 개인과 정부, 기업들의 21세기형 지혜가 정말로 필요한 대목이다. 다행이 오직 권력쟁취를 위해 진흙탕 싸움으로 올인 하는 정치권 같은 데서도 그런 변화의 기류가 엿보인다.

2012년 대통령 선거과정에서 나온 공약성 캠페인에 '저녁이 있는 삶'이 있었다. 그런 슬로건을 내건 정치인이 누구든 간에, 그가 속한 정파가 어떤 성향이냐를 떠나 이런 구호는 그 자체로 의미가 있어 보였다. 그저 일만 하고 돈만 버는 생활에서 좀 벗어나자는 얘기 아닌가. 또 입시공부로 학교와 학원을 오가면서 꽃다운 10대를 모두 보내고, 취업준비로 싱싱한 20대 청춘을 스트레스 속에서 모두 보내버리는 생활 패턴에서 벗어나자는 말 아닐까. 그렇게 해서 호모 루덴스의 길로 가자는 말로 평가된다. '저녁이 있는 삶'이란 정치 구호를 분석해보면 그렇게 한 템포 쉬어가자는 주장이 되겠다.

정치 슬로건이 정치적 자유, 경제적 번영, 사회적 갈등 해결과 같은 차원을 떠나 호모 루덴스의 길로 우리 모두가 가자고 외칠 정도라면 한국도 꽤 성장한 것이다. 어느 정도 발전했다고 충분히 말할 수 있겠다.

되돌아보면 한심한 일도 적지 않았다. 2012년 현재로 40대 중후반 이후부터 50대, 60대의 삶은 황폐했다. 이제 경제적으로 안정궤도에 오른 이들이 많고, 세대 전체로 볼 때도 부를 축적한 연령대이기는 하다. 그러나 오후 6시 퇴근은 교과서에나 나오는 말일 뿐이고, 주말의 휴식도 남의 나라 말로 여기며 살아온 세대가 이들이다. 일 끝나면 술 한 잔, 술 한 잔 뒤에는 기껏 자리를 바꾼다는 것이 천편일률적으로 노래방 행, 잘났다는 축들은 주말이면 미친 듯이 골프장으로만 가는 일상에서 여유와 휴식 같은 것은 애초부터 없었다. 틀에 박힌 회식문화와 반복되는 2차에서의 한 곡 뽑기, 그리고 주말 새벽잠을 설치며 그렇게 힘든 부킹(예약)으로 또 한 번 스트레스 받아가면서 그것도 가족들 눈치봐가며 가는 게 골프다. 이쯤 되면 호모 루덴스이긴 하되 왜곡된 호모 루덴스이고, 편식하는 호모 루덴스이며, 개념 없는 호모 루덴스다. 그런 놀이는 놀이가 아니라 노동의 연장이다. 미친 놀이가 되다시피 했던 골프가 대표적인 사례다. 주말 골퍼는 즐기러 가기보다는 영업을 위해, 관계개선을 위해 이용되는 판이니 제대로 된 감동이나 재미가 스며들 여지가 있을까 싶다.

그런데 이를 다시보자는 목소리, 변해보자는 사회적 구호가 대통령 선거에서 공약으로 나온 것이다. 놀되 제대로 놀고, 느끼되 편안하게 진짜로 느끼자는 주장이 '저녁이 있는 삶'이란 한 마디의 정치 슬로건에 담긴 것이다. 무늬만 호모 루덴스가 아니라 진짜로 호모 루덴스가 되자는 말로 해석되는 이유다.

정치에서 호모 루덴스의 물꼬가 트인다면, 제대로 된 호모 루덴스 모델에 대해 생각하고 연구해보는 것이 사회 전체에 퍼지는 것은 이제 시간문제다. 정치는 사회 전체로 보면 대체로 사회를 선도한다기보다는 뒤따라오는 영역이기 때문이다. 혁명기가 없진 않았지만 뛰어난 개인들이 어떤 조류를 앞서 형성하고, 기업들이 그에 맞춰 상품이나 서비스를 제공하면, 정치나 행정은 제도적으로 뒤에서 따라가며 뒷받침하는 게 일반적인 사회변화, 사회발전의 패턴이라고 볼 수 있다. 그래서 정치권이나 행정 영역에서 본격적으로 특정 문제를 이슈화하고 법제화할 때면 사회적 패턴으로 완성되거나 제도적으로, 문화적으로 굳어지는 시점이라고 볼 수 있다.

그런 점에서 2012년 대통령 선거를 앞두고 나온 호모 루덴스의 구호는 한두 번 더 큰 정치 이벤트를 거치면서 좀 더 크게 부각될 것으로 예상된다. 단순히 '복지강화'나 '복지국가'라는 구호에서 논의의 수준을 한 차원 더 끌어올리게 됐다는 의미다. 그렇게 되면 재미와 감동을 찾는 것은 개인의 여가 차원을 뛰어넘게 되고, 소수 특정 기업의 일에서 벗어날 수밖에 없어진다. 사회 전체가 일정한 수준을 유지하면서 진화한 호모 루덴스로 나아가게 된다.

기업이 제품과 서비스를 내세워 본격 나서고, 정치권이나 행정부처 같은 공공의 영역이 제도적으로 보완하면서 가세하면 현대의 호모 루덴스는 융합의 시대로 본격 접어들게 된다. 융합이 주는 상승 에너지는 앞으로 급팽창할 것이며, 그런 점에서 호모 루덴스가 진행될 방향을 다시 한 번 가늠케 해준다.

초기 단계의 해외여행은 눈요깃거리를 찾는 것이었고, 단순한 이국정서의 체험이다. 그러나 이 단계를 지나면 다른 나라의 역사와 문화를 체험하고, 다른 지역의 음식과 문화예술까지 함께 즐기는 것으로 변해가게 된다. 호모 루덴스의 수준 변화를 이런 단계 변화와 비교해볼 수 있겠다.

실제로 여행업계에서 일하는 이들의 설명을 종합해보면 여행에는 발전의 단계가 있어 보인다. 물론 경제 수준과 매우 밀접한 상관관계가 있다. 국내에서 해외여행이 행정적 규제로 묶였던 시절, 또는 막 규제에서 해제됐을 때는 '어디 어디 가봤다'는 사실만으로도 보람이고, 만족이었다. 뉴욕과 샌프란시스코 가봤다. 런던에 가봤고, 루브르 박물관에 가봤다는 단계다.

그 다음 단계는 '주제'가 결부되는 수준이다. '미국 올랜드의 디즈니월드에서 3일간 실컷 놀았다' '독일의 고성지대, 낭만고도를 돌아보고 왔다' '이탈리아의 로마 유적지를 집중적으로 둘러봤다'는 식이다. 여기까지도 세계의 명소를 찾아가는 수준이다.

그런데 여기서 더 발전하면 '재미와 관심거리'를 찍어 찾아가는 단계라고 볼 수 있다. 가령 '프랑스 와인 여행을 간다' '캘리포니아 와이너리를 집중 탐구한다' '아프리카 사파리 여행을 간다' '태국에서 나흘간 골프만 치다가 왔다'는 형태가 될 것이며, 경비에 구애받지 않으면 '알래스카 연어낚시 여행을 간다' '알프스 트레킹 맞춤여행을 다녀왔다'는 식이다.

이런 단계를 넘어서면 완전히 '휴식(relax)' 수준이다. 예컨대 '지중해의 특별한 휴양지 고급 빌라에서 편하게 며칠 보냈다' '몰디브의 최고급 리조트에서 한 주일 놀다 왔다' '일본의 최고 온천 지역에서 편안히 쉬다 왔다'는 식이 된다. 이런 과정에 현지의 역사 탐구, 문화 체험, 스포츠 관람, 공연 즐기기, 맛집 찾기가 융합된다. 세계 각지의 전자 쇼, IT 쇼, 출판물 전시회와 결부된다면 사업이나 업무까지 놀이로서 여행에 묶이는 것이 된다.

1. 여행가는 순서 ─전 세계를 모두 가볼 형편이 못 된다면

사실은 너무 흔해진 게 여행이다. 해외여행이라 해서 국내와 특별히 다를 것도 없는 시대다. 기자생활을 하면서 취재, 초청 등 이런저런 이유로 많은 지역들을 방문했는데, 사람 사는 곳은 다 똑같아 보이면서도 묘하게 가는 곳마다 달랐다. 그 맛에 여

해외여행 자유화

한국에서 해외여행이 자유화된 것은 그리 오래지 않은 일이다. 1980년대 말 이전까지만 해도 해외여행은 엄격한 정부의 허가사항이었다. 여권의 종류도 외교, 사업, 문화, 유학, 이민, 취업 이런 것이었지 '관광' 목적은 아예 없었다. 그나마 발급되는 업무용 여권도 대개 1년짜리 정도였고, 말 그대로 수출입 최전선에 서 있는 종합상사의 간부(예를 들어 부장급 이상)나 5년짜리 여권을 갖는 최고의 특혜를 누릴 수 있었다. 권위주의 시대, 해외로 나가서 값비싼 달러를 쓰게 할 수 없다는 논리였고, 국민들도 이를 당연하게 받아들였다.

그러다가 1983년 한국관광공사가 2001년을 목표로 한 관광계획의 하나로 '국민관광 장기종합개발계획'이란 거창한 프로젝트를 냈고, 논의에 논의를 거쳐 1989년 1월 1일부터 전 국민의 자유로운 해외여행 시대가 시작됐다. 그 사이에 50세 이상 국민이 200만원을 1년 이상 은행에 정기예금으로 맡기는 조건으로 1년에 한 차례 유효한 관광여권 발급이 허가(1983년)된 데 이어 45세 이상 국민의 여행자유화(1987년)로 단계를 거치며 확대됐다. 물론 이 때도 가지고 나갈 수 있는 달러는 엄격히 제한됐다. 또 자유여행의 대상자는 30세로 더 낮아진 뒤(1988년) 이제 나이 제한도 완전히 없어져 누구나 자유롭게 해외로 나갈 수 있게 됐고, 병역의무 미필자에 대한 제한조치가 풀린 데 이어 여행경비 제한도 없어졌다. 이제는 신고만 하면 여행경비를 많이 들고 나가도 제한이 없다. 머지않아 이런 제한조치까지도 없어질 것이다.

행을 나서는 것이겠지만.

해외여행을 하려는데 특별히 정한 곳이 없다면? 비용은 제한
돼 있고 시간도 없다면? 가보고 싶은 곳은 많은 데 골라가야 한
다면, 그래서 선택을 해서 둘러봐야 한다면? 그런 형편이라면
무엇보다 '제국의 수도'를 우선적으로 방문하라고 권하고 싶다.

제국의 수도였던 도시에는 나름대로 그 무엇인가가 있다. 가
령 세계를 점령해 해가 지지 않는 나라라는 평을 들었던 영국의
수도 런던으로 가면 세계 최일류 공연거리가 있고, 서양 문화사
를 한 장소에서 볼 수 있는 영국박물관이 있다. 미술관도 다양
하고, 작품도 많다. 물가 비싸기로 세계에서 둘째가라면 서러워
할 정도로 손꼽히는 런던이지만 미술관, 박물관만큼은 무료다.
프랑스 파리는 나폴레옹 제국의 수도다. 거리부터 볼 게 많다.
베를린은 제3제국 등 독일 제국의 대본영이었고, 그만큼 나름
대로 이름값은 충분히 한다. 베를린 필하모닉 오케스트라만 봐
도 시사점이 있고, 루브르박물관이나 영국박물관만큼은 아니
지만 페르가몬 박물관에는 왕성한 독일 제국 시절에 통째로 옮
겨놓은 터키의 신전도 있다. 동서양 문화가 만나는 터키의 이스
탄불은 오스만투르크 제국의 수도다. 산재한 문화유적에다 아
름다운 명승지가 눈길을 끈다. 고대 제국 이집트의 수도 카이로
역시 가볼 만한 곳이다. 오스트리아 제국의 수도 빈에도 근사한
아름다움이 있다. 베이징은 동양 최대의 제국 명(明), 청(靑)에
이어 현대 중국의 수도여서 볼거리, 먹을거리, 체험거리가 많

다. 중국에는 시 황제가 발호했던 진(秦)의 중심지이면서 양귀비로 유명한 당(唐)의 수도 시안(西安, 옛 장안)도 있다. 현대의 제국으로 불리는 미국의 뉴욕과 워싱턴도 이 대열에 들어가는 도시다. 특히 뉴욕은 갈 때마다 새로운 모습을 보여줬는데, 이런 역동성으로 전 세계의 방문객들을 끌어들인다. 모스크바는 '붉은 제국' 러시아의 오랜 수도다. 몇 차례 모스크바를 방문했는데 차르가 통치하던 제정 러시아 때부터 제국의 수도였던 전통 때문일까, 장중한 무게가 느껴지는 중후한 곳이다. 멕시코시티 같은 곳도 고대 태양의 제국 아즈텍의 수도이니 단시간 체류에는 지루함을 배격한다.

청와대 출입기자로 3년 7개월을 보내면서 대통령과 같은 비행기로만 17차례 해외출장을 나간 경험은 기자로서 남은 나의 자산이다. 이런 출장은 개인적인 여행과 달리 러시아 대통령의 집무공간, 대영제국을 이끈 영국 외무성의 르카르노홀, 이집트의 대통령궁 등 개인으로서는 가보기가 쉽지 않은 현대의 명소를 방문할 계기가 됐다는 점에서 소중한 나의 체험이었다. 그런 곳들이 대개 옛 제국의 수도였다.

제국의 수도에는 단순히 옛 영화의 흔적만 있는 게 아니다. 왕과 황제가 살았던 궁궐, 도시를 에워싼 성벽, 박물관은 기본이다. 뉴욕 필하모닉 오케스트라, 비엔나 필, 베를린 필, 런던 필과 같이 이런 곳에 기반을 두면서 전 세계에 순회 연주여행을 도는 세계 최고 수준의 교향악단은 무엇을 의미하는가? 제대로 된 호모 루덴스가 많았고, 지금도 많다는 얘기다. 그런 문화유산 - 볼거리, 재밋거리, 감동거리로 더 많은 지구촌 인파를 끌어 모은다는 얘기 아닌가. 호모 루덴스, 신인류가 맘껏 이국정서를 즐기도록 해주는 무대가 이런 도시들, 옛 제국의 수도들이다.

역사가 자본과 만나고, 전통이 현대와 만나는 공간인 제국의 수도는 호모 루덴스들의 거대한 놀이터다. 다른 도시들보다 재밋거리, 감동거리가 분명히 더 많다. 전 세계를 모두 둘러볼 형편이 아니고 해외로 나갈 것이면 그래서 제국의 수도를 먼저 찾으라는 것이다.

그렇다면 여행은 언제 떠나는 것이 가장 좋을까? 정답은 '바로, 지금 떠나라'다. 당장 떠날 처지가 못된다면 여행전문 '채널T'라도 켜보라. 온종일 여행과 이색지대에 대한 전문가들의 프로그램이 끝없이 이어진다.

2. 여행의 일상화

〈나는 걷는다〉라는 기행 책자가 있다. 프랑스의 언론인 베르나르 올리비에가 3년간에 걸쳐 터키 이스탄불에서 중국 시안(西安)까지 걸은 기록이다. 국내에서도 3권으로 번역돼 나왔다. 걷는다는 것을 내걸고 펴낸 책 가운데 이렇게 감동적인 책을 본적이 없다. 이 단순한 움직임, 가장 기본적인 로테크가 걷기다. 걷기도 따지고 보면 여행의 주요한 방편이다.

불과 200~300년 전, 조선시대 한양에 사는 큰 집안의 한량 선비가 동해 바다와 일출을 보러 나선다고 생각해 보자. 그렇게 동해의 절경 관람이나 금강산 유람을 떠난 모험가 또는 호사가들이 실제로 드문드문 있었다. 지금처럼 호텔이나 모텔, 펜션 같은 편한 숙소나 수많은 맛집은 상상도 못할 시대였다. 동해안에 사람 사는 곳도 변변치 않았겠지만, 어떻든 단순히 동해에 가는 데만도 어림잡아 보름 정도는 걸렸을 것이다. 더구나 혼자서는 엄두도 못 낼 일이다. 솥단지를 둘러멘 종자도 앞세워야 하고, 경비는 더욱 만만찮았을 터다.

가는 도중에 적어도 몇몇 고을 원님 한두 명은 알 정도로 사회적 지위가 되어야 시도해볼 수 있는 큰일이다. 당장 먹고 살아야 하는 일상에서 벗어나는 비용도 만만찮았겠지만 강원도와 태백산맥을 지나는 사이에 산적이라도 나오지 않을지 신변 안전도 문제가 됐을 것이다. 그렇게 해서 어렵게 동해안에 도달했을 때 감동이 어떠했을까.

〈관동별곡〉〈동명일기〉가 그렇게 나왔음이 분명하다. 당대의 대문인 정철은 그렇게 동해안으로 가서 관동지방의 8곳 명승지를 돌아보고 억제할 수 없는 감동을 감상문으로 남겼다. 그 기행문이 한국 문학사의 걸작 〈관동별곡〉이다. 이쯤 되면 새미를 넘어 감동 그 자체라고 봐야 한다. 어느 중년 여성이 쓴 〈동명일기〉 또한 같은 맥락이겠다. 당대에는 일생일대의 대감동이고, 감성이 극대화된 계기였을 것 같다. 그런 시대에는 이렇게 호모 루덴스의 고급 코스를 체험한 이들이 극소수였을 게 분명하다.

그런 시기와 비교해 지금은 어떤가? 누구나, 어디로든지 쉽게 여행을 떠난다. 여행의 유비쿼터스화다. 약간의 비용이 들긴 하지만 대개는 비용도 감내할 만한 선이다. 국내라면 더욱이나 비용은 문제가 되지 않는다. 해외라고 비용이 특별히 많이 드는 것도 아니다. 재미의 수준과 편리의 정도에 따라 비용이 비례해서 소요될 뿐이지 국내다 해외다 하는 것은 그다지 중요한 요인이 아니다.

그렇게 해서 감동과 재미는 개인의 일상사가 되어간다. 인플레이션처럼 재미는 급속도로 늘어났는데, 너무 지나치게 많이 보급되면서 결코 일상이 아니었던 것이 일상이 되어 버린 대표적인 게 여행이 아닐까.

3. 서울에서 당일치기로 즐기는 동해 해수욕과 설악산 등반

서울에서 당일치기로 동해 바다에 가서 해수욕을 즐길 수 있는 시대다. 하이테크 시대, 인간들은 공간을 장악했다. 그만큼

국토는 좁아졌다. 실제로 하루 동안에 나는 가족들을 데리고 서울에서 강릉 경포대로 가 해수욕을 충분히 즐겨본 적이 있다.

몇 년 전 여름 휴일이었다. 집에서 아침밥을 간단히 먹고 아이들과 함께 가족 넷이서 느긋하게 집을 나섰다. 차에 시동을 건 시각은 오전 9시. 입던 그대로 일상의 티셔츠와 반바지 차림에 수영복과 옷가지만 주섬주섬 챙겨 나간 것이다. 서울 강남에서 영동고속도로를 타고 횡성쯤인가 휴게소에서 커피 한 잔에다 간식까지 먹으며 여유를 부리면서도 강릉에 도착한 것은 오후 1시가 안 됐다.

가볍게 점심을 먹고, 경포대 해수욕장 주차장에 차를 세운 다음 승용차 안에서 수영복으로 갈아입었으니 집에서 해수욕장 백사장까지 내 차로 바로 이어진다. 그렇게 해서 오후 6시까지 너댓 시간이면 하루 해수욕으로는 지겹도록 한다. 해변 파라솔과 고무 튜브를 반납하고 간단하게 샤워를 한 후 다시 승용차 안에서 옷을 갈아입고 인근 경포대로 갔다.

경포대 누각에서 경포호를 타고 불어오는 바람을 즐긴 뒤 어슬렁거리며 인근의 초당 두부촌으로 가서 맛있는 두부요리를 즐긴다. 오후 8시쯤 출발해도 밤 11시 조금 지나면 집으로 돌아올 수 있다. 걸어가거나 나귀 타고 오가면 한 달은 잡아야 할 일을 하루 만에 끝낸 것이다.

이 같은 '슈퍼 호모 루덴스의 하루'는 설악산 등산에도 적용된다. 주말에 동창 친구들과 종종 이런저런 산으로 당일치기 등산을 가는데, 서울에서 설악산 등산을 그것도 산행만 12km, 전체 22km의 코스를 하루에 한 경험도 있다.

주말의 아침잠을 굳이 설칠 필요도 없다. 서울 지하철 5호선 천호역 1번 출구에 9시쯤 모이자고 문자를 날려 미리 약속을 잡아둔다. 그리고 4~5명이 SUV 차량 한 대로 움직이는데 서울~춘천고속도로 덕을 톡톡히 본다. 11시 반이면 넉넉하게 인제군 원통에 도착한다. 원통의 북면사무소 주변에 차를 세워놓고, 그곳의 현지 택시로 장수대로 이동하는데 10분 남짓이면 된다.

그러면 12시 이전에 장수대에서 설악산의 등산로에 들어설 수 있다. 그렇게 대승령 등지를 지나 계곡 길고 물 좋기로 유명한 12선녀탕 계곡으로 해서 이동하면 산행만 7시간 정도는 할 수 있다. 물론 중간에 준비해간 과일이나 빵도 먹고 차도 마시며 몇 차례 쉴 수 있다. 등산이 그 자체로 좋다지만 중간에 음식 먹으며 담소 나누는 재미까지 놓쳐서는 안 된다. 계곡물에 발 담그는 맛도 등산에서 짜릿하게 느끼는 별미다. 산행으로 10km가 넘는다면 하루 걸음으로는 결코 짧지 않은 코스다. 이렇게 산행을 마치고 미시령 쪽에서 내려오는 국도에 다가설 무렵, 오전에 이용했던 인제의 택시 사무소에 전화를 하면 10분 만에 택시가 달려온다. 그 택시로 오전에 세워둔 우리 차로 이동한다.

원통에는 잘 만들어진 대중목욕탕이 있어 땀을 씻어내고, 스마트폰을 켜서 검색해보면 정말 잘한다는 맛집, 막국수 식당이 주르르 떠오른다. 품평을 참고해서 그 중 한 곳을 고르면 된다. 등산을 마치고 상쾌한 기분에서 즐기는 막국수 맛은 평소 때와는 또 다르다. 이때 감자전과 함께 먹는 막국수 한 그릇, 막걸리 한 사발이면 신선이 따로 없다. 적어도 이때만큼은 완벽한 호모 루덴스가 된다. 큰돈이 드는 것도 아니다. 오후 7시쯤 인제에서 출발해도 자정 전에 집에 충분히 돌아올 수 있다.

서울에서 설악산 하루 등반은 자동차, 휴대폰과 같은 하이테크 기술에다 막국수 하나로 기본을 정말 잘 다진 로테크 기술이 보기 좋게 어울리면서 하나로 접점을 이루기에 가능한 일이다. 이렇게 하이테크와 로테크가 잘 조화를 이루면 현대의 호모 루덴스는 휴일 하루를 행복하게 보낼 수 있다. 재미는 많고, 감동은 오래 간다. 만족도도 높다. 이런 식으로 당일치기로 백담사를 시작으로 불교 신자들에게 신앙심 다지는데 최고 코스라는 봉정암까지 왕복 22km를 하루만에 다녀온 적도 있다.

17

입맛도 호모 루덴스의 영역

✗

　이제는 입맛도 재미와 감동 대열에 충분히 들어간다. 아직도 많은 서민들, 경제적으로 차상위 계층, 결손가정 등 불우계층을 생각하면, 또 제3세계의 수많은 빈국들의 기아 상황을 바라보면 먹는 것 얘기는 조심스럽기는 하지만 그래도 많은 현대인들은 이제 단순히 생존하기 위해 먹지 않는다. 맛을 즐기는 것이다. 미각을 후각과 연계시킬 뿐 아니라 시각, 청각과도 연결시킨다.

　국내에서도 그런 시대에 제대로 들어섰다. 맛뿐만이 아니라 분위기를 즐기고, 그런 문화를 즐긴다. 그렇게 복합 감각화 되는 것이 현대의 음식문화다. 주식이든, 간식이든, 음주든 이제 음식은 고유의 영역으로 자리 잡으면서 '문화'라는 말을 붙여도 전혀 어색하지 않는 분야가 됐다. 마치 예전에 힘든 일이었던 장보기가 쇼핑 문화로 완전히 개념이 바뀌었듯이 먹는 것은 생존과 노동을 위한 방편이 아니라 그 자체로 우아한 문화가 됐다. '미슐랭'의 평가를 받는 많은 유명 음식점을 보면 '문화' 보다 한 단계 격을 높여 '예술'의 경지라고 해도 이상할 게 없을 정도다.

실제로 이름난 맛집이라는 곳을 방문해보면 명사들의 방문 흔적이 있다. 그것만으로도 그 음식점에는 또 한 가지 얘깃거리가 보태어진다. 이렇게 명사들이 방문하고 서명 한 점 남긴 것 자체가 다른 이용자들의 입에 오르내리면서 또 하나의 화젯거리가 된다. 때로는 음식점에 공연 음악이 있고, 미술도 함께 한다. 인간의 원초적 본능, 가장 기초적인 생존 방편인 먹기가 재미를 거쳐 문화가 된다.

맛에 대한 호모 루덴스의 관심은 자연스럽게 음식문화를 만들고, 또 다른 고유한 분야로 재미와 감동의 영역을 형성한다. 생존을 위한 먹기는 맛을 누리기 위한 것으로 바뀌었고, 이제는 맛을 즐기는 것에 만족하지 않고 식사나 음주 도중은 물론 그 전후까지의 분위기를 포함해 '품격, 멋, 여유'가 함께 결합된 것으로 맛의 외연은 크게 넓어진다. 그럼으로써 맛은 스토리가 있는 공감각(共感覺)형 감동을 찾아 나서는 행위로 발전한다.

이렇게 입맛의 영역에서 발전하는 과정을 더 구체적인 분야로 나누어서 보면 흥미로운 현상이나 트렌드는 한두 가지가 아니다. 가령 일본에서 〈신의 물방울〉이라는 포도주 만화가 출판

된 뒤 불어 닥쳤던 우리나라의 와인 열풍이 그런 사례이고, 웰빙 문화와 식품에 대한 관심이 높아갈 무렵 나타났던 막걸리 열풍도 그런 것이며, 일본 음식과 함께 일본의 전통술 사케의 유행도 그런 현상이었다. 이런 것에 이어 국내에서 급성장한 커피 산업, 커피 문화도 같은 맥락에서 이해할 수 있다.

커피만 해도 얘깃거리는 무궁무진해 국내에서도 커피 산업이란 말이 무색하지 않을 정도가 됐다. 여러 종류의 커피 전문 브랜드가 간판을 달고 나타난 뒤에는 단순히 하나의 산업 차원을 넘어 커피 문화라고 해도 조금도 손색이 없을 정도의 영역으로 성장했다.

커피와 프림, 설탕이 섞여 있는 인스턴트형 커피 믹스만 해도 1년에 100억 개씩 판매되는 마당이고, 서울 강남거리에는 조금 과장하면 건물 하나 걸러 전문 커피 매장이 우후죽순 격으로 자리 잡고 있으니 한국의 호모 루덴스들이 커피에 깊이 빠져드는 것은 단순히 기호품 한 잔 하는 정도가 아닌 수준이 됐다. 새로 빌딩을 완공할 때도 1층에는 그럴 듯한 커피 전문점 한 곳 정도는 입점을 해야 사무실 임대가 잘 되고 임대료도 더 받을 수 있는 것이 현실이다. 한때 한국의 와인 열풍만 해도 경제적으로 여유가 있는 중상류층들에나 해당되는 얘기였지만 커피는 남녀노소, 세대를 떠난 관심사가 됐다. 호모 루덴스들이 만들어낸 또 하나의 즐거움 공간이다.

커피, 와인만이 아니다. 한국에서도 이제는 호사가가 아니

미슐랭 가이드

프랑스의 세계적인 타이어 회사 미슐랭이 매년 봄 발간하는 식당과 여행 가이드 시리즈 책자. 영어식으로 '미쉐린 가이드(Michelin Guide)'라고 하며, 프랑스어로는 '기드 미슐랭(Guide Michelin)'이라고 한다. 1900년, 타이어 구매 고객에게 무료로 나눠주던 자동차 여행 안내책자에서 출발하였다. 프랑스를 여행하는 운전자들에게 유익한 정보를 주자는 취지에서 무료로 배포된 여행, 식당 정보 안내서로 시작했다.

초기에는 타이어 정보, 도로법규, 자동차 정비요령, 주유소 위치가 주 내용이었으며, 식당은 운전자의 허기를 달래주는 정도였다. 그러나 해가 갈수록 호평을 받자 1922년부터 유가로 판매됐고, 이후 대표적인 식당 지침서로 명성을 날리게 됐다. 이런 배경에서 이 책자에 실린 정보의 신뢰도를 바탕으로 명성을 쌓아 이제는 세계적으로 통하는 '미식가들의 교과서'가 됐다.

책의 방대한 분량 전부가 식당과 호텔 정보다. 이 책을 펴내기 위해 전담요원이 손님으로 가장해 한 식당을 1년 동안 5~6차례 방문해 직접 시음하고 객관적인 평가를 내린다는데 음식의 맛, 가격, 분위기, 서비스 등을 바탕으로 일정 수의 식당을 골라 뛰어난 식당에 별로 등급을 매긴다. 여기에 오르는 것만으로도 세계적 수준의 식당이 된다는 보증 수표를 받는 셈이다. 이 목록에 오른 식당만 골라 다니는 미식가 여행객도 있을 정도라고 한다.

더라도 저녁모임에서 틀에 박힌 소주나 양주 대신 스코틀랜드의 싱글몰트위스키나 미국의 옥수수 술 버번 등을 놓고 하루 저녁을 수다로 보내는 이들이 적지 않다. 이런 자리에서 이색적인 술은 그냥 마시고 취하기 위한 한 잔 술이 아니다. 문화이며, 교양이고, 끝없이 이어지는 화젯거리가 그 술이다. 몇 잔 술로도 현대의 호모 루덴스들은 새로운 경지를 계속 만들어나가는 것이다.

따지고 보면 옷 입기 또한 그렇게 될 것이다. 세세하게 살펴볼 필요도 없다. 집이라는 주거 문화는 당연히 그렇다. 인간 생존의 기본이라는 의(衣), 식(食), 주(住)도 결국은 재미와 감동, 흥미와 감성의 영역으로 수렴되어 간다고 봐야 한다. 그렇게 호모 루덴스는 전 영역으로 범위가 넓어간다. 다시 살펴봐도 영역은 무한대다.

1. 13억이 식생활을 바꾼다면?

경제발전과 과학기술의 발달, 하이테크 시대로 접어들면서 비롯된 여러 가지 변화 중 손꼽히는 것이 식생활의 변화다. 특히 저개발국과 개발도상국에서는 단백질의 공급, 육류의 소비가 급증하고 있다. 한국에서도 마찬가지다. 전에는 꽤 귀했던 우유, 아이스크림과 같은 유제품이 어디에서나 흔한 식품이 된지 오래이고, 쇠고기와 돼지고기의 보급도 늘어 누구나 쉽게 사 먹을 수 있게 됐다. 부자의 식단을 가리켰던 '쇠고기국에 쌀밥' 이 좋은 식사에서 밀려난 지 오래됐다.

한국 정도의 경제력이 되니 그렇다 치고, 고개를 조금 들어 지구촌 전체를 살펴보자. 지구촌 식량자원의 미래는 밝을까? 질적으로 좋은 먹거리가, 양적으로 충분한 식량이 보장되는가? 우리가 먹고 살 정도면 됐지, 남 걱정할 상황이 아니라고 할 상황이 아니다. 지구촌의 식량이 부족해지면 필연적으로 우리가 수입해오는 육류와 곡물 가격은 급등할 수밖에 없다. 또 북한의 경우에서 알 수 있듯이 식량 부족은 지역 안보에 직접적으로 악영향을 미치게 된다. 이런 것들은 결국 경제에 주름을 지게 하는 요인들이다. 경제가 나빠지면 식량자원이 늘 부족한 곳에서는 곧바로 먹고 싶은 음식, 필요한 식량을 충분히 먹기 어렵게 된다. 이런 일은 경제력의 수준을 반영하면서 지구촌 전체 식량에 차례대로, 연쇄적으로 영향을 미친다.

국내의 한 조사 자료에 따르면 육류 1kg을 생산하는데 소요되는 곡물사료는 평균 5kg 이상이라고 한다. 육류의 종류에 따라 필요한 곡물의 양은 달라지는데, 비교적 열등재인 닭고기의 경우 1kg 생산에 2.2kg 정도의 곡물이 소요된다. 그나마 닭고기는 생산 원가가 적게 들고 생산 과정도 규격화돼 있어 사실상 공산품이나 다름없다. 같은 육류라 해도 돼지고기와 쇠고기는 같은 단위의 생산을 위해서는 더 많은 곡물이 필요하다. 농촌경제연구원의 한 자료에 따르면 돼지고기 1kg을 생산하는 데는 4kg의 곡물이 필요하고, 쇠고기 1kg을 생산하는 데는 7kg의 곡물이 필요하다고 한다. 축산 기술에 따라 어느 정도 차이는 나겠지만 이렇듯 식물성 탄수화물과 단백질을 맛이 더 좋은 동물성 단백질로 변환시키는 데는 몇 배나 많은 식량이 필요하고, 환산하는 데도 육류의 종류에 따라 편차가 심하다.

농림부의 통계를 살펴보면, 1985년과 1996년을 비교할 때 한국인 1인당 연간 육류(쇠고기·돼지고기·닭고기) 소비량은 11년 사이에 14.4kg에서 28.7kg로 배증했다. 그 사이 십수 년이 지났으니 지금은 훨씬 더 많이 증가했을 것이다. 이 기간 중 사료용 곡물인 옥수수의 수입량이 303만t에서 900만t으로 3배 늘었다. 이 수입량 역시 지금은 더 늘었을 것이다. 이렇게 본다면 한우라지만 원가분석과 원료분석을 해보면 과연 몇 퍼센트나 한우일지 궁금해진다. 한강물을 상수원으로 하는 서울의 수돗물이 값비싼 에너지를 사용해 가정과 사무실로 배달되고, 이 과정을 원가로 따지면 수돗물이 수입품이나 마찬가지인 것과 같다. 수입 사료를 먹고 자라는 것은 소뿐만 아니라 닭, 돼지 등 모든 가금류가 그렇다. 식생활이 계속 개선돼 1996년 기준으로 우리나라의 1인당 연간 육류소비가 97kg인 미국, 78kg인 호주, 52kg인 대만 수준으로 올라가게 되면 곡물의 수입은 몇 곱절 늘어나게 될 것이다.

중국을 사례로 들어보자. 1990년대 후반 〈워싱턴 포스트〉가

'월드 워치'의 전문가 분석 자료를 인용한 보도에 따르면 중국의 인구 13억 명이 달걀 소비를 연간 100개 늘이려면 13억 마리의 닭을 더 사육해야 하고, 이 정도의 닭을 키우기 위해 필요한 곡물사료는 호주에서 연간 생산되는 곡물의 양과 같다고 했다. 인구가 워낙 많다보니 중국인 1인당 육류 소비를 연간 1kg만 늘이는 데도 대충 계산할 때 130만t의 육류가 필요하고, 이를 위해 약 600만t의 곡물이 필요하다는 계산이 된다. 경제 성장기에 중국에서 늘어난 곡물 소비량의 80%가 사료로 이용됐다는 분석 자료도 있다. 요컨대 곡물이라는 가장 손쉽게 구할 수 있는 식량에서 육류로 식량의 대상을 넓혀간다면 더 많은 곡물자원이 필요하고, 이를 위해서는 더 많은 경작지가 필요하다는 얘기가 된다.

그런데 개발 가능한 경작지는 제한돼 있고, 생산량 역시 제한적이다. 중국과 인도, 그리고 인구가 많은 다른 저개발국들이 현재처럼 밀가루·쌀 등 곡물을 주식으로 삼고 있으니 지구촌의 식량이 그럭저럭 자급되는 것이지, 식생활의 개선으로 저개발국들이 본격적으로 고기맛을 즐길 때쯤이면 여러 가지 부작용이 예상된다는 얘기다.

저개발국들이 급성장하면서 하이테크 시대를 급하게 만들어가는 과정을 지켜보면 굳이 식량만 문제가 되는 것은 아니다. 중국과 인도만 해도 20억 명이 넘는 것으로 추산되는데, 이 인구가 집집마다 자가용을 굴린다면, 그리고 생활의 개선으로 전력생산을 무리하게 급격히 늘인다면 지구촌의 환경과 안전문제는 어떻게 될 것인가? 에너지 개발을 위해 시베리아와 아마존의 원시림이 남벌되고 무분별한 개발로 해안이 망가진다면 오존층 파괴, 온실효과, 엘니뇨, 라니뇨 등 우리가 수없이 들어온 대재앙이 조기에 닥치지 않을 것이라고 누가 장담하겠나? 지금의 하이테크는 이런 위험을 막아줄 것이며, 환경과 기후 같은 '공유지 문제'를 해결해줄 수 있을까 하는 데까지, 걱정에는 끝이 없다.

이런 사정이다 보니 미국이나 유럽 등 경제 선진국의 식자층 중에서는 노골적으로 드러내놓고 중국과 인도 등의 인구대국과 저개발국들의 경제발전, 곧 생활수준 향상에 제동을 걸려고 하는 부류가 나온다. 그들의 속마음은 이를 테면 '동서양 공동의 번영=인류애·휴머니즘 실현, 바람직한 방향'에 있는 것이 아니라 오히려 '동서양 공동의 번영=인류의 식량자원 고갈, 에너지 남용, 환경파괴, 지구공멸 초래' 쪽을 우려하는 것일지도 모른다.

요컨대 제3세계를 중심으로 미개발국들이 단시일 내에 일정 수준 이상으로 잘 살기를 바라지 않는 것이라고 보는 것이 타당하다. "눈동자도 다르고, 코 모양도 다르고, 피부 색깔도 다른 이방인이 현대의 하이테크 사회에 편승해 저급한 기초영양(밀가루 죽) 대신 고급 단백질(질 좋은 육류, 우유, 계란요리)을 습득하면서 하루를 시작하고, 저마다 자가용까지 굴린다. 저렇게 먹고 즐기면 이 지구의 숲과 녹지대는 얼마나 마구잡이로 훼손돼 버리겠는가? 그 정도로 그치면 다행이지만 기술도 제대로 없는 저개발국들이 매연을 뿜어대는 엉터리 고물 자동차를 마구 만들어 집집마다 심지어 2대씩 타고 다니니 저 배기 가스는 어떻게 하나? 전에는 꿈도 못 꾸던 존재들이 값이 싸졌다고 집집마다 냉장고에다 방마다 고급 TV를 놓으려 하질 않나, 결국 저 많은 가전제품을 돌릴 전기가 필요하다며 시원찮은 기술로 석유나 석탄 같은 화석연료를 남용해 지구촌의 환경 여건을 엉망으로 만들다니…" 서구인들 중 배웠으되 이기적으로 깨어 있고, 편견을 가진 지식인들 중 이렇게 생각하는 이들이 많은 것은 아닐까. 그래서 국제적 규제 규범을 만들려는 서구인들도 적지 않을 것이라고 본다.

이런 판단을 하는 것은 괜한 시비가 아니다. 꼬집어 구체적으로 적시하기는 어렵고 정도의 차이도 있겠지만 서구 사회에서 지성인 축에 드는 지식인들의 글에서 이런 뉘앙스를 느끼게 하는 글을 더러 본 기억이 있다. 세계무역기구(WTO) 체제 이후 큰 물결처럼 일고 있는 새로운 형태의 다자간 국제 협상의 뒷배경에는 이 같은 서구인들의 시각이 강하게 반영돼 있을 것으로 봐야 한다. 다자간 협상을 재촉하는 쪽도 있고, 제동을 거는 쪽도 있겠고, 복잡한 국제정치나 산업적 요인이 작용했을 터이지만 과정이 어떻게 반영됐던 간에 저개빌 국가를 바라보는 서구의 시각은 매우 복층적일 수밖에 없다.

18

로테크 에너지원

✗

자동차는 현대 기계문명의 대명사 격이자, 우리 생활에 깊숙이 자리 잡은 현대 문명의 총아다. 참으로 빠른 속도로 발전이 이뤄졌다. 우리는 1970년대까지만 해도 "미국에는 집집마다 자동차가 있다"는 말을 놀라움과 부러움 속에서 듣곤 했다. 그로부터 불과 20~30년 만에 한국에서도 집집마다 자동차 시대를 넘어 개인마다 자동차를 가질 수 있는 시대가 됐다. 말 그대로 '마이 카' 시대다. 문명의 이기를 넘어 생활품 내지는 생필품이 된 것이 자동차이니 자동차 문화라는 말이 조금도 어색하지 않게 됐다.

이처럼 우리 생활에 없어서는 안 될 자동차는 앞으로도 계속 발전해 나갈 것인가? 아마도 상당 기간 그럴 것 같다. 수많은 우수 인력이 자동차 업계로 몰려들고, 그곳에서 부(富)가 형성되고 있다. 그러면서 새로운 기술이 적용된 멋진 차, 성능이 획기적으로 개선된 차, 유지비용이 절감된 차가 속속 나온다. 단일산업으로는 이미 다른 어떤 분야보다도 덩치가 커져 있는 자동차 산업이 더 발달할 것이라는 사실은 의심할 여지가 없다.

그렇다면 자동차의 먼 미래는 어떨까? 먼저 두 발로 밟아 이동해가는 자전거와 비교해보자. 자전거는 단순하다. 자동차가 하이테크의 집약체라면 자전거는 상대적으로 로테크 제품이다. 동력원도 단순해 인력에 의해 움직이는 단순한 이동 도구이자, 값싼 운송 수단이다. 게다가 이동 기계인지 운동 기구인지 헷갈릴 정도로 운동 수단도 된다. 또한 자전거는 자동차에 비해 구입비와 유지비가 현격하게 싸다.

비용 문제를 떠나 미래의 이동수단을 좀 더 멀리까지 내다본다면 아마 자동차보다 자전거의 경쟁력이 더 있을 것 같다. 화석 연료의 고갈, 인류의 에너지 이용 시스템 변화, 사회적 교통망의 재구축 등을 생각해볼 때 개인 용도의 자동차는 오래 버티지 못할지도 모른다. 장기적 관점에서 보면 그렇게 여겨진다. 지금의 하이테크 시대는 너무나 현란해 어떤 급격한 대변화가 있을지 알 수 없는 일이지만 지금의 기술 수준에서 볼 때 자동차에는 에너지의 과소비 같은 자원의 낭비요소가 많다.

반면 자전거는 인류가 생존해 있는 한 함께 버틸 것 같다. 이 단순한 로테크 도구는 건강과 결부되고, 비용과 연결되면서 더욱 경쟁력을 갖는다. 이 예측은 로테크가 하이테크보다 생명력이 더 있는 분야도 많다는 얘기가 된다.

　자전거도 사실은 엄청나게 변화를 하고, 나름대로 진화한다는 점은 별도로 생각해볼 사안이다. 자전거의 성능변화만 놓고 보면 엄청난 발전을 해온 것은 사실이다. 자전거를 만드는 소재에서도 겉보기에는 큰 차이가 있어 보이지 않지만 질적으로는 많은 발전이 있었다는 것은 주지의 사실이다. 좀 더 가볍고 강한 소재를 찾아 나서면서 자전거가 웬만한 자동차만큼 값비싼 것도 있다. 산악용이라든가 특수용은 그 나름대로 발전해 나간다. 굳이 따지자면 여기에도 하이테크가 기여했고, 반영됐다. 자전거 자체의 하이테크화다. 이렇게 본다면 하이테크가 반영되지 않는 분야가 없기는 하다. 그럼에도 불구하고 로테크의 자전거가 하이테크의 자동차보다 생존 경쟁력이 더 강하다는 사실만은 분명해 보인다. 덜 진화한 바퀴벌레가 고도로 발전한 포유류보다 더 오랜 기간 동안 이 지구상에서 생존해온 것과 비교할 만하다.

　이렇게 본다면 원자력의 장래가 더 밝고 오래 갈지, 태양력이나 풍력같은 비(非)가공의 전통형 에너지의 앞날이 더 밝은지도 속단키 어렵다. 원자력은 한때 인류 에너지의 혁명이라 했었고, 지금도 값싼 에너지로 인정받는 것은 사실이지만 보편적 에너지로 원자력 시대가 언제까지 계속될지는 누구도 단정해 말하기 어렵다. 어느 순간 어떤 위험, 어떤 결점이 부각되면서 전면적인 제동이 걸릴지 알 수 없다. 인류가 자발적으로 원자력에서 다른 에너지원으로 바꾸어 나갈지도 모른다.

물론 이런 예상이 당장 원자력 에너지의 효용을 부인하자는 것은 아니다. 현재 수준에서 원자력은 가장 효과적이고 경제적이면서 편리한 에너지일지 모른다. 단지 좀 더 장기적인 관점에서 볼 때 원자력이 만능은 아니라는 것이다. 에너지에 대해 전문가가 아닌 짧은 식견으로 인해 에너지의 장래에 대해서까지 시시콜콜 논할 처지는 못 되지만 태양 에너지를 비롯해 태양의 활동에서 파생되는 바람, 조류(潮流), 수력과 같은 전통 에너지를 좀 더 효율적으로 이용하는 획기적인 방안이 나올 것으로 예상된다. 태양 에너지는 그 방출량의 20억분의 1만이 지구에 도달한다고 한다. 그 중 압도적으로 많은 빛이 태평양과 인도양 같은 바다에 떨어질 것이고, 한국에 오는 양은 미미할 것이다. 그러나 그나마도 제대로 활용하지 못하는 게 현재의 기술 수준이다.

태양의 빛이나 열을 이용하는 것은 물론 하이테크 기술이다. 그러나 에너지원으로 분류해 인류의 긴 역사를 거슬러가면서 활용의 정도를 반추해보면 태양열이나 태양광은 원자력에 비해 상대적으로 로테크 쪽으로 분류해도 무리한 일은 아니다.

따지고 보면 비슷한 사례는 우리 주변에 널려 있다. 옷감, 섬유 같은 부문에서도 한때 하이테크의 총아였던 나일론이며 각종 신소재는 유행처럼 떴다가 짧은 사이클을 흔적으로 남긴 채 밀려났다. 그러나 로테크 영역에서 인간이 수천 년 활용해온면, 비단, 모직, 마 같은 재질은 인류가 살아있는 한 함께 할 소재들이다. '천연'이라는 한 마디로 합성 섬유를 제친다. 자연이나 천연이란 말이 더욱 각광받는 것을 보면 이런 쪽에서는 로테크가 영원히 하이테크에 밀리지 않는다고나 할까. 이처럼 천연이나 자연이란 테마와 관련되는 한 하이테크는 로테크 영역을 보존하고 보호하기 위한 방편으로 존재하고 발전하기도 한다.

이런 것에서 우리는 하이테크 기술과 그런 응용 제품이 정말로 짧은 사이클을 가졌다는 점을 새삼 확인할 수 있다. 이용의 주기가 너무 짧아 반짝 선보이고 사라지는 제품과 기술이 많다. 하이테크는 속성상 그 기술로 앞선 하이테크를 죽여야만 버틴다. 선행한 하이테크 기술을 밟고, 앞선 하이테크 제품을 죽여야만 뒤에 나온 것이 빛을 본다. 어쩌면 현대의 모든 생활 속 제품이 이런 원칙 아래 연구되고 만들어지면서 짧게 이용됐다가 역사의 뒤안길로 사라진다. 하이테크의 운명이라고 해야 할까. 그래도 인류는 새 기술 찾기를 숙명처럼 반복한다.

1. 로테크로서 태양의 위력

에너지원으로 태양을 로테크 쪽이라고 한 것에 대해서는 다시 한 번 생각해볼 여지가 있다. 태양이 원시, 고대 이래로 지금까지 인간의 활동에 가장 큰 영향을 미치는 것이라는 사실은 분명하다. 인류 4대 문명의 발상지라는 곳부터가 태양 활동이 다른 어떤 지역보다 강한 것으로 보이는 곳들이다.

강렬한 태양이 내려쬐는 나일강 주변의 이집트에서는 태양신을 믿었고, 그들의 지도자인 왕을 태양의 아들이라고 여겼다. 한 해의 시작을 해가 가장 짧은 날(동짓날이 새해 첫 날)로 잡아 해가 길어지는 과정과 짧아지는 과정의 한 사이클을 한 해(태양력)로 삼았다. 그런 점에서 고대 이집트인들은 한 해의 계산에서 상당히 합리적이었던 것으로 보인다. 당시 태양의 측정에 있어서 지상 최고의 하이테크 족이었을지 모른다. 피라미드를 비롯한 고대 이집트 유물과 유적이 이를 입증한다.

태양이 있으니 농작물과 가축 등 온갖 생물이 살아가고, 태양의 활동에 따라 비가 왔다 그쳤다 하는 물의 순환(대류 활동)이 있었다. 과거에도 그랬고, 지금도 그렇다. 미래에도 그럴 것이다. 이 점에서는 현대의 경제활동은 물론 인간의 생존과 활동이 모두 태양에 연결돼 있다.

미국, 중국, 중동부 유럽 등지의 곡창지대에 몇 달만 비가 오지 않으면 국제 곡물가격은 폭등하고, 다음 해까지 영향을 미친다. 비가 많아도 마찬가지다. 국내에서만 빚어지는 현상이 아니다. 공업지대에 폭우라도 몰아치면 생산 활동에 차질이 빚어지고 산업시설이 마비된다. 해당 기업은 물론이고, 거래 기업과 관련 업계를 넘어 보험과 물류에 이르기까지 파장은 전방위적이다. 비가 오지 않거나(가뭄) 많이 오거나(홍수), 북태평양 고기

압 기단의 활동에 따라 강한 태풍이 발생하거나 아예 없거나, 겨울철 시베리아 기단의 활동 여부에 따라 혹한이 닥쳐 에너지 파동이 일어나거나 그 반대로 이상난동이거나 모두 태양의 활동에서 비롯되는 '작은 현상'들이다. 그러나 인간에게 이런 현상 하나하나는 결코 작은 현상이 아니다.

더위가 평상시보다 조금 더 심해지면 – 태양 활동이 조금 더 강해지면 – 한국에서는 바로 전력난을 걱정해야 한다. 전력공급 체제는 현대 설비라지만 예비전력이 충분치 못할 경우 조금만 용량 기준에서 벗어나면 '블랙아웃(대정전)'이 발생할 수 있다. 갑작스런 블랙아웃으로 어떤 대혼란이 빚어지는지는 2011년 9월 초가을의 이상 더위 때 직접 체험해본 터다. 이론적으로만 걱정했던 일이 막상 현실로 부딪치면서 이상 더위가 한반도에 닥친 2012년 여름 내내 우리는 전력 걱정을 해야만 했다. 하이테크의 현대 도시가 결국 태양만 바라본 셈이다. 이에 앞서 2012년 중부지방의 봄 가뭄 때를 돌아봐도 불과 2, 3개월 비가 적게 내린 것만으로도 난리가 났다. 식수는 물론 농업용수, 공업용수 부족으로 피해는 전방위적이었다.

조금 범위를 넓혀 보면 교통과 통신망까지 예외가 되기 어렵다. 하이테크를 자랑하는 현대의 첨단 통신 시스템도 태양의 흑점 활동에 따라 지장을 받아 때로는 일시적으로 시스템의 기능이 정지되기도 한다. 하이테크가 많은 분야에서 기술의 신천지를 개척했다지만 하이테크가 갈 길은 아직 험하고도 멀다.

19

진화하는 호모 루덴스

인류가 호모 루덴스로 진화하는데 있어 자연이 주요한 상대이자 테마라는 사실은 참으로 역설적이다. 놀이하는 인간, 재미를 찾고 만드는 인간, 감동을 추구하는 인간을 호모 루덴스라고 했는데, 자연은 말로만 본다면 원래부터 있던 것이다. 인간의 손을 타지 않은 대자연을 찾아가 말 그대로 자연을 추구하고 원시를 찾으며 자연의 일부로 잠시나마 동화되려 하는 현대인들의 모습도 분명 호모 루덴스이다. 재미와 감동의 수준이 다양해지고 풍부해지면서 호모 루덴스라는 개념의 외연이 넓어진 것 이상의 의미가 여기에 담겨 있다. 넓은 의미의 원점 회귀라고 한다면 말이 될까.

원래 그대로의 자연을 찾아 나서면서 인간은 '세로운 자연'으로 인공이 가미된 자연을 만들어 나가는데, 이것도 현대의 호모 루덴스들의 분명한 양태다. 새로운 자연은 편리한 자연, 멋있는 자연, 유익한 자연을 말한다. 인간의 손길이 미치게 되면 그런 자연은 원래의 자연이 아니지만 원래의 모습을 최대한 보전하려는 인간의 노력도 언제나 이 과정에서 함께 반영된다는 측면에서 보면 인위적 자연이라 해서 본래의 자연이 아니라고만 할 수도 없다.

그런 사례를 강(江)에서 보았다. 사람들은 강과 더불어 문명을 창조하고, 경제를 발전시키며 각자의 독특한 문화를 창조해왔다. 먹고사는 것의 근원이면서 재미와 오락의 현장이 우리가 일상적으로 주변에서 볼 수 있는 강이었다. 2012년 9월, 대구에서 이틀간 열린 제1회 '2012년 세계 강 포럼'에 참석한 것은 그런 의미에서 좋은 계기였다.

강 포럼에서 논의된 많은 주제발표와 토론을 보면 강은 그냥 물이 흘러가는 단순한 공간이 아니었다. 그렇게 많은 사연과 문화가 강에 있을 줄 몰랐다. 삶의 모습이, 기술 발달의 과정이, 놀이와 문화의 전통이, 그럼으로써 인류 역사가 강과 그 주변에 담겨 있었다. 호모 루덴스의 발달 과정의 한 단면이 강에서도 오롯이 나타난다는 사실을 알게 된 것은 강 포럼 참석에서 얻은 결실이었다. 당시 강 포럼에서 나온 몇몇 주요 강연과 주제발표의 제목만 봐도 어떤 논의가 있었는지, 내용은 어떤 방향이었는지 충분히 짐작할 수 있다. 이 책의 관심사인 호모 루덴스라는 개념을 전제로, 호모 루덴스의 주요 활동무대로 강의 의미를 살퍼볼 수 있는 것만 간추려 보면 이렇다.

'역사로 본 세계의 강과 강대국'(폴 케네디, 예일대 석좌교수 겸 국제안보프로그램 국장 기조강연) '물 관리에 관한 바람직한 전망'(윌리엄 코스그로브, 전 세계물위원회 의장 기조강연) '세계의 강-인간과 자연과 문화가 함께 하는 삶의 터전, 세계 주요 강의 추세와 모범사례'(게리 존스, 국제 강재단 회장 강연) '인류문명의 시원(始原)인 유프라테스-티그리스 강 종합개발계획(GAP)이 주변국가와 인류 문화유산에 끼치는 영향'(이희수, 한양대 문화인류학과 교수) '강과 역사문화 유적'(오순제, 한국고대사연구소장) '우리나라 강에 대한 생각'(신정일, 사단법인 우리땅걷기 이사장) '강과 문학'(허영자, 시인) '강 관광과 오락의 새로운 추세'(브루스 프리듀, 호주 제임스쿡대학교 관광관리학과 교수) '강 자원을 활용한 축제활성화 전략'(이재성, 한국관광공사 정책사업본부장) '수변을 통한 레스포츠 활성화'(성문정, 체육과학연구원 정책개발연구실장) '낙동강의 미래와 하천관리 패러다임의 변화'(손광익, 영남대 교수) 등이다.

정부 주도의 강 개발사업의 타당성과 효율성 같은 직접적인 논쟁거리가 될 만한 주제를 빼고도 이렇게 다양했다. 생업과 기술개발, 교통과 생물연료, 문학과 스포츠 레저에 이르기까지 참으로 다양한 분야에서 호모 루덴스들은 강을 무대로 만들어냈다. 강은 분명 자연이면서 단순히 자연 이상이었다. 또 역사이면서 문화였다. 인간은 강이라는 자연을 자연 그대로 두지 않고 새로운 자연으로 개조해 나가는데, 새로운 자연으로 강을 만들어 가는 과정에서도 원래의 자연은 배제할 수 없는 원형으로서 자연이었다.

폴 케네디 예일대 석좌교수에게 듣는다

"물은 절대 풍부하지 않습니다. 이런 부족한 자원에 기대기만 하면 세계는 머지않아 위기에 부딪치게 될 것입니다." 폴 케네디 미국 예일대 석좌교수는 20일 '세계 강 포럼'에 앞서 한국경제신문과 가진 인터뷰를 통해 이같이 강조한 뒤 세계가 당면한 물 현실과 해결 방안을 제시했다.

▷ 세계 문명의 근원지인 강의 역사는 어떻게 변화했습니까?

"강은 삶의 근원이자 인간 문명의 근원입니다. 강은 인류가 관리하고 보전해야 하는 대상으로 고대 사회에서도 중요성이 인식됐죠. 도나우 강이 없는 오스트리아 빈, 템즈 강이 없는 영국 런던을 상상할 수 있습니까? 이라크 바그다드는 동서양의 교두보 역할을 한 유프라테스 강 주변에서 발전했고, 이집트 카이로도 나일 강을 기반으로 발전한 도시지요. 한국, 스코틀랜드, 노르웨이도 원활한 수원(水源)을 공급받았는데 이런 자연 자원의 혜택을 받은 국가들은 올바른 방식으로 강을 사용해야 할 의무도 있어요."

▷ 강이 미래 경제발전에 미칠 영향은 어떻게 예측합니까?

"강은 생명이 깃든 곳이자 담수의 공급원입니다. 식수, 산업용수, 농업용수, 가축사육용수에다 교통수단으로까지 다양한 방식으로 활용되죠. 독일 서부는 철강, 자동차, 기타 산업용품을 라인 강을 통해 네덜란드 암스테르담까지 운송한 후 세계 각지로 수출하고, 미국도 미시시피 강을 통해 대부분의 농작물을 재배하고 운송합니다. 미시시피 강 운송로가 막히면 옥수수와 밀 가격은 폭등하게 됩니다."

▷ 산업화가 진행되면서 강에 대한 의존도가 커지는데, 개발과정에서 갈등도 빈번합니다. 피할 수 없는 일일까요?

"예전부터 벌어진 일이지요. 180년 전 10억 명이던 세계인구는 강을 식수 등으로 활용했습니다. 담수원은 지금이나 당시나 똑같은 수준이지만 현재 인구는 70억 명이죠. 산업용수 증가 등으로 물 부족이 발생했고, 사람들은 한정된 수원을 놓고도 싸웁니다. 하나의 강이 여러 나라를 경유할 경우 국가 간 분쟁도 발생하는 상황이 아닙니까."

▷ 산업화에 따른 기후변화나 이를 극복하려는 하천관리가 미래 강 문화에 어떤 영향을 미칠까요?

"한국, 아일랜드, 노르웨이처럼 하천관리가 발전한 국가는 좋은 방향으로 간다고 봅니다. 하지만 환경 친화적으로 수자원을 활용하는 국가조차도 지구 온난화의 영향은 피할 수 없습니다. 가령 4월에 녹던 빙하가 2월로 당겨져

물의 공급과 전 세계 하천의 수량이 줄었습니다. 하천관리를 개선하고 지구온난화도 해결할 수 있게끔 전 세계적 이슈로 삼고 해법을 찾아야 합니다."

▷ 물 분야 투자 확대가 요구되는 상황에서 한국이 나아가야 할 방향은 무엇일까요?

"인구 증가로 수자원이 부족해진다는 점을 먼저 지적해야 합니다. 대중교육과 계획적인 수자원 활용이 어느 때보다 절실하죠. 한정된 수자원을 균등하게 분배하는 정부 차원의 작업도 중요합니다. 강물을 농업용수로 주로 사용하다 산업화에 따른 반도체 생산으로 더 많은 수자원이 필요하게 되면서 수자원 분배 문제를 본격 논의한 캐나다 사례에 시사점이 있습니다."

▷ 한국에서는 4대강 개발 사업을 두고 논란도 있습니다.

"그런 논쟁은 한국만의 이야기가 아니지요. 서유럽이나 미국 서부 지역도 이미 겪은 일입니다. 어떤 특수한 목적을 가지고 물의 용처를 바꾸려 한다면 그에 수반되는 결과가 따릅니다. 자연환경 변화, 삶의 방식 변화도 생기는데 이 과정에서 정치적인 논쟁으로 바뀌기도 하죠. 강의 흐름을 바꿀 경우 긍정적인 결과와 부정적인 결과가 나올 수 있어 면밀히 따져 수자원을 관리해야 합니다."

▷ 한국의 강 관리 수준은?

"한국의 수자원 관리는 선진국 수준입니다. 청계천 복원, 4대강 사업 등은 흥미롭습니다. 한국의 수자원 관리 해법을 배우기 위해 외국 전문가들이 한국을 찾고 있죠. 4대강 사업을 통해 수자원 문제를 극복한 한국을 적극 벤치마킹 할 필요가 있습니다."

▷ 이번 세계 강 포럼을 통해 전하고 싶은 메시지는 무엇입니까?

"한국은 인적자원과 충분한 수자원, 조직이 있고 지금의 하천관리 방식을 유지해야 합니다. 수자원 관리 능력이 우수한 데 이를 다른 나라와 공유하면 그렇지 못한 국가에 도움이 될 것입니다. 수자원 관리는 글로벌 이슈이지만 인류는 이것이 미래에 어떤 영향을 미칠지에 대해 제대로 인식하지 못합니다."

(한국경제신문, 2012년 9월 21일/ 대담=허원순 지식사회부장)

1. 수준 높은 호모 루덴스

재미와 감동을 찾는 호모 루덴스의 길은 음식에서 단맛 같은 것일지도 모른다. 달콤하지만 이것만 찾다가는 오래 못 간다. PC방에만 갇혀 인터넷 게임에 몰두하는 '사회적 외톨이'나 감각의 극대화를 위해 마약에 손대는 경우는 모두 이런 데서 극단적 이단아들이다.

그렇다면 정상적인 호모 루덴스와 상식의 선을 넘는 기형적 호모 루덴스를 구별하는 경계는 어디일까? 적어도 개념적으로 보면 이런 것도 생각해볼 수 있다. 가령 일상 속의 막연한 쾌락주의자들이나 예술을 지향하되 극단적 유미주의자(탐미주의자)들은 보통사람의 눈으로 볼 때 이해하기 어렵다. 그러나 예술 사조를 돌아보면 그런 부류들은 늘 있어 왔다. 때로는 그들 때문에 보통 사람들의 시야는 넓어지고 안목이 트이기도 하니 그 경계의 선은 상대적일 수밖에 없다.

예술을 지향하는 것은 두말할 것도 없이 수준 높은 경지의 호모 루덴스다. 창작을 하는 것도 그렇거니와 이를 수용하고 누리는 행위도 마찬가지다. 인류는 아득한 원시시절, 한 끼 한 끼 먹고사는 것이 생존 전쟁이고 추위와 싸우는 것이 매일 매일의 최대 당면과제였던 시기부터 그림을 그렸다. 그렇게 그려진 원시 동굴벽화나 암각화가 아직도 세계 곳곳에 남아 있다.

그렇게 백만 년 전 인간의 그림이 지금도 남아 있어 온 인류의 문화유산으로 대접받는다. 그렇게 그린 그림이 호모 루덴스로의 시작이었다. 왜 동굴 벽에 들소를 그리고, 사냥 나간 자신들 종족을 그리며 꾸몄을까? 단순히 눈에 투영되는 일상의 세상을 묘사하는 것을 넘어서 때로는 멋있게 보이려 과장해서도 그리고, 상징물을 넣고, 강조거리에 악센트를 가하고, 집단의 어떤 기원을 담고… 그렇게 스토리를 만드는 것이 원시적인 호모 루덴스였다. 그림의 역사는 그렇게 시작됐다.

이후 오랜 시간 그렇게 흘렀다. 그러다가 어느 순간 종교가 그림을 장악했다. 고대 국가가 등장하면서 종교와 주술, 제사의식, 권력의 미화는 그림에서 대세가 된다. 그러면서 1천 년, 2천 년 혹은 그 이상을 인류는 자신이 한 번도 직접 본 적이 없는 신과 천사를 그렸다.

인간이 인간의 모습을 그린 것은 그리 오래 되지 않는 일이다. 현생 인류의 역사를 대략 1백만 년으로 잡을 수 있을지 모르지만 인류가 인간의 모습을 그린 것은 그 가운데 수백 년 역사에 불과하다. 적어도 직업으로 그림을 그리는 전문 화가의 그림으로 보면 그렇다. 인간이 자기 주변의 인간과 인간사회의 모습을 처음으로 그리기 시작한 것이 바로 서양의 르네상스다. 서양문화사에서 보면 그렇게 확인되는데, 르네상스는 인류의 문명사에서 큰 획을 긋는 중요한 계기가 된다. 레오나르도 다 빈치가 〈모나리자〉를 그린 것에 그런 배경이 있다.

14~16세기 이탈리아에서 일어난 일련의 문화운동인 르네상스를 우리말로는 문예부흥, 인본주의 정도로 옮길 수 있는데 찬란했던 그리스, 로마 문화의 부흥이라는 것이 사전적 의미였지만 실제로는 인간의 모습을 찾자는 운동이었다. 회화에서 보면 교회와 궁궐에 온통 신의 모습과 전사의 얼굴만 그리던 것에서 인간의 모습을 그렸으니 얼마나 혁신적인 운동인가. 이렇게 르

네상스 운동이 일어나던 시기가 메디치 가(家)의 경제적 활동이 최고로 왕성하던 시기, 그래서 권력자가 예술 활동에 막대한 지원을 해줄 수 있었고, 다수 대중이 이를 자연스럽게 받아들였던 시기라는 사실이 주목된다. 배고픈 시기를 조금 넘기면서 다른 즐길 거리를 찾게 된 셈이다.

르네상스가 인간의 모습을 그리기 시작한 시대라고는 하지만 지금 돌아보면 이제 시작에 불과했다. 이때까지도 그림 속의 인간은 여전히 결코 평범한 사람이 아니었다. 왕과 귀족, 왕비와 제후의 부인 등 특별한 인간을 그린 것이지, 보통의 장삼이사(張三李四) 인간을 그린다는 것은 생각도 못했던 시절이었다.

서양에서 그렇게 귀족을 꾸미기 위한 방편이었던 그림이 일상의 이웃, 보통사람까지 화폭에 담기 시작한 것은 17세기 들어서였다. 대표적인 화가가 렘브란트다. 그는 야경꾼을 그리고, 해부학 강의 광경을 그리고, 도살된 소를 그렸다. 종교행사도 아니고 신의 모습도 아니고 귀족의 품위 있는 초상화도 아닌, 보통사람의 일상이 화폭으로 들어가기 시작한 것이다. 그렇게 그 시대 네덜란드 주변의 화가는 일꾼과 하녀까지 그렸다. 또 한 번의 혁신이었고, 혁명이었다. 왕도 아니고, 귀족 부인도 아닌 보잘 것 없는 존재인 집안의 하녀까지 직업 화가의 화폭에 담기다니, 그 때는 어떤 시대였을까?

네덜란드가 동인도 주식회사를 세워 세계 곳곳에 식민지를 만들며 이전에 비해 엄청난 부(富)를 쌓던 시절이었다. 당시 그림을 보면 하녀도 체형이 굵직하고 피부도 미끈미끈하다. 사회적으로 아래 계층까지 넉넉하게 잘 먹어 영양 상태가 괜찮았다는 얘기가 된다. 상류층이 아닌 계층에서 입은 옷도 그다지 험해 보이지 않는다. 부가 축적되면서 시대의 구성원 모두가 물질적 혜택을 누린 것이다. 당시 네덜란드는 마치 제국처럼 세계 곳곳으로 팽창해 나갔다. 튤립 파동이 일 정도로 여윳돈이 넘칠 만큼 쌓인 부는 그때로서는 하이테크 기술을 바탕으로 모두 해외에서 거둬들인 것이었다.

이 무렵 네덜란드에 등장한 인류의 또 한 가지 주목할 만한 혁신이 '주식회사'다. 동인도 주식회사를 통해 네덜란드는 자본을 효율적으로 집적했고, 관리했다. 주식회사 제도는 지금도 내려오는 좋은 장치다. 주식회사라는 시스템 덕에 기업은 오늘날까지 이렇게 발전하고 경제가 계속 성장해 나가는지도 모른다.

어떤 이들은 주식회사라는 제도가 만들어지면서 동양과 서양의 소득(지금으로 치면 1인당 소득, GDP나 GNP)이 역전됐다는 분석도 한다. 그 전까지만 해도 당(唐)-송(宋)-명(明)으로 내려오는 중국을 중심으로 한 동양사회가 서양보다 평균적으로 더 잘 살았다는 것인데, 주식회사가 나온 1600년대에 들어서면서 서양이 동양을 추월했다는 지적이다. 그 핵심에 주식회사라는 제도가 있었으니, 시스템이란 이렇게 중요하다. 굳이 주식회사 때문 만이었는지는 명확치 않지만, 서양은 이후 산업혁명을 이루고 식민지 전쟁에 성공하면서 근대화와 현대화에서 동양을 앞질렀다. 그에 맞춰 호모 루덴스의 길에서도 비례해 앞서 갔다.

그림의 역사를 조금 더 살펴보면, 르네상스 시기에 서양인들이 처음으로 인간의 모습을 그린 것과 비견할 만한 일이 이 땅 한국에서도 있었다. '진경산수화'가 나타난 것이 그것이다. 1700년대부터 1800년대 중반까지 한국의 산과 강, 생활 주변의 모습을 그린 화풍을 진경산수화라고 한다. 겸재 정선이 대표적인 화가인데 그는 진경산수화의 선구자다. 이 시대 이전까지 조선의 많은 화가들은 가보지도 않은 중국 땅의 산수풍경이나 삼국지에 나오는 명소를 읽은 글에만 의존해 그리는 경우가 많았다. 그러던 시대에 내 땅의 절경을 화가 자신의 눈으로 보고 가슴이 찡하도록 감동을 받은 그대로 그린다는 것은 혁신이었다. 지금 우리가 국보로 치고 보물로 여기며 떠받드는 삼원(三園, 단원 김홍도·혜원 신윤복·오원 장승업)의 일상생활 그림도 이런 화풍, 예술 사조의 연장선에서 나왔다.

한국 땅에서 진경산수화 바람 정도가 있었는데 반해 서양의 그림 역사에서는 혁신이 여러 차례 있었다. 르네상스를 거쳤고, 그런 전통을 딛고 렘브란트가 밑바닥의 보통사람들까지 그렸다고는 하지만 그 역시 실내에서만 그림을 그렸다.

그런데 19세기 초반(1830년경), 파리 근교 바르비종이라는 작은 마을을 중심으로 활동한 일군의 화가들은 이젤과 붓, 물감통을 들고 들판으로 뛰쳐나갔다. 그림도구를 들고 화가 스스로가 집 밖으로 나가 스스로 보고 느끼며 감동받은 일상을 자연 속에서서 그린 것이다. 물론 직업 화가였다. 그림의 역사에서 보면 대단한 호모 루덴스들이다. 바르비종에서 활동한 밀레, 루소와 같은 화가들을 바르비종파(派)라고도 하는데, 지금도 예술뿐만 아니라 혁신을 주도하는 모험 세력들을 바르비종파라며 그들이 시도한 변혁에 곧잘 비유하곤 한다. 상상 속의 광경을 그리던 것에서 눈으로 본 주변의 명품 산하를 그린 진경산수화 개척 화가들만큼이나 새로움을 추구한 호모 루덴스들이다.

시대보다 훨씬 앞서간 뛰어난 호모 루덴스들 가운데는 이렇게 인류 역사에서 대혁신을 주도한 이들이 많았다. 시간이 지난 지금 봐도 놀랄 만한 일들도 많았다. 그저 평범한 그림을 들로 나가서 그린 바르비종파 화가들은 지금 세계 어떤 미술관에서도 최고의 대접을 받는다. 평범이란 말도 지금의 기준에서 볼 때 평범한 일이지만, 1830년대로 돌아가 그 시대 기준으로 평가한다면 평범이란 말이 맞지 않는다. 그렇게 기성의 틀을 거부하고 새로움을 찾으면서 혁신을 주도한 바르비종파 화가들은 작품을 넘어 그 자세로도 후세사람들에게 큰 메시지를 던졌다.

그렇듯 진경산수를 개척한 겸재 정선과, 씨름판과 서당은 물론 개천가의 목욕과 남녀의 은밀한 데이트 장면 같은 생활 속의 다양한 행태를 실제 있는 그대로의 모습으로 화폭에 담은 삼원(三園)은 한국의 미술관과 박물관에서 최고의 자리를 차지하고 있다. 이들 역시 정형화된 틀을 거부하고 새로운 감동을 찾아나선 이 땅의 개척자 호모 루덴스들이다.

2. 호모 루덴스 지수를 만들자

요즘 가정에서 먹는 유제품 값이 수천 년 한국인의 주식(主食)으로 통했던 쌀값보다 더 많이 드는 시대다. 여기에 더해 이제는 쌀값에 우유 값을 합친 것보다 이동통신 요금이 훨씬 더 많이 드는 게 현대 한국 가정의 모습이다. 우리 가족 4명이 한 달에 지출하는 통신비만 해도 아마 30만원은 족히 될 것이다. 쌀을 30만원어치 사면 아마 반 년은 먹을 것이다. 그렇게 하이테크 시대의 호모 루덴스로 즐기는 대가를 비용으로 치르고 있다.

이쯤에서 '호모 루덴스 지수'라도 한번 만들어 보면 어떨까 싶다. 재미, 흥미, 감성화, 감동 차원에서 개개인의 삶을 한번 측정해보고, 이 통계로 사회의 '재미와 감동'의 정도를 측정하자는 것이다. 재미를 계량적으로 재보자는 것은 궁극적으로 행복에 대한 수준을 또 다른 차원에서 객관적인 숫자로 계산해보자는 제안이기도 하다. GDP니 GNP니 엥겔지수니 하는 것만 맹목적으로 믿으며, 이런 수치만으로 사회의 수준을 재는 단선적인 평가에서 벗어나보자는 제안이다.

호모 루덴스 지수에 앞서 먼저 엥겔지수(엥겔계수)를 생각해보면 방향은 명확해진다. 독일의 통계학자 엥겔이 소득 수준과 식료품비의 상관관계를 연구한 결과를 내놓으면서 한 사회, 한 국가의 수준을 평가한 것은 19세기 중반이었다. 당시 우리나라는 강화도에서 농사짓던 떠꺼머리총각이 어느 날 갑자기 왕이

엥겔지수

　1857년 독일의 통계학자 엥겔(Ernst Engel)이 가계 지출을 조사한 결과 저소득 가계일수록 식료품비가 차지하는 비율이 높고, 고소득 가계일수록 식료품비가 차지하는 비율이 낮다는 사실을 찾아냈다. '엥겔의 법칙'이다. 총 가계 지출액 중에서 식료품비가 차지하는 비율이 '엥겔지수'다. 보통 식료품은 필수품이어서 소득에 관계없이 일정 수준은 소비해야 한다. 그러면서도 어느 수준 이상은 소비할 필요가 없다. 따라서 저소득 가계라도 반드시 일정한 금액으로 식료품비를 지출해야 하며, 소득이 증가하더라도 식료품비는 그보다 증가하지 않는다. 이 때문에 통상적으로 엥겔지수는 소득 수준이 높아지면 감소한다. 엥겔지수가 0.5 이상이면 후진국, 0.3~0.5는 개발도상국, 0.3 이하는 선진국으로 분류된다.

됐다는 철종 시대다. 쇠락해가던 조선, 도무지 나라라고 할 수 없을 정도로 나라꼴이 말이 아니었을 시기다. 이때 유럽에서는 엥겔지수라는 것을 만들어 사회의 성숙도, 발전도를 평가했으니 앞서도 많이 앞섰다. 같은 시대라도 사회발전의 격차는 이처럼 컸다. 이제는 우리가 먼저 호모 루덴스 지수라도 만들어 한 치 원 높은 데서 사회발전의 척도로 삼아보자.

　단순하고 명료하게 접근하자면 개인이나 가계 지출에서 재미와 감동을 추구하기 위해 지출한 부분이 차지하는 비중을 보면 될 것 같다. 가계 총지출 중 공연비, 스포츠 관람비, 직접 여행비, 테마파크 등 놀이시설 방문 비용, 주문형 TV 프로그램을 포함해 직간접 통신비용, 기타 오락비용을 항목별로 나누어 계산해보면 어떨까 싶다. 이 또한 엥겔지수와 비슷한 흐름, 유사한 유형을 보여줄까?

부유층일수록 이런 놀이 비용, 재미 비용을 더 많이 지출할 것이라는 추론은 가능하다. 그 점에서는 엥겔지수와 비슷할 것으로 예상된다. 그러면서도 엥겔지수와 명확한 차이점도 나타날 것 같다. 가계에서 식료품비는 늘어나는데 한계가 있지만 놀이 비용은 한계가 없거나 최소한 가계 총지출 비용 가운데서 식료품비보다는 훨씬 높은 비율로까지 올라갈 것으로 예상된다. 호모 루덴스로 놀이 영역은 먹는 것과 달리 더 많이 누릴 수 있는 데다 이 부분은 '양'의 문제가 아니라 '질'의 문제가 되고, 일단 질적인 문제를 다투는 영역에서는 비용이 기하급수로 늘어날 수 있기 때문이다.

그렇게 예상해 본다면 그럴 듯한 호모 루덴스가 된다는 게 쉬운 일만은 아닐 것이다. 이 점도 중요하다. 무료로, 싼 비용으로 접할 수 있는 재밋거리가 사방에 널렸지만 그래도 진짜 재미는 돈을 지불하는 것에 상당 부분 비례한다. 우아한 감동으로 수준 높은 호모 루덴스가 되려고 멋진 오케스트라 공연이라도 보려면 한 좌석 당 20만원, 30만원씩까지 부담해야 한다. 이보다 저렴한 티켓도 있겠지만 공연장 안에서는 보통 돈을 낸 만큼에 따라 호모 루덴스의 격이 달라진다.

국내의 통상적인 시즌 경기가 아니라 월드컵이라든가 국가 대표들이 뛰는 국가 간 A매치게임이라도 즐기려면, 프로 야구 플레이오프 결승 시리즈를 보면서 흥분이라도 좀 해보려면 비용면에서는 단단히 각오를 해야 할 때도 있다. 결국 지출할 형편이 못된다면 경기장 대신 텔레비전 앞으로 가야 한다는 얘기다. 그렇게 되면 직접 호모 루덴스는 유보하고 간접 체험의 2차 호모 루덴스로 격하를 감내해야 한다. 아니면 생활에서 다른 많은 부분을 포기해야만 좋아하는 분야에서 마음껏 호모 루덴스가 될 수 있는 게 보통사람들의 처지다.

20

호모 루덴스 기업

✗

　호모 루덴스가 돋보이고 강조되다보니 그만큼 전통적인 직업에 대한 비중과 기대치는 줄어들고 있다. 한국에서도 그렇고, 산업구조가 고도화되어 가는 경제 선진국에서도 그렇다. 예를 들어, 1945년 해방 이후부터 1950년대 한국전쟁 직후까지만 해도 한국의 경제활동 인구를 직업별로 보면 농업이 압도적으로 많았다. 조사 방식과 시점에 따라 조금씩 다를 수 있겠지만 해방 후 대략 인구의 80% 이상이 농업 종사자였을 것이다.

　그러나 1960년대 경제개발계획이 수립되기 시작하고, 1970년대 경제발전이 본격화된 이후 농업인구는 급속도로 줄어든다. 이때까지만 해도 농촌을 이탈한 인구는 2차 산업인 공업 쪽으로 이동했다. 구미공단과 울산화학공업단지, 여천, 광양, 포항에 이어 나중에는 대산, 군산, 장항, 수원 등지에 연이어 들어선 공단으로 농업 인력은 대이동했다. 한국과 비교할 때 20~40년 정도 시차를 두고 중국의 전통 농업지역 인구가 공장이 밀집한 대도시로 대이동한 것과 실상은 꼭 같다. 산업화와 그에 따라 도시화가 진행된 후진개발국들이 한결같이 겪는 과정이고, 지금 경제 선진국이라는 데서도 과거에 모두 그러했다.

이런 과정을 거치면서 1990년대 이후 한국에서 농업인구는 완전히 줄어들고, 2000년대 들어 그 비중은 한 자리 숫자로까지 떨어졌다. 2007년경 한국에서 농업인구는 이미 7%대로 줄어들었다. 그나마 국내 총생산(GDP)에서 차지하는 비중은 4%까지로 내려갔다. 인구도 줄어들었고, 생산도 줄어든 것이다. 최근에는 이 인구가 더 줄어들었다. 결국 줄어든 농업인구는 공업인구를 거쳐 3차 산업, 특히 서비스 산업으로 대이동을 했다. 농업은 생산성이 떨어지는 부분이고, 이쪽에 매달렸다가는 제대로 먹고 살기 힘든 상황이 되면서 비롯된 직업적, 지역적 대이동이었다. 불과 수십 년 만에 진행된 놀라운 흐름이다. 어떻게 해서 이렇게 된 것인가?

2007년 이후 또 몇 년 사이에 한국의 전업 농업인구는 3%대로 다시 뚝 떨어졌는데, 농업인구가 3%라는 의미는 전체 인구 중 3%만이 농업에 종사해도 나머지 97%가 적어도 농산물 먹거리에는 문제가 없다는 의미다. 이런 시스템이 가능한 것도 하이테크 때문이다. 하이테크 기술이 농업에 매우 효율적으로 적용됐기 때문에 가능했다. 육체에 대한 의존이 줄어들면서 농부 한

명이 지을 수 있는 경작지는 더 늘어나고, 단위 면적에서 생산량은 더 많아졌다. 농업의 하이테크화가 하루아침에 이뤄진 일이 아니라 쌓이고 축적되면서 농업의 생산혁명이 이뤄진 것이다. 농업에서도 하이테크는 우량 품종의 개발에서부터 재배와 추수, 수확 이후의 관리와 유통에 이르기까지 전 영역에서 자리 잡았다.

필리핀이나 인근 동남아 국가처럼 정작 곡창지대에서 식량 생산이 주업인 사람들, 자기 손으로 쌀을 생산하는 이들 가운데는 굶는 층이 많지만 오히려 농작물 재배가 어려운 북유럽 같은 데서는 굶는 층이 거의 없다. 우리도 공업화로 산업화가 진행되지 않았다면 정작 농작물 생산에 매달리지만 자신들은 늘 배가 고픈 아시아 일부의 저개발국 수준에서 벗어나지 못했을 것이다. 실제로 한국도 한때 그랬다. 1970년대까지만 해도 우리나라 연안에서 나는 제일 좋은 수산물은 모두 일본으로 수출되어 일본인들 밥상에 올랐다. 지금도 아프리카에서 나는 민물고기 중 제일 맛있는 것은 현지에서 통조림으로 만들어져 유럽으로 건너가고, 그 물고기를 잡는 노동자들은 살코기를 떼어낸 생선찌꺼기를 뒤지는 게 현실이다.

여기서 주목하는 것은 이런 국제적인 산업의 불균형이 아니라 산업의 구조변화다. 농, 축, 어업(1차 산업)에서 공업화(2차 산업)로 진행된 뒤 산업이 본격적으로 발전하고 경제가 성장궤도에 제대로 올라가면 3차 산업이 발전하기 시작하고, 한번 골격을 갖추면 이런 구도는 급속도로 고도화된다.

이처럼 3차 산업, 특히 서비스 산업이 발전하는 이유를 이해하는데 가장 단순하고 명료한 개념이 호모 루덴스다. 놀이하는 인간이기 때문에 놀이와 오락, 재미와 여흥 쪽으로 산업이 발전하는 것이다. 현재 한국은 경제적으로 아주 앞선 국가는 아니지만 어느 정도 개발된 국가 대열에 들어섰다. 한국 정도의 경제 대국이면 단연 호모 루덴스의 영역이 포함된 3차 산업 비중이 절반을 크게 넘어선다. 한국은 1987년경에 이미 3차 산업의 인구비중이 50%에 달하게 됐는데, 인구의 2명 중 1명이 3차 산업으로 먹고 산다는 얘기가 된다.

3차 산업이라 해서 모두 놀이, 오락, 여흥, 여행, 휴식, 휴가, 레저, 스포츠, 문화, 예술, 개인 컨설팅, 교육과 같은 분야 만이라고 볼 수 없고, '3차 산업=놀이 재미 산업'이라고도 할 수는 없지만 이쪽에 호모 루덴스의 영역이 많은 것은 사실이다.

호모 루덴스의 길은 앞으로 더욱 확대될 것이 분명하다. 그럼으로써 3차 산업, 특히 직접 서비스 산업 종사자는 늘어날 수밖에 없다. 더 많은 재미, 더 많은 오락을 지향하는 인간의 본성을 자극하는 일이다. 한편으로는 더 많은 웃음과 감동, 재미를 자아내게 하는 일체의 서비스가 호모 루덴스의 영역이고, 이 부문에서 직업이 만들어지고 고용도 창출된다. 웃음 창출이라면 스트레스를 날려버리게끔 하고, 신바람 만들기 수준이기도 하지만 꼭 웃음만도 아니다. 감성을 한껏 건드리고 눈물샘을 적절히 자극해 감동의 눈물이 나오도록 한다면 이 또한 경쟁력 있는 미래형 신산업이 될 수 있다.

호모 루덴스의 길은 재미다. 재미는 웃음만이 아니라 때로는 감동이다. 눈물이 펑펑 나게 하는 것, 그럼으로써 현대인들의 가슴에 잔잔한 감동을 주고 눈물샘을 자극해 카타르시스(정화 기능)를 준다면 슬픔도 훌륭한 상품이 된다. 슬픔도 거래가 가능한 현대사회의 서비스 상품이 될 수 있다는 얘기가 된다. 재미와 감동은 그 자체로 매매가 가능한 대상이 됐다. 호모 루덴스의 변형, 적용 분야는 더욱 다양하다. 앞으로는 상상 가능한 영역이 모두 해당될 것 같다. 여기에 몇 가지 시사점이 있다.

첫째, 일자리 창출이 서비스 제공, 호모 루덴스의 개념 아래 그런 쪽에서 이뤄져야 한다는 점이다. 정부의 고용 정책이 그렇고, 대학의 취업 대책이 그렇다. 기업의 일자리 만들기 역시 그럴 수밖에 없다.

둘째, 학교 교육을 마친 취업 희망자, 청년 실업자들은 앞으로 취업이든 취직이든 창업이든 이 개념을 염두에 두고 활동하는 것이 일자리를 얻거나 만드는데 매우 효과적일 것이라는 사실이다.

셋째, 이 같은 경향은 한국뿐만 아니라 해외에서도 마찬가지라는 점이다. 이웃 중국처럼 경제가 이제 성장궤도에 오르기 시작한 곳도 마찬가지다. 조금만 더 내다보면 그런 미래는 보인다. 세계적인 현상이다.

넷째, 개인은 물론이거니와 학교 교육도 호모 루덴스의 인식 아래 미래에 대한 준비를 해나가야 한다. 사회 시스템을 그렇게 만들어 나가자는 얘기다.

다섯째, 젊은 세대가 염두에 둘 점, 생업으로서 매달릴 부분을 직접적으로 거론하면 이렇게 된다. '웃음을 팔아라. 눈물도 팔아라. 미소거리를 만들어라. 기성세대가 흐뭇한 표정으로 고개를 자연스럽게 끄덕이게끔 할 소재를 생산해내라. 가슴을 찡하게 하는 거리만 만들면 그들은 두툼한 지갑을 열게 된다. 영화도 좋고, 연극도 좋고, 소설도 좋다. 가수 싸이처럼 말춤도 좋다. 변형된 그 무엇이라도 좋다.' 결국 감동을 생산하고, 감성을 자극하라는 말이다.

오페라의 유령

내가 지불한 비용 대비 호모 루덴스로 재미를 좀 많이 느꼈다며 만족했던 적이 있다. 현대의 명작 반열에 오른 '오페라의 유령(The Phantom of The Opera)'을 관람했을 때다. 재미있었고 감동이 있었다. 가족들과 함께 보니 재미는 더 있었다. 이 공연을 뉴욕과 서울에서 봤는데 같은 내용, 같은 노래, 같은 분장이었지만 분명히 차이가 났다. 뉴욕에서는 몇 년째 이 공연만 하는 전용 극장이 브로드웨이에 있다. 그러다보니 수준도 한국에서의 공연보다 분명히 몇 수 위였다. 뉴욕 한가운데 브로드웨이의 머제스틱 극장은 전 세계인들을 상대로 재미와 감동을 판다. 문화예술 작품인데 상품으로 치면 부가 가치가 상당히 높은 제품이다. 서울 잠실의 롯데 극장에서 공연된 한국산 '오페라의 유령'도 나쁘지는 않았다. 그만하면 한국의 문화 수준도 많이 발전했다고 평가하는 이들이 많았다. 그러나 브로드웨이의 미국 상품과 잠실의 한국 상품을 나란히 놓고 보면 우열은 분명히 가려졌다.

뉴욕의 브로드웨이나 런던의 웨스트엔드 같은 곳은 전 세계인을 상대로 전문적으로 재미와 감동을 파는 곳이다. 세계에서 제일 앞서는 수준급의 서비스 상품을 선보이고, 전 세계에서 호모 루덴스가 되기로 작정하고 값비싼 비행기를 타고 몰려든 소비자들에게 서비스를 선보인다.

이 문화상품이 발전하게 된 바탕에도 하이테크의 첨단 기술이 짱짱하게 버티고 있음은 물론이다. '오페라의 유령'에서 유령이 동에 번쩍 서에 번쩍 하는 것이나, 지하에서 나룻배를 타고 유유히 노를 저어가는 장면 등은 모두 첨단 하이테크 기술 덕에 가능하다. 좁은 무대를 극단적으로 넓게 이용하고, 제한된 공간에서 스토리 전개에 지장이 없게끔 애쓰다보니 나온 기술이겠다. 더 많은 재미를, 더 진한 감동을 하이테크 기술이 가져다준다는 점도 분명 주목할 만한 현상이다.

브로드웨이나 웨스트엔드에 가면 유명한 공연 전문극장들이 몰려 있다. 그곳을 재미 제작소, 감동 생산공장이라고 하면 어떨까? 그리고 실리콘밸리의 기업들을 인적자원이 주도하고 성과를 내듯이 브로드웨이와 웨스트엔드를 문화 예술의 메카로 만드는 것 또한 사람들이다. 제작자들이나 배우, 작곡가, 연주자들 모두 인간이다.

1. 호모 루덴스 기업의 성장

재미와 감동을 판매하는 대표적인 기업이 엔터테인먼트 기획 기업들이다. 단순히 스타를 발굴해 키우고, 대중매체에 노출을 관리하는 식으로 재미를 판매하는 것이 아니라 문화를 만들고, 유행으로 굳히고, 감동의 수준으로 끌어올려 수출까지 한다. K팝의 세계적인 열풍만 해도 우연히 나온 게 아니다. 이 분야 전문기업의 기획 상품이다. '풍부한 내수시장을 바탕으로 수출기업으로 우뚝 섰다'는 표현, 성장 기업에 대한 이런 관행적 표현이 연예 기획사에도 꼭 맞는 말이다. 그 선두에 이수만 SM엔터테인먼트 회장, 양현석 YG엔터테인먼트 대표 같은 개척자들이 있다. 이들의 보유 주식(전체 재산 상황이 아니라 기업의 최대 주주로서 가지고 있는 회사 주식)은 수천억 원대에 달한다.

주식 가치는 계속 변하는 것이기 때문에 딱 잘라서 얼마라고 하는 것은 큰 의미가 없을 수도 있다. 그러나 트렌드는 중요하다. 이들의 주식 평가액, 자산 가치는 계속 올랐다. 기업의 가치(시가 총액)는 한 개 회사만으로 1조원을 넘었다. 엔터테인먼트 회사도 사람들이 기업의 자산이라는 점에서 인지산업이라고 할 만하다. 회사 소속 연예인이 사실상 주된 자산이다. 쇳물을 녹여 만드는 용광로도 없고, 장대한 반도체 생산 라인도 없다. 초대형 조선소 도크도 없고, 대규모 부동산도 없다. 노벨상에 오르내릴 획기적 발명특허나 획기적인 공학적, 산업적 기술을 보유한 기업도 아니다. 제공할 것은 재밋거리다. 더 격을 낮춰 쉽게 말하면 눈요깃거리이고, 조금 고상하게 포장하면 감동이 다. 이걸로 1조원 기업(2012년 8월 기준)을 만든 것이다.

SM의 이수만 회장이 2,420억 원(2012년 8월 24일 종가 기준), 양현석 대표는 2,231억 원의 주식으로 주식 재산이 2,000억 원을 돌파했다. 이수만 회장은 이 시점에서 SM엔터테인먼트의 지분 21.5%(439만2,368주)를 보유했는데, 회사의 가치(시가 총액)는 이날 이전과 비교해 역대 최고치인 1조1,255억 원이었다. 그룹 소녀시대와 슈퍼주니어 등을 앞세워 K팝 열풍을 주도한 결과였다.

하지만 국내에서의 성과만으로 이렇게 성장하기는 어렵다. 외국인 투자자들의 관심이 급증하면서 외국인 지분율이 2012년 초 8.18%에서 8개월만인 이 날 18.06%로 2배 뛰었다. 한국형 재미 생산기업에 대한 장래가치를 놓고 돈에 관한 한 본능적 후각에 더해 냉정한 분석력까지 겸했다는 외국자본이 먼저 가능성을 본 것이다. 그들의 발 빠른 계산, 혜안은 먼저 그들 외국자본 스스로에게 이득으로 돌아갔다. YG엔터테인먼트의 지분 35.79%(356만9,554주)를 가진 최대주주 양현석 대표는 불과 6개월 만에 주식 가치를 배로 늘려 이수만 회장과 나란한 대열에 섰다. 후발주자였지만 '동급'의 거물로 단기간에 급성장한 것이다. 이런 판국이니 MC 신동엽, 강호동도 SM엔터테인먼트의 계열사에 투자 등으로 주식부자 대열에 끼게 됐다.

재미를 생산하고 유통하는 기업들은 더욱 분화되고 계열화되는 추세다. 재미와 감동을 직접 만드는 연예인들과 이런 것을 기획하고 상품으로 만드는 기획사(스탭)가 함께 발전하는 모습이다. 더 많은 기획사가 생겨 경쟁을 할 것이고, 이 과정에서 서로 인수 합병(M&A)하는 사례도 나올 것이며, 이렇게 해서 승자가 앞서 달리는 사이 무수한 스타들이 나와 이들 기획사만큼이나 치열한 경쟁을 벌일 것이다. 그리고 승자는 막대한 돈과 명성을 얻게 된다. 호모 루덴스 대중들은 이 과정을 환호하며 바라보고 즐기게 된다.

21

호모 루덴스로 현대사회를 이해한다

🏃

더 발전된 국가, 더욱 선진화된 사회, 경제적으로 앞서 나가는 지역에는 재미있는 것들이 많다. 현대 국가가 지향하는 그런 곳에서는 볼거리든, 먹을거리든, 체험형이든, 감동거리든 모든 면에서 앞서간다. 융복합형이라고나 해야 하나, 이런 개별적 '감각 자극형 서비스 상품'이 고도화된 사회에서는 보통 하나씩 동떨어진 채 개별 상품으로 제공되지 않는 게 보통이다. 가령 한 곳에서 먹고 마시고 공연까지 즐긴다거나, 한 회사가 여러 가지 즐거운 서비스를 묶어서 동시에 제공한다.

이런 점에서 프로 스포츠 구단은 우리 주변에서 쉽게 볼 수 있는 주목할 만한 첨단 호모 루덴스형 기업이다. 감각과 재미에 관한 한 정말로 괜찮은 서비스 기업이 프로 야구, 프로 축구, 프로 농구, 프로 아메리칸 풋볼 구단들이다. 유럽의 프리미어 리그 구단들은 당연히 앞서 나가는 곳이다. 선두권에 선 구단들은 일단 이 부분에서 앞선 기업들이다. 한국의 프로 구단들도 스포츠 선진국의 구단들이 하는 세일즈와 프로모션을 열심히 따라가고는 있다지만 아무래도 아직은 갈 길이 먼 것 같다.

축구회사(프로축구 구단) '맨체스터 유나이티드'가 2012년 8월 미국 증시에 상장했다. 시가총액이 2조원이 넘는 큰 기업이다. SM엔터테인먼트, YG엔터테인먼트처럼 재미와 감동을 만드는 세계적인 기업으로 축구 구단이 또 한 단계 성장을 해가는 과정이다. '맨유'를 포함해 영국의 프리미어 리그 소속 20개 팀이 선수들이 입고 경기에 나서는 유니폼에 이름을 다는 광고로 받는 돈이 연간 1억4700만 파운드(약 2600억원)에 달하고, 경기에 대한 TV 중계권은 연간 1조원 이상(2010-13년의 4년간 30억 파운드, 5조6천억원)에 달하니 잘 뛰어 좋은 성적을 낸 팬들을 감동으로 휘어잡으면 수익을 단단히 낼 수 있는 기업이다. 이렇게 영국과 유럽을 넘어 세계인들의 시선을 사로잡기 때문에 삼성은 '첼시' 후원 비용(삼성의 홍보 비용)으로 한 해에 246억원을 쓴다. 이런 재미산업에서 경제가 성장하고 일자리가 나오는 것이다.

2011년 봄, 하와이대 동서연구소 초청으로 16일간 미국을 방문했을 때의 경험이다. 그보다 앞서 취재나 연수 등으로 미국을 최소한 열 몇 번은 다녀왔는데, 당시 동서연구소 초청 방문에서는 이색적인 경험을 더할 수 있었나. 비 의회로부터 새정 지원을 받는 유서 깊은 연구소의 초청이다 보니 평소 같으면 방문하기 힘든 곳을 많이 가게 됐다. 미 국무부와 국방부, 의회와 민간 싱크탱크 연구소, 시카고 곡물거래소와 텍사스의 가축매매시장, 시카고 대학과 휴스턴 대학, 세브론의 기업 연구소 등지를 찾아가 유익한 설명을 들을 수 있었다.

'지금의 미국'을 입체적으로 프레젠테이션 하는 그 일정 중에서 제일 '재미'가 있었던 곳이 휴스턴의 프로 야구 돔 구장이었다. 텍사스 휴스턴 애스트로의 홈구장에서 열린 LA다저스와의 야간 경기를 관람하게 됐다. 프로 스포츠 경기의 재미라는 게 이런 거구나 하고 제대로 느낀 계기였다.

경기 시작에서부터 끝나기까지 3시간이 넘는 시간을 애스트로 구단은 잠시도 관중들의 눈과 귀를 지루하지 않게끔 서비스 해줬다. 하이테크 기술은 곳곳에 적용돼 양쪽 선수들의 전부를 보여줬다. 투수와 타자들의 당일기록과 누적기록은 기본이고 투수의 공의 속도, 순간순간 지나쳐 흘러가는 멋진 경기들을 다양한 각도에서 잡은 찰나의 장면을 적절하게 보여줬다. 대형 전광판만이 아니라 관중석 1, 2층 사이의 칸막이벽도 거대한 IT 화면이었다. 하이테크 기술이 야구를 얼마나 재미있는 볼거리로 진화시켰는지 실감할 수 있는 현장이었다.

야구든 축구든 경기의 재미는 투자(카메라의 숫자, 대형 전광판의 고급화 등)에 비례한다. 더 많은 카메라가 경기장 곳곳에 배치되면 찰나로 지나가는 선수들의 경기를 더 멋지게 다양한 각도에서 실감나게 볼 수 있고, 전광판이 HD(고선명 화면)로 첨단화

되면서 막 지나간 장면도 생생하게 반복해서 볼 수 있다. 야구는 기록의 경기라고 하니 투수와 타자들의 기록과 통계를 보여주는 것도 재미를 돋우는 중요한 변수다.

한 회가 끝나거나 공수 교대가 있을 때면 여러 대의 카메라로 관객을 하나의 게임 주체로 묶었다. 선수들이 잠시 빠진 구장에는 온갖 미니 게임과 작은 연기가 제공됐다. 이렇게 쇼가이어지고 볼거리로 관람객들의 혼을 쏙 빼놓을 지경이니 핫도그 하나에 10달러씩 받아도, 생맥주 한 컵에 5달러를 받아도 비싸다고 할 수가 없었다. 구단은 거액의 몸값을 지불하면서 세계각지에서 경쟁력 있는 선수들을 끊임없이 발굴하고 공급해 명경기를 만들어갔고, 흥미 거리로 서너 시간이 쇼처럼 진행되는동안 팬들은 아낌없이 지갑을 열게 되는 것이다. 휴스턴의 구장은 프로 스포츠가 제공하는 재미와 서비스 상품으로서 야구 경기의 한 단면을 보여줬을 뿐이다.

밤이나 비가 오면 거대한 천정이 닫히면서 전천후 경기가 가능한 이런 하이테크 구장에서 여러 조합으로 제공되는 선수들의 기록을 보면서 야구 경기를 즐기다 보면 어디까지가 전통적인 야구이고, 어디서부터가 첨단 IT 산업일까 하는 질문을 던지게 된다. 야구 경기와 하이테크 IT 산업이 융합해 야구장에서한 덩어리가 되어 버린 상황에서 야구라는 스포츠 산업과 IT라는 첨단산업 사이의 경계선을 긋기는 매우 어려워진다.

1. 하이테크 IT 기기에도 감동을 담아야

야구장만이 아니다. 방송과 영화 같은 영역에서도 그럴 것이다. 휴식 차원의 여가와 더 많은 생산, 창조를 위한 준비기 같은 것의 구별이 어렵듯이 지식과 오락 사이에 경계선을 긋기도 쉽지 않게 된 것이 현대의 모습이다. 방송 대본과 최고급 촬영기법이 짝을 이루면서 좋은 영화와 드라마가 스토리텔링의 산물인지, 첨단 방송 산업의 생산물인지 딱 잘라서 말하기 어렵게 된 것이다. 이렇게 호모 루덴스의 영역은 더욱 확대되어 가고 있고, 놀이와 일, 재밋거리와 생산 활동의 구별은 더욱 어려워질 수밖에 없는 시대가 됐다. 어쩌면 굳이 이런 구별을 해야 할 이유가 없어져 가는지도 모른다.

놀이, 정보, 지식과 같은 것들의 영역이 없어지고 하나의 큰 원처럼 맞물려 가는 것으로 인식하고, 그 틀에서 새로운 재밋거리를 찾고 창의성을 높이며 뭔가를 만들어 내는 것, 그런 게 미래형 호모 루덴스의 길일 수도 있다. 그렇게 만들어지는 것이 형태가 있는 어떤 제품이든, 무형의 서비스이든 그것은 상관없다.

아이팟부터 아이폰을 거쳐 맥북 컴퓨터 시리즈와 아이패드까지 두루 만들어내는 애플의 약진을 보면서, 애플 제품을 사기 위해 용돈을 모으고 망설임 없이 지출하는 젊은이들을 보면서 이런 생각은 확신으로 바뀐다. 애플의 성장을 보면 그냥 편리한 전자기기 몇 가지를 만들어낸 게 아니다. 시장을 선도하는 하이테크 제품 몇 종류를 만들어낸 것만도 아니다. 놀이하는 인간, 호모 루덴스의 높은 경지를 자극한 게 바로 애플이 만들어낸 일련의 제품들이다. 그 하이테크 상품에 스토리를 입히고 감각과 감동을 담았기에 세계 최고급으로, 세계 최일류로 자리 잡은 것이다. 최고의 하이테크 제품으로 시장을 리드한 결과이겠지만 그 아래에는 단순히 터치감(촉각)에서부터 시작해 매끈한 디자인(시각), 그리고 기기를 다루는 재미(감동)가 깔려 있다는 얘기다. 애플에 맹추격전을 벌여온 삼성전자도 뒤늦게나마 그런 감각과 감동의 중요성을 깨닫고 전자제품의 편리함에 그런 감동 요소를 담으려 애쓰는 것 같다.

혁신에 혁신을 거듭하면서 전자제품에 감동을 담아온 애플을 따라잡기 위해서는 단순히 하드웨어로 제품을 더 좋게 내는 것만으로는 부족하다고 삼성은 판단한 것이다. 그래서 하이테크형으로 최신 제품인(2012년 9월 현재) 갤럭시S3 모델을 내면서 내건 한 마디가 'Designed for Humans(인간을 위한 디자인)'이었다. 그것만이 아니었다. 이건희 회장도 기회가 있을 때마다 혁신을 강조하면서 '다양한 분야에서 더 깊이, 더 넓게 바라봐야 한다'는 점을 유독 강조하곤 했는데, 이 또한 하드웨어 측면에서 하이테크는 이뤘지만 감동과 감성의 범주에까지 이르는 하이테크 명품에는 도달하지 못했다는 자성이 있었던 것이다. 삼성이 스스로 부족해하고 아쉬워하는 것은 단순히 외형이나 기계적인 기능이 아닐지 모른다. 그런 부문에서는 이제 웬만큼 자신감을 가진 듯하고, 정작 필요하다고 판단한 것은 앞서 혁신의 대명사처럼 버티다 떠나간 스티브 잡스가 그러했던 것처럼 소리 없이 감성에 호소하면서 진한 감동을 주는 감성의 하이테크, 그런 차원 높은 하이테크의 영역에 도달하는 일이었다.

호모 루덴스로 가는 길은 현대의 하이테크와 만나면서 더욱 빨라지고 다양해졌다. 지금까지 그러했듯이 앞으로도 그럴 수밖에 없다. 그러는 사이 21세기 신인류의 생활구조도 급변한다. 예를 들어, 텔레비전을 보자. 고선명 텔레비전(HDTV)의 하이테크에 눈이 부실 지경이었는데, 2012년 여름(8월 23일자) 신문에는 극선명 텔레비전(UDTV)이 선보였다. 기존 TV는 완전히 저리 가라다. 한때 바보상자라고도 했던 TV는 아직도 오락 기기인가, 아니면 집안의 정보 기기인가? 호모 루덴스란 축으로 바라본다면 뭐라 해도 TV는 전자 쪽이다. 그런데 UDTV는 한 대 가격이 무려 2,500만원이다. 웬만한 중소기업 초년 직장인의 1년 연봉을 넘어선다. 호모 루덴스가 되는 데도 비용이 들고, 이 과정에서 또 한 번 양극화의 축을 내다보게 된다.

2. 의료 서비스 시장

첨단제품 구입비용만이 아니더라도 호모 루덴스의 길이 개인들에게는 쉬운 일이 아니다. 현대사회에서 사람들은 움직였다 하면 모두 돈이 들기 때문이다. 재밋거리, 즐길 거리에 무료가 많다지만 아직 멀었다. 하이테크 시대에서 호모 루덴스로 우리가 변해가는 과정은 복지국가를 지향해온 한국에서 의료 서비스가 제공되어온 통로, 고급 의료기술이 일반에 두루 퍼져가면서 다수가 누리게 된 수혜 과정과 같아 보인다.

의료보험제도가 보편화되기 전, 병원에서 진료를 받는 것은 예삿일이 아니었다. 큰 병이든 작은 질환이든 병원을 찾는데 비용이 너무 많이 들었기 때문이다. 그래서 대다수가 필요할 때는 병원에 가기 힘들었고, 생을 마감할 때쯤에야 재산을 정리해가면서 병원을 찾게 되는 것이 그다지 오래된 과거의 일이 아니다.

직장의료보험제도가 자리를 잡아가던 1990년대 초반까지만 해도 한 사람이 평생 쓰는 의료 진료비 총액의 90%를 숨지기 전 1년 동안에 쓰고, 그 가운데 다시 90%를 사망 6개월 전에 쓴다는 통계를 본 적이 있다. 그런 의료비용을 생을 통틀어 앞당겨 효율적으로 쓴다면 훨씬 건강하게 살고 오래 살 텐데, 진료비가 부담이 되어 그러지 못하다가 마지막에 한이라도 푸는 격으로 의료비를 쏟아 붓지만 사실 제대로 치료는 못한 채 생을 마감하는 것이었다. 그것이 지금은 의료보험제도가 보편화된 덕에 고령자 가운데는 1년 365일 동안 병원 방문 횟수가 500회 하는 경우까지 나와 '의료 쇼핑'이라는 말이 나올 정도로 의료는 대중에게 널리 보급됐다.

하지만 무료로, 저가로 보급되는 재미와 감동거리는 상대적으로 등급이 떨어지는 경우가 많아 고급이냐, 그렇지 못한 저급이냐라고 단선적으로 나눈다면 고급 쪽이 아닌 경우가 훨씬 많다. 예외가 없다고 할 수는 없지만 그게 시장경제에서는 일반적인 기대치라고 보는 게 맞다. 진정한 고급문화나 수준 높은 재밌거리를 찾는다면 비용을 지불할 준비를 해야 한다. 의료 서비스가 지금처럼 보편화되기 전, 병원을 찾을 때 만만찮은 치료비가 들었던 것처럼 지금도 재미를 찾기 위해서는 어느 정도 비용을 감내해야 하고, 그 지불에 맞춰 호모 루덴스로서의 감동을 누릴 수 있다.

의사들의 진료 범위에는 끝이 없다

의사나 변호사는 스스로 수요를 창출하는 대표적인 직업으로 꼽힌다. 그래서 전문가이기도 하다. 시장에 자신의 서비스(의료기술, 법률 자문)를 단순히 내놓는 것이 아니라 시장을 주도한다는 의미다. 예컨대 이런 식이다. 간(肝) 전문 의사가 있다고 하자. 예전에 못 살던 시절에는 간에 문제가 생겨도 참다 참다 삶의 마지막 단계에서 있는 재산 없는 재산 다 털어 그 돈으로 의사를 찾았다. 삶의 마지막 순간에 병원에 가서 겨우 한이나 푸는 차원에서 어렵게 치료받는 식이었다.

그러나 의료보장제도가 잘 되어 있는 데다 생활수준도 나아지면서 현대인들은 간에 작은 이상이 생겨도 금방 병원을 찾게 될 정도이고, 정기검진에서도 간의 기능을 사전에 상시 점검하는 시대가 됐다. 여기까지는 다른 직업이나 비슷하다. 그러나 간 전문 의사들이 많아지면서 문제가 달라졌다. 특별히 간에 문제가 생긴 환자가 급증하는 것이 아니라면 간 전문 의사들의 수입은 줄어들 것이라는 것이 상식적인 예측이지만 그렇지만도 않은 것 같다. 수요를 만들어내는 의사들은 먼저 간이 정상적인지 진단을 해주고, 멀쩡하다고 판단이 되어도 진짜 이상이 없는지 더 정밀 진단을 해주고, 그래도 건강하다면 앞으로도 계속 건강한 상태를 유지하게끔 의료 컨설팅을 해주고, 그래도 이상이 없다면 5년, 10년 뒤에도 건강하게끔 예방 관리 차원에서 진단과 조언을 해주고, 나중에 노인이 되어서도 간 문제에 이상이 없도록 초장기 컨설팅에 선제 진료를 해준다. 물론 기능의 최대 활성화로 활력을 내게 해줄 수 있게끔 진료도 해줄 수 있으니 이 과정 하나하나가 하이테크형 의료 행위다. 지금 간 관련 질환자가 많든 적든 그것에 상관없이 많아진 의사들은 그렇게 의료 수요를 스스로 창출하는 것이다. 의사들은 값비싼 첨단 의료기기도 많이 활용해 진단하고 치료하지만 그런 장비라 해도 예측과 진단이 얼마나 정확한지 검증하고 점검하는 시스템이 없다는 것은 사회적으로 구조적인 결점이다.

22

25개 키워드로 본 호모 루덴스의 길

✗

호모 루덴스로서 인류의 특징은 앞으로 더욱 명확해질 것이다. 호모 루덴스의 영역에 속하는 각종 프로그램은 한층 다양해질 수밖에 없다. 여기에 일자리가 만들어지고, 부가가치가 생기고, 그럼으로써 경제가 발전할 것이라는 점은 앞에서 언급한 그대로다.

호모 루덴스의 영역을 더욱 강화해 나가자면 어떻게 해야 할 것인가? 어떤 프로그램으로 우리는 더 많은 재미와 감동을 창출할 것이며, 일과 놀이를 결합시켜 나갈 수 있을까? 이런 전제에서 호모 루덴스의 길을 25개 키워드가 되는 말과 함께 예측해 보고자 한다.

1) 분화

호모 루덴스로 인류가 즐기는 놀이, 감동, 감성의 영역은 계속 분화해 나갈 것이다. 예전처럼 일 년에 몇 차례 특별한 계기(명절이나 잔치, 주요 농사 관련 절기)에나 맞춰 꽹과리 치며 농악이나 울리고 탈춤 추는 것만으로, 또는 선비들의 고상한 취미로 정자 그늘 아래에서 바둑이나 두는 수준은 말 그대로 옛 이야기가 됐다. 스포츠, 여행, 전문 놀이공원, 공연, 탐험 등으로 나눠진다. 공연만 해도 영화, 텔레비전 방송, 연극, 오페라, 클래식 음악으로 나눠지고, 텔레비전 방송에는 드라마, 코미디, 개그, 토크쇼로 전문 제작 그룹이 나눠진다. 드라마도 이제는 방송국이 일일이 다 제작하기보다는 대하, 장기, 단기, 시트콤으로 전문화된 제작사에서 특화된 능력으로 제작될 정도로 세분류되고, 각각의 전문 제작자들은 이름을 내건 대로 특화해 나갈 것이다.

이런 분류 방법은 스포츠의 세계에서도 그대로 적용된다. 도서관에 가면 수많은 책들이 듀이 십진법 분류에 따라 크고 작은 카테고리로 체계적으로 정밀하게 분류되는 것과 같다. 그렇게 재미 산업, 감동 사업은 세분류되고 특화되면서 발전해 나갈 것이다. 그럼으로써 입맛이 까다로운 현대의 수준 높은 호모 루덴스의 기호에 맞춰 나가게끔 되어 있다. 이런 흐름을 성공적으로 타게 되면 소위 말하는 '대박'이 터진다.

2) 비용

노는 것은 돈이다. 재미는 철저하게 비용의 대가로 제공될 수밖에 없다. 그렇게 가는 것이 산업화이고, 제3의 물결이 우리에게 적용되는 과정과 같다. 싸고 보편적, 대중적인 프로그램이 제공되는가 하면, 비싸고 소수를 위한 고급 서비스가 나란히 시장에서 제공될 것이다. 공급자들이 전문화되고 특화될수록 수용자는 비용을 지출해야 접근할 수 있게 된다. 그렇게 지갑을 열 준비가 되어 있는 호모 루덴스들이 많아지면 관련 산업은 자연히 성장하게 된다.

수요와 공급이 서로 맞물린 채 끌어주고 지원해주면서 산업으로 키워나가는 모습을 우리는 이미 볼 수 있다. 호모 루덴스 지수로 개별 수용자와 수용자 그룹의 수준도 판가름할 수 있다. 물론 비용이 관건이겠지만, 비용을 지불할 준비가 안됐다 해서 재미와 감동을 누릴 수 없는 것은 아니다. 사회의 공적보험처럼 어떻게든 기본은 제공될 것이다. 그것은 한 사회의 최소한 수준이다. 의료와 최저생활을 보험이라는 형식으로 제도적으로 보장해주듯이 최소한의 재미와 감동거리를 정부 차원에서 제공은 할 것이다. 문화체육관광부처럼 정부기관도 이 점에 크게 신경을 쓸 수밖에 없게 된다.

3) 가속도

인류사회의 호모 루덴스화 속도는 산업혁명과 정보화 혁명

이후 급속도로 빨라졌다고 봐야 한다. 최근으로 올수록 속도는 더 빨라졌다는 얘기다. 이제까지 걸어온 역사가 그러했다면 앞으로 이 부분에서 진행 속도는 한층 빨라질 수밖에 없다. 자본의 생리가 그러하다. 또 산업으로 자리를 굳히게 되면 자연히 그렇게 된다. '돈 되는 쪽'에 인재가 몰리고, 자본이 집중되면서 그 자체로 엄청난 속도를 내게 된다. 새 제품이 나올 때마다 신모델을 사야만 한다는 젊은이들이나, 과거 20대 때나 누리고 즐길 만한 전자, 인터넷 기반의 오락문화를 이제는 10대들도 얼마든지 즐기는 것을 보면 '속도전'의 시대에 우리는 살고 있다고 여기게 된다.

4) 하이테크화

정보기술(IT)은 모든 것을 전자화한다. 축적되는 정보의 양이 많고, 반영하는 변수도 많아진다. 재미의 가짓수, 감동의 수준이 규격화되고 분류되면서 레벨화 된다. 수준에 맞는 재밋거리가 불특정 다수에게 제공된다. 소비자, 수혜자는 자기 수준에 맞게 골라서 즐기면 된다. 각자 지불할 수 있는 경제력만큼 부담하면 된다.

단순히 게임회사 블리자드가 만드는 스타크래프트 게임의 새 버전이 나오는 날에 세계 곳곳의 도심 거리에서 밤을 새우며 열광하는 현상에만 주목해서 하는 말이 아니다. 다른 놀이거리에서도 하이테크 기술이 적용되면서 재미는 배가 된다. 박태환과 쏜양이 선두를 다투는 수영장의 역동적인 고선명 화면과 0.001초 차이까지 잡아내 선두를 판가름해주는 경마장의 결승 라인의 순간사진을 보자. 현대의 IT 기술은 말 그대로 찰나를 정확하게 잡아내고, 이런 기술은 기존의 게임에 흥미를 더욱 돋우게끔 해준다.

5) 전문화

적어도 상품으로 시장에 제공되는 재밋거리, 감동거리는 더욱 전문화될 것이다. 지갑을 쥐고 있는 다수의 웃음보를 터지게 하고, 눈물샘을 자극하고, 가슴을 감동시킬 수많은 스토리가 만들어지고, 그를 위한 툴(수단, 도구)이 나오고 있다. 시원찮게 만들거나 대충해서 선보이면 바로 '촌스럽다' '재미없다'는 말 한마디로 끝장난다.

호모 루덴스에서 전문화가 곧 한 사회, 한 국가의 문화 수준이 된다. 동시에 산업의 고도화 정도를 재는 잣대가 되기도 한다. 전문화라는 것이 굳이 정통 클래식 음악이라든가 정통 연극, 발레일 필요는 없다. 가수 싸이의 공연처럼 뭇 대중들의 혼을 쏙 빼놓으면 된다. 말춤 하나로 싸이는 전 세계를 휩쓸었다. K팝의 소녀 아이돌들도 외모, 노래, 춤, 배경 등에서 전문화에 성공함에 따라 글로벌 스타로 성장했고, 이런 재미는 즉시 경제적 성취(돈)로 이어졌다.

6) 국제화

재미의 기준은 국제적으로 통용되고 있다. 감동도 이미 비슷한 바탕에서 나온다. 이 점에서 세계는 정서적으로 하나의 공동체, 지구촌이 됐다. 문화의 균질화라 해도 좋겠다. 1970-80년대 학창시절을 보낸 세대들은 미국과 영국의 대중가요를 '팝송(pop song)'이라며 숱하게도 들었다. 국내에서 유행한 가요 중에서도 이렇게 번역, 번안되어 나온 것들이 적잖았다. 경제적 선진강국이 문화적으로도 세계 표준을 앞서 만들었던 것이다.

할리우드 영화는 그런 문화의 또 다른 상징이었다. 미국식 재미 산업인 영화가 세계를 리드했고, 미국의 드라마가 한국 TV의 황금시간대를 장악하기도 했다. 이게 지나치게 확산되자 긴장한 각국은 장벽을 만들었다. 스크린 쿼터라 해서 국내 영화관에서 미국 영화의 상영 일수를 강제로 규제해 적용하기도 했고, 일본 가요나 방송물은 안 된다며 아예 문화의 빗장도 내걸었다.

그러나 이제 더 이상 이런 인위적인 장벽을 만드는 것이 어렵게 됐다. 세계무역기구(WTO) 체제에서는 모든 상품에 대해, 문화 서비스 상품이라도 대외적으로 문을 열어야 한다. 다른 한 축에서는 자유무역협정(FTA) 같은 쌍무적 협정이 있어 또 다른 레벨에서 시장의 문을 열어야 한다. 같은 음식 – 우유·맥도날드·베이컨 등 – 을 먹고, 같은 유형의 IT 기반 생활 가전품 – 삼성의 갤럭시 휴대폰과 태블릿 PC, 애플의 아이폰과 아이패드 – 를 세계인이 함께 쓴다. 이러니 재미의 균질화, 감성의 표준화가 국제적으로 진행되는 것이다. 한국인들이 팝송을 듣고, 미국의 방송 드라마(미드)를 즐기듯이 파리에서, 터키에서 한국의 대중가요인 K팝에 열광하고, 정확한 가사내용도 모른 채 영국에서 제일 먼저 싸이가 인기가요 1위를 차지했다.

7) 집단화

  홀로 즐기는 재밋거리가 없지는 않지만 집단으로 즐기는 것들이 더 많아진다. 온갖 것을 대상으로 동호인 그룹이 자발적으로 생기고, 상품으로도 만들어져 제공된다. 여행상품이 대표적이다. 집단으로 즐기는 재미는 비용 단가를 떨어뜨려 가격을 더욱 낮춘다. 더 싼 비용으로 더 많은 다수가 호모 루덴스의 길로 들어서게끔 해준다.

  소비자 스스로도 집단으로 몰려다니길 선호하는 경우도 적지 않다. 프로 축구, 프로 야구의 동호인 팬클럽이 생기고, 연예인 팬클럽은 연예산업에 필수적인 요인으로 고려되는 시대다. 집단적인 호모 루덴스는 인간이 사회적 동물이라는 점을 재확인시켜 준다. 인터넷의 보편화에 따라 온라인을 기반으로 하는 게임이 앱 형태로 잇달아 선보이는데, 이렇듯 재밋거리의 발전은 집단으로 즐길 거리를 더욱 늘려준다.

8) 네트워크화

혼자 놀 것인가, 집단으로 놀 것인가? 나 홀로 재미 찾기가 더 흥미로울까, 여럿이 더불어서 재미를 추구하는 것이 더 효율적일까? 집단화 되는 호모 루덴스들은 집단으로 묶고 묶이는 과정에서 네트워크로 서로가 서로를 엮는다. 종으로 횡으로 얽히게 되면서 현대인들은 재미와 감동을 찾아서 수많은 연결고리에 스스로를 묶어 넣는다. 카카오톡을 기반으로 한 스마트폰의 무료 게임 에니팡은 선보인 지 40여일 만에 1천만 명 이상이 다운을 받아 즐기는 국민 프로그램이 됐다. 여러 가지 요인이 있겠지만 네트워크를 기반으로 했다는 사실이 주요한 성공 요인이었던 것 같다. 네트워크에는 지리적, 연령적으로, 그리고 남녀 간 성을 구별 짓는 한계도 없어 보인다.

때로는 이렇게 연결된 네트워크가 정치적 영향력을 발휘하기도 하고, 경제적으로 큰 목소리를 낸다는 점도 주목해볼 만하다. 재미에서 시작한 것이 감동을 넘어 정치적 파워가 되고, 경제적으로도 세력이 된다면 호모 루덴스를 단순히 놀이만 하는 인간이라고 볼 수 있을까? 호모 폴리티쿠스(정치하는 인간), 호모 에코노미쿠스(경제적 인간)와 결부되는 미래의 인류가 될 수 있다. 에릭 슈미트 구글 CEO가 2012년 9월 한국에 와서 연세대에서 특별강연을 한 적이 있는데, 당시 그는 현대사회의 주요한 특징을 연결(connected), 네트워크화라고 지적했었다.

9) 유비쿼터스화

제2차 세계대전 후 영국 노동당은 베버리지 보고서를 통해 '요람에서 무덤까지(from the cradle to the grave)'라는 슬로건을 꺼내 들었다. 물론 전면적인 복지에 대한 의지를 그렇게 담은 것이었다. 호모 루덴스를 충족시켜주는 지금의 모든 프로그램이 그렇다. 모든 곳에서 언제나 가동된다. 유비쿼터스 수단이 있으니 호모 루덴스의 모습이다.

월요일 이른 아침 도시의 출근길 지하철 안, 승객들의 손에 들린 스마트폰에서부터 주말 가정의 거실과 안방 스마트 TV에 이르기까지 하이테크에 기반한 '재미기기'가 일상에 스며든 것을 보면 침투는 사실상 전면적이다. 놀잇거리, 흥밋거리는 언제나 있고, 어디에나 있다. 하이테크 기술은 이런 기류에 더욱 탄력성을 불어넣어 줬다. 이게 지겨워서 현대인들은 유비쿼터스가 되지 않는 곳으로 도망을 가고 피신을 간다. 슬로 시티가 그렇게 나왔고, 템플 스테이도 그런 차원에서 나왔다.

어느 때부터인가 휴대폰의 전파가 닿지 않는 곳이 오히려 주목을 받게 됐다. 아마 와이파이나 LTE가 터지지 않는 곳이 무공해 청정구역처럼 도시민들에게 다시 어필할지 모르겠다. 재미없는 지역, 재밋거리에서 완전히 해방되는 지역이 가장 값비싼 호모 루덴스의 안식처로 부각될 날도 멀지 않은 것 같다.

인터넷 기반의 놀이가 아니더라도 멀티플렉스 영화관에 가면 이른 아침부터 심야까지 여러 편의 영화가 상영 중이다.

IPTV로 들어가면 채널은 몇 백 개씩 24시간 방송된다. 그 중에서 내가 가장 좋아하는 것, 보고 싶은 것을 골라보면 된다. 볼거리 가운데 최근에 놓친 것, 예전의 명작 가운데 볼 만한 것을 언제든지 찾아서 보면 된다. 이렇게 언제든지 내 주변에 있다.

10) 영역 파괴, 경계 붕괴

전통적으로 보면 놀이와 교육은 서로 많이 다른 분야였다. 재미를 찾는 것과 공부하고 학습하는 것 또한 성격이 다른 영역이었다. 흥미의 영역은 '힘들지만 연구한다'는 작업과 나란히 있던 분야라고 보기 어려운 속성을 가지고 있었다.

그런데 이제는 놀이와 교육이, 재미와 학습이, 흥미와 공부가 융합하게 된다. 이미 시작된 트렌드일 수 있다. 아이들을 상대로 하는 학습업체가 어린이들의 사교육 시장에 적용하는 기술과 제품을 보면 이런 경향은 확실히 보인다. 굳이 따져보자면 영역의 파괴라기보다는 영역 간 경계를 허무는 것, 영역 융합이 더 맞는 것 같다. 재미가 교육에 결합되고, 감동이 건강에 결부된다. 놀이와 감성이 붙지 않는 곳이 없게 된다.

서울 강남 지역에 대거 몰려 있는 한국 최고 수준의 성형외과와 피부과에 중국인 의료 쇼핑객들이 몰려드는 상황을 보면 의료 부문만이 아니라 교육, 신기술 연구 등의 종사자들도 이젠 호모 루덴스로서 현대인들을 이해해야 자기 분야에서도 제대로 성과를 낼 수 있을 것이다.

일터에서도 놀이공간의 중요성은 갈수록 커진다. 구글의 미국 본사 사례나 한국의 NHN 같은 곳은 이미 그런 개념 하에 근무환경이 꾸며져 있다. 앞서가는 기업들의 이런 사례가 생산성 증대로 이어진다는 실증적인 연구결과가 나옴에 따라 많은 기업들이 이런 트렌드를 따라 하고 있다.

학교도 재미있어야 하고, 기업 역시 재밋거리가 많아야 한다. 미래에는 학교가 감성과 감동의 공간이어야 하듯이 기업의 사무실과 생산 라인에도 어떤 식으로든 감동거리를 반영시켜 생산성을 높이려 할 것이다. 감각으로 치면 시각과 청각이 함께 즐거운 것(共感覺)이 더 주목받게 될 것이다. 감각의 강도로 보면 더 강한 것이 더 주목받을 수밖에 없다.

11) 진화와 보전

앞날은 예측 불허다. 산업으로 발전하기 시작한 놀이의 영역이 어디까지, 어떤 모습으로 변할지 알 수 없다. 이를 일단 진화라고 해두자. 인재가 몰리고, 자본이 몰리면 더욱 발전하게 되어 있다.

진화라는 축과 더불어 옛날 방식의 놀이를 보전하고 원형 그대로 가꾸려는 노력도 분명히 병행된다. 인간문화재라며, 무형의 세계문화유산이라면서 이미 국가도 놀이문화를 보존하고, 국제적으로도 전통의 놀이거리를 보존한다. 이때 보전은 가급적 옛 모습 그대로다. 세계 각지에서 이렇게 구식, 구닥다리 놀이 프로그램을 원형 그대로 보존하고, 심지어 사라진 것까지 복원하려는 노력은 더욱 활발하게 이어질 것이다. 정부가 예산에서 지원해 원형을 유지하고, 유네스코(UNESCO)와 같은 국제적 기구도 이런 노력에 더 힘껏 동참하게 된다. 이 보존에 멀쩡한 현대인들도 동참할 것이다.

그러면서 다른 한편으로는 진화한다. 옛 것을 현대적 감각으로 응용해 발전시키고 새로 만들게 된다. 더 재미있게, 현대의 실정에 맞게, 현대적 감각을 살리는 쪽으로 진화한다. 진화의 방식은 어디에서나 많이 보게 된다. 궁극적으로 어디까지 진화해갈지는 예측을 허용하지 않는다. 국악 같은 분야가 그렇다. 이 현란한 변화에 어지러움을 느끼지 않고 능동적으로 볼 수만 있다면, 이렇게 변하는 모습을 가만히 지켜보는 것도 또 하나의 재밋거리다.

12) 축제의 일상화

근대 이전에는 아무 때나 놀 수 없었다. 의·식·주 생산활동에 급급해 호모 루덴스의 유비쿼터스는 고사하고 일 년 중 놀 때는 매우 제한적이었다. 일종의 축제가 벌어질 때에나 재미를 찾으며 놀 수 있었다. 결혼, 추수기, 명절, 국가적 기념일 정도였을까.

그러나 이제 축제는 일상화되어 간다. 너무나 많은 축제가 너무나도 많은 곳에서 매우 다양한 형태로 진행된다. 나라 밖으로 한 번 고개라도 돌려보면 사방이 축제다. 스포츠도 사계절 내내 열린다. 영화제도 곳곳에서 연중 내내 진행되고, 연극도 그렇다. 게임 축제도 있고, 문학 축제도 있다. 특별한 축제가 없으면 지방자치단체까지 시민단합대회, 군민축제라도 연다.

개별 축제가 그 자체로 발전해 나가기도 하지만, 기존의 산업을 키우면서 전문적으로 새로운 축제를 만드는 것 가운데 하나가 현대의 이벤트 산업이다. 서울 강남의 코엑스, 경기도 고양시의 킨텍스는 그런 축제에 불편함이 없게 해주고 분위기도 살려주는 최상의 공간이다. 미국 라스베이거스의 CES(가전 쇼)라든가, 유럽의 정보통신 박람회 세빗(CEBIT)은 더 큰 축제다.

MICE 산업(Meeting · Incentives · Convention · Events and Exhibition)도 있다. 축제가 일상화되면서 장소를 마련하고 행사를 기획하는 사업인데, 이것만으로도 굉장히 중요한 산업이 됐다. 이런 산업은 규모가 커지고 있고, 앞으로 더욱 발전할 것이다. MICE는 회의(Meeting), 포상 관광(Incentives), 컨벤션(Convention), 이벤트와 전시(Events & Exhibition)의 머리글자를 딴 것으로 국제회의를 지칭하는 '컨벤션'이 회의, 포상 관광, 각종 전시 · 박람회 등 복합적인 산업과 결부되면서 새로 생겨난 개념이다. '비즈니스 관광(BT)'이라고도 한다.

13) 놀이회사 성업, 직업으로서의 놀이꾼

MICE 산업이 발전하듯이 소프트웨어를 채우는 놀이회사가 성업할 것이고, 직업으로서 프로 놀이꾼은 더욱 뜨는 직업이 될 것 같다. 연예인들의 활동이 대표적인 사례다. 인기 높은 스타급 연예인들은 여러 명의 보조 스탭을 직원으로 거느리며 움직이는 하나의 기업이다. 운동선수들도 새삼 거론할 게 못될 정도여서 골프 황제 타이거 우즈 같은 경우는 그에게 '세계 최고 선수'라고 스스로 각인하게끔 유도해주고 심리를 안정시키는 전속 심리 컨설턴트까지 붙는 마당이다.

기업으로 치면 YG엔터테인먼트, SM엔터테인먼트, JYP엔터테인먼트 같은 곳은 이미 웬만한 제조업체 저리가라다. 재미 제작기업, 감성자극 전문회사로서 이들의 약진과정과 발전 모습을 자세히 봐둘 필요가 있다. 호모 루덴스의 영역에서 앞서가는 선구자 격이다.

14) 인식 변화

오래지 않아 놀이하는 인간인 호모 루덴스 몰두형 인간이 제대로 대접받는 세상이 될 것이다. 얼마 전까지만 해도 충무로(한국의 영화가)에서 근무한다 하면 멀쩡한 젊은이도 결혼하기가 쉽지 않았다. 놀이나 감성이라고 하면 우스갯소리를 하는 광대나 관청 행사에 동원되는 소리꾼과 흥을 돋우는 기생 정도 밖에 떠올리지 못했던 시대가 그리 멀지 않은 과거였다. 그런데 확 달라졌다. 사람을 보는 눈, 직업을 보는 시선, 관련 기업을 보는 인식이 달라졌다. 인식이 바뀐 것은 자라나는 새 세대에게서 더욱 분명하게 확인할 수 있다.

15) 공감각화

'분수처럼 흩어지는 푸른 종소리'(김광균의 시 〈외인촌〉에서).
우리가 고등학교 때 배운 모더니즘 시의 한 부분이다. 공감각
(共感覺)적 표현이라고 배운 기억이 난다. '푸른'은 시각적 표현
이고, '종소리'는 청각적 표현이다. 이 시를 두고 '분수처럼 흩
어지는' 대목은 보조관념, '푸른 종소리'는 원관념이라고도 배
웠다. 호모 루덴스의 미래 방향이 그렇게 된다. 재미의 단일화
가 아니라, 감동의 단순화가 아니라 이렇게 복합적으로 발전해
나가고 있다.

가령 특색 있는 맛집 식당에서 독특하고 고유한 맛(미각)이
있고, 공연(청각)이 가미되고, 여기에 배경 스토리(지적 탐험)까
지 깔려 있는 집으로 호모 루덴스들이 달려가는 것이다. 여행
(시각, 지적 탐험)에 레저와 휴식이 함께 결합되는 프로그램이 더
선호되는 것과 같다. 공급자들은 그런 식으로 기획을 해서 수요
자(수용자)에게 잘 포장된 서비스를 내놓는다. 문학에서의 공감
각화처럼 문화나 호모 루덴스형 상품에서도 복합형 재미가 더
욱 각광받게 되는 것이다.

16) 동시화

2012년 가수 싸이의 글로벌 돌풍은 이변이었다. 별다른 대가

도 없이 유튜브에 올려놓은 동영상이 순식간에 폭발 지경이었다. 불과 몇 개월이 안 되어 조회수는 '5억대'로 늘었다. 한국에서만의 인기는 물론 아니었다. 세계의 대중문화를 주도하는 뉴욕의 방송에 싸이가 출연하고, 유튜브 상의 조회는 말 그대로 국적불문이었다.

소녀 아이돌 스타 차원을 뛰어넘는 가수 싸이에 대한 분석만 해도 끝이 없겠지만 '싸이 현상'에서 먼저 주목되는 것 중 하나는 재미와 감동의 국제화 트렌드에서 세계의 네티즌들은 같은 정서로, 동시에 재미를 느끼고, 함께 감동을 분출했다. 시차가 없다. 애플과 삼성이 아이폰과 갤럭시 시리즈를 세계 시장을 하나로 보고 동시에 출시하면서 시장을 일시에 파고 들어가는 것과 같은 현상이 문화, 예술, 여가에서도 빚어지고 있다. 현대의 호모 루덴스들은 동시에 접하고, 같은 시간에 몰두하고, 함께 환호하면서 동시화의 물결을 타고 있다. 새 유행, 새 제품에서 잠시라도 뒤처지면 열등해진다는 인식이 신세대에겐 보편화되는 시대다.

17) 소유, 비소유, 무소유 논란

소유인가, 즐김 그 자체인가? 인간은 놀이에서 주체적인가, 소외되는가? 문화와 예술을 놓고 호모 루덴스의 길에서 우리는 이렇게 현학적이고 철학적인 얘기도 많이 듣게 될 것이다.

산업화가 급속히 진행되던 때, 많은 지식인들이 '소외' 문제를 들고 나왔다. 기술이 인간을 소외시킨다고 규정했고, 자본이 인간사회를 소외시키며 황폐화한다는 주장들이 줄기차게 이어졌다. 좌파 학자들은 이를 학문 연구의 큰 줄기로 잡았다. 카를 마르크스의 공산주의론, 유물론, 소외론이 그런 것이었고, 수많은 아류가 그런 인식에서 이어졌다. 산업화로 인간의 평균치 삶은 나아졌는데 그 그늘을 집중적으로 본 것이었고, 불균형에 더 큰 비중을 뒀던 것이었다. 그런 논쟁은 지금까지도 이어진다.

호모 루덴스의 세상이 되는 과정에서 또 한 번 이런 논란이 벌어질지 모른다. 그 논란이 얼마나 클지는 예상하기 쉽지 않다. 그러나 홍역처럼 한번은 거칠 것이다. 그런 과정에서 말 그대로 문화대혁명이라도 일어날까? 그럼으로써 호모 루덴스는 퇴보할까, 아니면 그런 논란을 딛고 또 한 번 진화하고 발전할까? 아직은 속단하기 어렵다. 그 물결에 모든 배가 좌초되지는 않겠지만 풍랑을 이겨내지 못하는 배도 나올 수 있을 것이다.

18) 웃음 산업

호모 루덴스의 길로 인도하는 재미와 감동의 핵심은 '웃음'이다. TV를 중심으로 하는 엔터테인먼트 산업의 핵심은 한 마디로 웃음거리를 만드는 것이라 해도 지나친 말이 아니다. 저절로 나오는 소탈한 웃음도 좋고, 하는 모양새가 시원찮아 나오는 쓴 웃음도 상관없다. 배꼽을 잡게 하는 폭소라면 더욱 좋겠고, 한참 생각을 해본 뒤에야 나올 수 있을 정도로 머리를 쓰게 하는 웃음도 좋다.

20대 안팎의 젊은 세대들 사이에서 '개그콘서트'와 '1박2일' (KBS2), '무한도전'(MBC)과 같은 방송 프로그램의 치솟는 인기를 보면 웃음거리를 만들어내는 것, 웃음 산업이 얼마나 부가가치가 높은 호모 루덴스의 비즈니스인지 잘 확인할 수 있다. 재미와 감동에서 가장 손쉬운 길이 웃음거리의 생산이라는 얘기인데, 바로 여기에서 엄청난 부가 창출될 수 있다. 2012년 한국 문화산업에서의 충격파 가수 싸이의 돌풍에도 우스꽝스럽기조차 한 말춤을 바라보면 저절로 나오는 웃음이 핵심 요소다.

19) 세대 초월

현대의 호모 루덴스들은 너무 조숙해져서 초등학생부터 시작해 10대들도 웃음 산업에 당당한 주요 소비층으로 자리 잡고 있다. 20대, 30대와 더불어 할아버지뻘인 60대, 70대가 '개그콘서트'를 보면서 함께 웃는다. 호모 루덴스의 길에는 나이도 세대도 문제가 되지 않는다는 얘기가 된다. 얼마나 우습고, 그래서 얼마나 더 재미있고, 얼마만큼 더 감동적인지가 승패의 관건이고, 수준을 좌우한다.

이렇듯 나이는 정말로 중요한 문제가 안 된다는 것과 관련해 일부 기성세대 사이에 화제가 된 것 가운데 '0.7의 법칙' 비슷한 게 있다. 영양 상태가 좋아지고 발달한 의료기술이 보편석으로 보급되면서 대부분이 과거에 비해 훨씬 젊게 살아가는데, 정신적으로 젊게 생활하려면 실제 나이에 0.7을 곱해 그 나이만큼으로 살아가라는 것이다. 예컨대 나이가 쉰이라지만 흰머리를 염색하거나 대머리엔 가발만 하나 쓰고, 필요하다면 여기에다 추가로 얼굴에 보톡스 주사 몇 대만 맞으면 외모는 완전히 젊어진다. 그러니 50x0.7=35살로 살아가고, 마흔 살이면 40x0.7=28세라고 여기며 살아가면 된다는 것이다. 현대의 활발한 호모 루덴스들에게 연령은 말 그대로 숫자 이상의 의미를 갖지 못하는 것 같다.

20) 예측 불허

미래의 흐름을 분석해보고 전망도 시도하지만 호모 루덴스의 장기적 트렌드를 정확하게 예측하기는 어렵다고 인정하지 않을 수 없다. 웃음산업이 이렇게 커지고 슬픔도 웃음처럼 산업이 되는 마당인 데다, 여학생과 아줌마들의 병영체험처럼 그간 모두가 피해온 고통도 적당한 가공을 통해 판매되는 상황이 될 줄 그 누가 예상을 했던가.

재미의 범위와 감동의 영역이 너무 광범위하게 퍼지고, 호모 루덴스들의 감성 자극 방식도 이전과 달라도 많이 달라졌다. 모든 방식이 가능해지니 예측에 너무 과도한 공을 기울이지 말고, 나타나는 현상을 담담하게 보는 것도 때로는 지혜다. '이럴 수가!' '이렇게 변할 수도 있나!'라며 감탄사를 많이 내는 것은 종종 '나의 상상력은 이처럼 빈곤합니다' '나의 미래 예측 능력은 이렇게 부실합니다'라고 인정하는 것과 같다. 그러니 차라리 단선적인 예측을 유보하고 정확하지 못할 전망은 보류하면서 지금 진행되고 있는 현재의 트렌드라도 확실하게 보고 제대로 받아들이자.

21) 광장

혼자서 놀다가 더 재미있게, 더 화끈하게 놀기 위해 호모 루덴스들은 광장으로 몰려나간다. 인터넷의 거대한 가상공간에서 일상적으로 잘 놀다가도 제대로 감동을 누리고 싶은 때는 거리로, 광장으로 몰려나간다. 2002년 월드컵 때, 붉은악마들이 광장을 장악하면서 무한대의 끼를 발휘하고 그 열광의 도가니에 중늙은이들까지 끌어들여 모두가 함성을 지른 것에 한국인들은 모두 뿌듯해하면서 자랑스럽고 유쾌한 기억으로 간직하고 있다.

그로부터 10년 뒤인 2012년, 서울시청 앞 광장의 싸이 공연은 또 어떤가? 꼭 하루 전날 싸이와 서울시가 상호 합의하에 다음날 밤에 공연을 하겠다고 발표하자 단 하루만에 8만 명 이상이 서울광장을 가득 메웠다. 광장 주변에는 도로까지 말춤을 직접 추러 나온 인파들이 장악했다. 발표한 지 꼭 하루 만에, 그것도 뉴스로만 가볍게 전해진 가운데 도심 광장을 장악한 것은 무엇을 의미할까?

진짜 흥미, 진한 감동을 위해 현대의 호모 루덴스들은 그 옛

날 원시 때 공동의 공간에 몰렸던 것처럼 다시 광장으로 향하는 것이다. 그렇게 폭발적으로 모인 인파들과 함께 그 날 밤 싸이는 '강남 스타일'이 아니라 '노는 스타일'의 진수를 보여주면서 군중과 함께 놀았다. 서울 강남 영동대로에서의 노상 공연이나 가을철 서늘한 밤 한강 변의 불꽃놀이로 인파가 몰리는 것도 '가자 광장으로!'의 연장 현상이다.

22) 상상력

조앤 롤링이라는 영국 여성이 있다. 젊어서 그녀는 경제적으로 큰 여유도 없었고, 그다지 행복한 삶을 살지 못했다고 한다. 엑세터 대학에서 프랑스 문학을 공부했고, 대학원에서는 고전을 공부한 인문학도였다. 그녀는 재미없던 일상에서 벗어나려 상상의 나래를 펴곤 했다. 아무 것도 실제로는 없는 재미있는 이야깃거리를 구상했고, 이야기로 발전시켰다. 그래서 나온 상상력의 산물이 세계 어린이들 대부분에게 몇 권씩 안긴 '해리 포터 시리즈'였다.

소설로 재미있는 이야기가 제시되자 곧바로 영화 자본이 따라붙어 영화로 만들어졌다. 1탄, 2탄… 시리즈로 이어졌고, 연속해서 대박이 터졌다. 지금도 할리우드 영화계에서 손이 큰 제작자나 유명한 영화감독이 공개적인 장소에 한번 뜨면 많은 시나리오 작가들이 따라붙곤 한다. "어쩌면 이렇게 재미있는 내 얘기를 영화로 한번 만들어 주실 거냐" 하는 바람에서 자기 얘기를 프레젠테이션 하는데 한번 채택되면 대박이 터지는 것이다.

상상력은 혼자서 발휘할 수도 있지만 더 재미있는 이야깃거리, 더 흥미로운 소재를 찾자면 집단으로 함께 '컨텐츠'를 만드는 것도 나쁘지 않다. 미국 TV의 인기 시리즈 '프리즌 브레이크'의 스토리 구성은 수십 명 이상의 작가들이 모여서 만들었는데 그 중에는 감옥이나 보안 전문가도 있고, 병원의 치료와 마취에 일가견이 있는 사람도 들어 있다고 한다. 한국의 TV 드라마에 작가들이 함께 나서는 사례가 나오기 시작한 것도 집단으로 협력해 상상력을 발휘하는 미국의 트렌드에서 영향을 받은 것으로 보인다.

1980년대에 이미 대중작가로 인기를 누린 시드니 셸던이라는 작가가 있었다. 지금 40대 중후반 가운데는 영화로 더 유명한 〈시간의 모래밭〉〈깊은 밤, 깊은 곳에〉와 같은 셸던의 소설을 기억하는 이들이 적지 않을 것이다. 정말로 재미있는 소설이었다. 셸던이 큰 줄기로 이야기를 구성하면 '작은 작가'들이 여러 명 달라붙어 중간 중간 더 재미있는 스토리로 협업해 만들었기에 가능했다. '이쯤에서 여주인공을 죽일까' '여기서 죽인공이 또 한번 더 위기를 맞게 할까' '무대를 어디로 옮길까' 하면서 스토리를 더욱 재미있게 연구하는 것이다. 서로 협조하면서 상상력을 발휘해 재미를 배가시킨 것이다.

23) 격차

재미의 제공자, 감동의 생산자라 해도 모두가 같은 선상에 설수 없는 시대가 됐다. 한번 벌어지기 시작한 격차는 앞으로 더욱 커질 것이다. 가장 국제화되고 가장 개방된 축구 선수의 경우만 봐도 이미 국제무대에서 뛰는 일류와 좁은 국내 시장에서 노는 선수의 몸값 격차는 몇 십 배를 넘어 몇 백 배로 벌어지고 있다. 국내 선수라 해도 박지성, 김연아, 박태환 등과 다른 선수의 벌이는 천양지차로 벌어진다. 가수도 국제적 스타가 된 싸이와 그렇지 못한 가수의 값은 비교할 수가 없을 지경이다. 엔터테이너 라고 해도 같은 연예인이 아닌 것이다. 모든 영역에서 그렇게 양극화로 차별화 되게 되어 있다. K팝이란 이름 아래 활동하는 가수라 할지라도 좁은 한국 내에서 움직이는 보통 가수와 세계시장을 뛰어나가 성공하는 세계 가수의 수입 격차는 10배를 넘어, 100배, 1000배로 벌어질 수 있다. 스포츠, 영화, 소설 등 모든 영역에서 그렇게 된다. 젊은 세대들은 재석느님(유재석), 연아느님(김연아), 지성느님(박지성) 하면서 하느님 수준과 같이 우상처럼 올려놓고 본다고 하는 데 이런 인기는 수입과 직결된다. 출연료부터 그렇거니와 광고 홍보의 영역이 격차를 한 층 벌일 것이다. 호모 루덴스의 영역에서 활동하는 리더들 사이에도 완전히 등급이 나뉘어지고, 이런 분류는 매우 자연스러운 일로 받아들여질 것이다.

24) 망가지기

현대의 호모 루덴스들은 스스로 망가지는 과정에서 즐거움을 찾고, 남과 다른 모습을 찾으면서 차별화를 꾀한다. 단순하게 보면 청바지를 일부러 찢어 입고, 엉뚱한 머리 염색을 하면서 자기만의 컬러를 찾는다. 개성을 찾아 나서는 여정이라고 봐도 좋겠다. 이렇게 개성을 찾게끔 도와주는 비즈니스는 호모 루덴스의 또 다른 영역으로 성장할 것이다. 진흙바탕에서 마구 뒹굴고(보령 머드 축제에 참가해 온 몸에 흙을 바르면서 즐거워하는 국내외 젊은이들을 보라), 거리 가득 채운 토마토를 서로에게 던지며 엉망으로 망가지고(스페인 등지의 특정 지역 축제에 세계인들이 관심을 가지며 일부러 돈 들이고 시간 들여 찾아가는 것의 의미를 생각해 보자), 그리스의 지방 소도시 같은 곳에서는 밀가루를 서로에게 끼얹으며 미치는 축제를 열기도 한다. 파격, 탈격으로 완전히 망가지면서 재미를 찾고, 문화적 자학을 통해 카타르시스를 느끼는 것이다. TV 방송 같은 데서도 몰래카메라로 유명 연예인의 사생활을 들추며 망신을 주고, 토크쇼 같은 데서는 골탕을 먹이는 프로그램이 심심찮게 이어진다. 이렇게 의도적으로 망가지기 경향은 종종 몰래 엿보기로 이어지고, 때로는 사생활 염탐으로도 비화된다. 유명인이 아닌 보통의 호모 루덴스들도 이따금씩 멀쩡한 현대의 교양인으로서 일상을 버린 채 스스로 망가지면서 재미를 찾는다. 비단 패션에서만이 아니다.

25) 웃음+감동=재미, 재미+눈물=놀이, 놀이+고통=자극

감성을 주 영역으로 이성과 감성 지대를 오가며 재미를 찾는 호모 루덴스들의 지향점을 가벼운 식으로 나타낸 것이다. 웃음거리를 찾고 또 다른 형태의 감동거리를 찾는 것은 재미를 위해서다. 단순히 재미를 넘어 눈물이 나오는 슬픔까지도 찾는데, 이 범위를 놀이 또는 유희라고 해두자. 이것만으로 만족하지 않아 의도적으로 고통 체험까지 찾아 나서는데, 이쯤 되면 결국은 자극을 추구한다고 할 수 있다. 이렇게 본다면 호모 루덴스가 가는 길에는 끝이 없다.

2부

하이테크인들은 행복한가?

실업률이 높다는 것은 저숙련 노동력, 다시 말해 사람값이 다른 무엇보다 싼 국면이라는 의미다. 고실업이 보편화되면 중산층의 토대는 무너진다. 이렇듯 중산층이 붕괴해가면 사회는 불안해진다. 중산층 몰락이라는 기둥에서 나온 곁가지가 청년 실업, 베이비부머 노후 문제, 양극화 심화, 30~45세 샌드위치 세대의 방황과 같은 숙제들이다.

이런 현상들은 한결같이 간단치 않은 사회적 과제다. 중산층이 무너지면 사회적 불안전, 불안정만으로 끝나지 않는다. 성장 엔진이 식어가게 되고, 경제는 나쁜 여건이 실제 상황을 더욱 나쁘게 만드는 악순환에 빠져들 공산이 크다. 누가 무너지는 중산층을 복원해낼까? 정부 몫인가, 기업이 해낼 일인가? 순전히 한계 선상에 놓여 있는 개인들의 몫인가, 아니면 금융회사가 할 수 있나?

1

자유 속의 구속, 강요된 삶

✗

　"18세기 프랑스 대혁명은 인류 최고의 (발명품 같은) 사건." 우리나라의 한 전직 대통령은 기자들과 비공식 간담회 도중에 이런 취지의 말을 했었다. 그는 인간끼리 지배하고 지배당하지 않는 계급 타파 사회가 얼마나 진보된 사회인지를 강조하면서 그렇게 말했다. 그는 그 이야기를 조금 자세히 부연설명하면서 피지배형으로 구속을 당하지 않기 위해서 정치를 시작한 측면도 있다는 취지의 말을 했다.

　그럴지도 모른다. 정말로 인류의 역사, 민주화의 역사는 장대하다. 경제적 발전과 더불어 정치, 사회적 발전으로서의 민주화는 다시 돌아봐도 대단한 성과다. 아직 완전하다고 할 수는 없겠지만 정치권력에서 독점 타파, 경제적 기회의 균등화는 인류가 성취한 적지 않은 성과다.

그렇다면 과학기술의 발달은 이런 역사에서 어떤 기여를 했을까? 굳이 문명학자나 역사학자, 과학 비평가들의 체계 있는 설명이 아니더라도 하이테크의 발달은 이런 흐름을 가속화시켰을 것이라는데 이견이 나올 것 같지 않다. 그러면 하이테크 사회가 인류의 보편적 가치를 확충해 나가는데 크게 기여했다고 단순 정리해 버리는 것만으로 끝일까?

이 대목에서 자유의 확장, 절대 권력의 추방이라는 인류 역사의 진보에서 또 다른 화두를 생각해보게 된다. 예를 들어 '(일터에서) 강요된 은퇴' '(결혼하고 싶기도 한데) 강요된 미혼' '(아이를 낳고 싶은데) 강요된 무자녀'와 같은 것에서부터 시작해 '(경제적으로 여유롭고 싶은데) 강요된 빈곤' '(자유롭고 싶은데) 강요된 노동'과 같은 식이다. 우스갯소리로 들은 말이 새삼 떠오르는데, 공직에 있는 한 친구는 '강요된 청빈'이란 말을 쓰곤 했다. 자기는 그렇게까지 청빈할 의사는 없는데 '무엇을 주는 이가 없어서' 어쩔 수 없이 청빈하게 생활한다는 농담이었다.

자유는 넘쳐난다. 물질적 풍요도 그 어느 때보다 낫다. 이성 간 교제나 사회계층 간 혼인도 그 어느 때보다 걸림돌이 없다. 자녀를 키우는 과정에서 제도적 걸림돌도 유사 이래 그 어느 때보다 적다. 취업을 하고, 노동을 통한 생존 방식은 역사 이래 어느 때보다 자유롭고 제한이 없다. 노동에 대한 개인의 결정권 역시 전적으로 개개인에게 맡겨져 있다.

그런데 왜 '강요된 삶'은 곳곳에서 불거지는 것일까? 인권이 확산되고, 경제적 자유와 형평도 진전하고 있는데 왜 많은 이들이 자기 의사결정 과정에 '사회적 강요'가 끼어든다고 여길까? '강요된 은퇴, 미혼, 무자녀, 빈곤, 노동'을 보면 진정 자유는 절대권력 시대보다 늘어난 것이 아니며, 평등은 위장된 것이기라도 하단 말인가.

자유가 늘어난다고 하면서도 우리는 끊임없이 이런 질문을 던지게 된다. 개인 스스로든, 사회적으로든 그에 대한 대답을 찾는 노력을 기울여야만 한다. 이 질문 역시 하이테크 사회라는 관점에서 본다면 답이 좀 더 수월하게 나올지 모른다. 태어나서 공부하고 취업해서부터 생산 활동을 거쳐 은퇴에 이르기까지 우리의 일상은 좋든 싫든 하이테크 세상과 연결돼 있다. 하이테크의 진화는 단순하게 의식주나 질환 치료와 같은 문제, 즉 생존해 나가는 일에만 국한되는 것이 아니기 때문이다. 좀 더 고상하게 보면 자아실현, 삶의 궁극적 가치추구와 같은 문제에까지 인간사 모든 것에서 하이테크 기술은 빼놓을 수 없는 주요 변수가 되고 있다.

2

중산층의 대몰락 시대
– 아메리칸 드림은 사라지고

✗

　'각자 주어진 기회를 최대한 이용하고, 최대한 노력해 원하는 것을 성취해 나간다'는 아메리칸 드림(American Dream)은 한동안 세계인의 꿈이었다. 그것은 신대륙 미국에서 중산층 이상으로 끊임없이 도약하려는 서민, 중하류층 사회의 역동성을 나타내는 개념만이 아니었다. 오히려 전 세계에서 적용되는 생활 속의 꿈이자 희망의 메시지였다. 제3세계는 물론 후진국에서도 미국으로 건너가 악조건을 이겨내고 성공한다는 얘기였고, 안락한 중산층으로 대거 진입해가는 현대사회의 작은 신화였다.

　아메리칸 드림에는 성공과 풍요, 기회와 보람이 스며 있었고, 낙관과 희망, 꿈과 미래가 그 속에 녹아 있었다. 지금의 지구촌 중산층 눈으로 돌아보면 아메리칸 드림은 결코 거창한 것이 아닐지도 모른다. 배가 고파 냉장고 문을 열면 먹을 것이 가득 하고, 더우면 에어컨을 켜면 되는 세상, 자동차 연료와 한겨울 난방비쯤은 걱정거리도 못된다. 인터넷이 언제나 손안에 있으니 심심할 겨를도 없다. 자녀들의 교육비 문제도 사교육만 무시한다면 기본적으로는 큰 걱정은 없다. 직장이나 국가에서 책임져주는 것이 드문 일도 아니다. 언제나 어디서나 편리하고 안락하다. 이런 풍요와 편리, 여유를 값싼 비용으로 누릴 수 있다. 근래 들어 중산층이면 가능한 일이었으니 굳이 아메리칸 드림을 찾아 신대륙으로 갈 이유도 없었다. 선진국에 끼지 못해도 신흥국, 개발도상국 소리만 들어도 중산층의 범주에만 확실히 든다면 누릴 수 있는 것이 글로벌 표준이 된 아메리칸 드림이었다.

그렇게 구름 위의 딴 세상 이야기 같았던 아메리칸 드림은 '아메리칸 스탠더드'만큼이나 세계 곳곳으로 빠르게 확산됐다. 한국에서도 예외는 아니었다. 말 그대로 꿈이었던 아메리칸 드림은 너무나 빨리 세계인의 일상으로 다가온 듯했다. 중산층은 자기가 디딘 발이 구름 위인지, 탄탄한 바위인지도 모른 채 값싸게 꿈과 현재를 즐겼다.

그런 아메리칸 드림이 이제 백일몽이 되어 간다. 그 꿈의 본산 미국에서 먼저 무너져 내린다. 미국의 전형적인 중산층 가정들이 무너진다는 얘기는 2008년 글로벌 경제 위기 이후 꾸준히 전해진 외신보도였다. 아메리칸 드림이 어떻게 신기루가 되어가는지를 두고 일부 외신은 '굿바이 아메리칸 드림'이라고 했다. 부연 설명할 것도 없이 미국뿐 아니라 전 세계적으로 중산층이 무너진다는 얘기다.

통계에 따르면, 1973년 이후 미국 가계의 아랫쪽 90%의 소득이 제자리걸음을 해왔다. 그러나 최근 공식 실업률이 10%대에 육박하고, 실질적인 장기 실업자는 이보다 훨씬 높은 미국 사회를 보면 아메리칸 드림은 이제 미국인에게조차도 옛 추억을 넘어 한낮의 꿈이 돼가는 것인지 모른다.

미국의 중산층과 베이비부머 세대들은 그들의 자식들이 본인 세대보다 더 잘 살기가 어렵다는 점, 현실적으로 그렇게 돼가고 있다는 사실을 이미 깨닫고 있다고 한다. 미국의 중산층들 가운데 생활비의 양끝(수입, 지출)을 맞추는 가정이 급격히 줄어들고 있다는 보도도 많았다. 자녀들 교육비까지 감안하면 아메리칸 드림은 더욱 멀어질 수밖에 없다. 아메리칸 드림이 신기루가 된다는 것은 긴 인류 역사로 보면 짧은 시간에 달성됐고 단시일 동안 형성됐던 탄탄한 중산층의 시대가 끝나간다는 것을 의미한다.

미국의 중산층은 왜 무너지는가? 급격히 붕괴가 진행되는 일각에서는 가계 자산의 대폭락(great stagnation) 때문이라고도 하고, 금융의 하이테크 상품 모기지론(주택담보대출)에서 비롯된 2008년 미국 발 세계 경기의 급속한 침체 때문이라는 분석도 나온다. 인플레이션인지, 디플레이션인지 실은 분간도 잘 안 된다. 내로라하는 월가의 최고수들 간에도 의견이 갈린다. 그만큼 내일의 불확실성은 커져 가고, 시계도 좁아진다. 하긴 인플레이션이든, 디플레이션이든 진행되는 방향도 상관없다. 경제가 급변하는 상황에서는 중산층 이하가 더 충격을 받게끔 되어 있다. 그것 또한 현대 경제가 처하는 경제 위기의 한 속성이다.

그런 와중에 경기의 비관론자뿐만 아니라 낙관론자들도 공통적으로 지금의 고실업시대가 이른 시일 내에 좀체 끝나지 않을 것이라 예상한다. 고실업으로 구인이 구직보다 절대 우위가 돼가는 시대에 우리는 서 있다. 이런 때 중산층의 소득 향상은 기대 난망이다. 실업률이 높다는 것은 저숙련 노동력, 다시 말해 평균치 사람값이 다른 무엇보다 싼 국면이라는 의미인 까닭이다. 고실업이 보편화되면 중산층의 토대는 무너진다.

이렇듯 중산층이 붕괴해가면 사회는 불안해진다. 중산층 몰락이라는 기둥에서 나온 곁가지가 청년 실업, 베이비부머 노후 문제, 양극화 심화, 30~45세 샌드위치 세대의 방황과 같은 숙제들이다. 이런 현상들은 한결같이 간단치 않은 사회적 과제다. 중산층이 무너지면 사회적 불안전, 불안정만으로 끝나지 않는다. 성장 엔진이 식어가게 되고, 경제는 나쁜 여건이 실제 상황을 더욱 나쁘게 만드는 악순환에 빠져들 공산이 크다.

누가 무너지는 중산층을 복원해낼까? 정부 몫인가, 기업이 해낼 일인가? 순전히 한계 선상에 놓여 있는 개인들의 몫인가, 아니면 금융회사가 할 수 있나? 이제부터는 국가 간의 진짜 경쟁력도 중산층 살리기, 중산층 만들기에서 판가름이 날 것이다.

중산층 문제가 아니더라도 위기는 곳곳에 도사리고 있다. 위기의 골이 깊을수록 시장의 출렁거림도 비례해서 커진다. 자산의 급등락 현상도 여전하다. 달러화가 여전히 안전자산으로 분류되면서 가치를 유지하는 것은 부인할 수 없는 역설이다. 불확실성이 심해지면 달러에 대한 의존도는 앞으로 더 높아질 수 있다.

이런 사정에서 유럽의 재정위기를 겪으면서 EU(유럽 연합) 대표들과 국제사회의 리더들이 수시로 머리를 맞대기는 했다. 그러나 시장에는 불신이 가로막고 있다. 그리스·스페인·이탈리아·아일랜드의 위기 극복의 길은 몇 년째 끝이 없어 보인다. 이렇게 유로화는 출범 10여년 만에 위기를 맞았다. 유럽 통합의 상징이었던 유로화는 결국 퇴출될 것인가? 전문가들의 말을 들어봐도 쉽게 정리가 되지 않는다. 전망 자체가 불확실할 뿐이다. EU 각국이 다짐한 동원 가능한 '모든 수단'은 과연 어디까지일까? 유럽의 정치력은 유로존 체제를 흔드는 외부세력을 단호하게 격퇴해낼 것인가?

1. 하이테크로 반짝 성공했던 나라, 아이슬란드의 추억

사전에 의도한 것은 아니었는데도 결과적으로 좋은 결과로 이어진 일이 종종 있다. 아이슬란드의 수도 레이캬비크 방문이 그러했다. 2007년 3월, 워싱턴DC 조지타운 대학에서 연수를 하던 도중 영국으로 갈 일이 있었다. 시간은 여유로운 반면 지갑 사정이 빠듯하던 때였기에 미리부터 인터넷에서 조금이라도 싼 항공권이 없나 하고 살폈는데, 눈에 띄게 저렴한 것이 보였다. '아이슬란드 에어'였다. 런던으로 가는 비행편이었는데, 레이캬비크 경유가 싼 이유였다. 주저 없이 선택했다.

그때까지만 해도 북유럽의 손꼽히던 부국인 아이슬란드의 국적 항공사가 비행기 표를 싸게 내놓은 것은 전략이었다. 경유지 레이캬비크에서 쉬게 하면서 오로라 관광과 온천 등 북극권 특유의 풍광을 즐기게 유도하려는 미끼형 전략상품이라고나 할까.

그렇지 않아도 당시 아이슬란드는 두 가지 이유에서 개인적으로 관심이 갔던 나라였다. 무엇보다 1인당 GDP가 세계 최상위권의 부국인 나라가 어떻게 해놓고 사나 하는 것이 궁금했다. 자본 유출입의 자유도가 세계 최고 수준이어서 국가 개방도에서 늘 모범국가라고 손꼽혀온 강소국이 이 나라였다. 금융의 하이테크 기법을 앞서 받아들인 나라였고, 투명성이나 정부의 효율성 역시 최상위권인 나라였다. 그만큼 직접 가보고 싶었다.

다른 이유는 1980년대에 대한 나의 향수 때문이었다. 1986년 레이건·고르바초프가 만나 역사적인 미소 군축회담을 가진 곳이 바로 아이슬란드의 수도 레이캬비크였다. 당시 외신을 통해 전해진 미소 양국 정상의 만남은 동서화합의 상징이면서 새로운 국제질서를 여는 상징적인 사건이었다. 20대 때 〈뉴스위크〉와 〈타임〉 같은 시사지를 통해 접한 그 장면은 오랫동안 강렬한 인상으로 남았었다. 레이캬비크 미소 정상회담은 이후 베를린 장벽 붕괴로 발전됐고, 결국 냉전체제의 종언으로 이어진 현대사의 전환점이었다. 그런 〈뉴스워크〉가 하이테크 세상에 밀려 2012년 10월 종이잡지는 그만 내고 인터넷으로만 활동한다고 선언했다. 하이테크 시대에 전통의 로테크 매체가 도태되는 사례다.

북위 64도의 레이캬비크는 세계의 수도 중 최북단 도시다. 오로라 관광으로 유명한 이곳은 나무 대신 이끼류가 눈에 가득 들어오는 북극권 특유의 분위기가 공항에서부터 물씬 풍겨졌다. 인구 10만 명이 조금 넘는 레이캬비크는 한눈에 보기에도 풍요롭고 아름다워 보였다. 미술관에 면한 도심공원의 백조, 원색의 지붕이 인상적인 주택들은 난방 걱정을 하지 않아도 되는 듯했다. 식당은 깨끗했고, 택시요금까지 한국의 신용카드로 지불하는데 아무런 지장이 없었다. 금융과 경제의 개방으로 북해 어부의 후손들은 그렇게 엄청난 풍요를 누리고 있었다.

레이캬비크 방문에서 부러웠던 것은 그런 풍요였다. 하지만 그로부터 겨우 1년 반이 지난 2008년 후반기, 글로벌 금융 위기가 일거에 전 세계를 강타하면서 진원지인 미국 바깥에서 제일 먼저 '뉴스메이커'로 부각된 국가가 바로 아이슬란드였다. 리만브라더스 부도 후 며칠 새 이 나라의 환율이 폭등하고, 주가는 반의 반 토막으로 곤두박질치더니 '국가 부도사태'라는 외신이 전해졌다. 그로부터 며칠 뒤, 강소부국의 대명사 격이었던 이 나라의 3대 시중은행이 모두 국유화된다는 소식이 전해졌다. 중앙은행 총재의 낙마에 이어 전형적인 화이트칼라인 은행원들이 줄줄이 그들의 조상이 그러했던 것처럼 북해의 명태잡이로 나서야 한다는 뉴스도 전해졌다. 외환위기 때 한국에서 진행된 상황의 축소판처럼 보였다.

레이캬비크의 금융과 부동산은 모두 거품 위의 성이었다. 자유로운 자본 유출입까지는 좋았으나 무분별하게 유럽 각국의 돈을 끌어다 썼던 아이슬란드였다. 고금리 단기외채를 겁 없이 도입해 장기 주택자금으로 마구 빌려줬다. 외환위기 전에 국내 종금사들이 했던 그 양태였는데, 금융의 하이테크 기법이 한껏 발휘된 것이었다.

갑작스런 금융 위기로 살림살이가 갑자기 어려워진 서민들의 반정부 시위로 당시 연립정부가 무너짐으로써 2008년 글로벌 금융위기 이후 첫 정권붕괴라는 불명예 기록도 세웠다. 물가 급상승과 치솟는 실업률에 항의하는 주민들이 거리로 몰려나오면서 프라이팬과 냄비를 두들기며 시위를 벌였다 해서 '프라이팬 혁명'이란 놀림까지 당했다. '하부구조가 상부구조를 결정한다'는 해묵은 마르크스주의 명제가 그렇게도 빨리 적용되는지 놀랄 지경이었다. 외환이 바닥나고 경제가 결딴나면 나라가 어떻게 되는지 아이슬란드는 생생히 보여줬다.

3

다시 주목하는 거품 경제

✗

　거품이 문제다. 경제에서 묘한 것 중의 하나가 거품이다. 경제학자들의 얘기를 들어보면 거품이 생기지 않도록 하는 것, 거품을 적절하게 잘 제거해 경제에 위기를 초래하지 않게 하는 것이 매우 중요하다. 거품이 문제가 되는 것은 ①거품은 경제의 실제 모습을 가리기 때문이며 ②거품의 달콤함에는 현실을 잊게 해주는 마취성이 있는 데다 ③약간의 거품은 경제에 언제나 있을 수 있는 필요악 같은 존재인데, 어느 정도가 감내할 수준이며, 어느 선부터가 위험 지대인지 판정이 쉽지 않은데다가 경제에 미치는 파급은 매우 크기 때문으로 정리된다. 거품이 서서히 빠지면 괜찮지만 한꺼번에 "뻥" 하고 터지면 그게 경제 위기가 된다. 이럴 때 모두가 어려움에 처하게 되는데, 경제적 약자가 더 큰 어려움을 겪는 것은 물론이다.

맥주처럼 경제에 거품이 너무 없어도 문제가 된다. 불경기 때의 경기활성화 대책, 부양 정책이라는 것이 달리 보면 어느 정도 거품을 만들어 내자는 것에 다름 아니다. 문제는 경제에 거품이 잔뜩 끼었을 때는 정작 그게 거품이라는 것을 경제 주체들이 대부분 모른다는 점이 중요하다. 거품 파악의 제1요소라고 할 수 있겠다. 거품은 빠지고 난 뒤에나 그게 거품이었음을 알 수 있다는 얘기가 된다. 거품은 실체를 감춘다는 점도 중요하다. 또 거품이 끼어도 모두가 '이번만은 거품이 아니다'라며 그 사실을 부인한다는 점도 알고 있을 필요가 있다.

거품은 경제 주체들이 가진 탐욕의 산물이다. 특정 지역의 아파트 투기 붐, 그린벨트나 접경 지역의 부동산 투기 붐, 주식 시장의 이상 열기, 해외 주식시장으로 쏠림 현상, 채권 투자 열풍, 상류층 아줌마 부대의 그림 투자, 고미술 시장의 이상 열기… 이런 것들이 모두 우리가 주변에서 접할 수 있는 거품 현상이다. 수건돌리기 게임 하듯 마지막으로 상투 잡는 투자자만 모든 것을 뒤집어쓰게 된다.

과거 주식시장에서 깡통계좌 문제로 증시를 뒤흔든 적이 있는데, 이젠 깡통 아파트(집값에서 대출금이나 전세금을 제하고 나면 자산 가치가 마이너스 상태가 되는 것)가 속출한다고 하고, 이로 인해 '하우스푸어'가 사회 문제가 된다. 이 모든 것이 거품 때문에 나타나는 현상들이다. 거품을 거품인 줄 모르고 즐기거나, 실체를 망각하거나 실체를 인식하지 못하다가 낭패를 당하는 것이다.

왜 이럴까? 거품이 로테크 시대, 전근대 시대에도 있었을까? 사회의 다른 분야와 마찬가지로 경제와 금융에서도 하이테크 시대이다 보니 단시일 내에 거품이 크게 형성되는 국면이 많다. 레버리지 투자라는 첨단 투자법(하이테크 기법)이 있었기에 거품이 더 쉽게, 더 단시간에 형성되는 것이다.

1. 레버리지 투자의 원리를 살펴보기 위한
퀴즈 하나

경제와 금융에 대한 관심이 많은 K는 허리띠를 졸라매고 절약한 결과, 직장생활 1년 만에 1천만 원을 저축했다. 이 돈을 바탕으로 그는 자신의 금융지식을 총동원해서 더 큰 돈을 벌어야겠다는 생각을 하게 됐다. 무엇보다 자신만의 안락한 집을 사고 싶었던 것이다.

그는 은행에 가서 본인의 신용대출에다 앞으로 구입할 집까지 담보로 내놓기로 하고 9천만 원을 빌렸다. 그렇게 1억 원이라는 큰 돈을 손에 쥔 그는 이 돈을 가지고 증권회사로 달려갔다. 증권사 창구직원은 그에게 투자 성향을 물었다.

"고수익을 노리는 적극적 투자가입니까, 원금 보장을 중시히는 안전형 투자가입니까? 아니면 원금 보장과 고수익을 함께 노리는 절충형 투자가입니까?"

이 상담에 K는 첫 번째 고수익형(high risk, high return- 위험 요인도 많지만 기대 수익률도 그만큼 높은 투자. 금융투자뿐만 아니라 기업과 개인의 선택, 정당의 정치적 선택에 이르기까지 광범위하게 쓰이는 말)이라고 응답했다. 뭔가 잘못되어도 얼마든지 회복을 할 수 있는 젊은 나이인데다 다소간 위험을 부담하더라도 한꺼번에 목돈을 잡아 집을 사고 싶은 욕심이 앞섰던 것이다.

그는 주식과 통화까지 연계된 파생상품 투자에 적극 나서기로 했다. 증권사나 투자자문회사뿐 아니라 요즘은 은행에도 다양한 형태의 하이테크 금융상품이 널려 있다. 금융의 하이테크 시대라고 할 만한 상황이다.

그가 투자한 사이에 남유럽 발 재정위기가 세계 경제에 충격을 던지면서 국내 증시도 크게 흔들렸다. 투자 직후부터 손실을 보기 시작한 K의 투자 상품은 계속 내리막길에서 벗어나지 못했고, K는 3개월 만에 '투자활동 중단'을 결심했다. 은행과 보험사에서 빌린 대출 원금 9천만 원에다 매달 꼬박꼬박 빠져 나가는 이자가 새삼 부담이 됐던 것이다. 그가 가입 상품을 해지하고 회수한 원금은 9천만 원.

이제 문제다. 1억 원을 투자해 9천만 원만 찾았으니 K의 투자 수익률은 얼마인가? 1천만 원을 손실로 보고 마이너스 10%라고 생각한다면 그야말로 경제의 초짜다. 곰곰이 생각해보면 그가 처음 투자를 시작했을 때 1천만 원으로 시작했고, 그 1천만 원이 있었기에 9천만 원을 빌릴 수 있었다. 그리고 투자로 남은 돈 9천만 원을 처음 빌린 곳에 되갚고 나니 그의 손에는 아무 것도 없게 됐다. 처음 시작했던 자기 돈 1천만 원이 없어지면서 0이 된 것이다. 따라서 수익률은 마이너스 100%(3개월간의 이자비용이라든가 제반 수수료 같은 것은 모두 생략했다)이다.

만약 국내외 금융시장이 급변하는 상황에서 1억 투자금이 8천만 원이 됐다고 한다면 수익률은 어떻게 되나? 같은 셈법으로 1억에서 2천만 원 손실이니 20% 손해가 아니라 200% 손실로 보는 게 맞다. 3개월간 투자 잘못으로 처음 가지고 있던 1천만 원을 모두 잃었을 뿐 아니라 없었던 빚까지 1천만 원 새로 지게 됐으니 최초 기준으로 보면 그렇다는 얘기다.

물론 수익을 냈을 때도 같은 셈법을 적용하는 것이 맞다. 1억 투자해서 1억1천만 원을 손에 쥐었다면 빌린 돈 9천만 원을 갚고 2천만 원이 남았으니 당초 1천만 원은 2배가 됐다.

생활 속에서 투자나 대출 상환과 같은 일상적인 경제활동에서 많은 이들이 이런 셈법을 모르거나 무시하고 있다. 2010년 유럽 발 재정위기 이후 속출한 하우스푸어들도 이런 문제점을 안은 채 시작했다. 여기서 중요한 것이 '레버리지(leverage)' 투자 기법인데, 이 레버리지가 문제다. 1천만 원을 지렛대로 해서 9천만 원을 빌리고, 자기에게 당초 없는 큰돈 1억 원을 굴리게 된 것이다. 말 그대로 지렛대 효과다.

현대 금융에는 레버리지 효과를 활용한 투자가 너무나 많고,

그만큼 보편화되어 있다. 금융 전문가들이나 투자 전문기업들만이 아니라 평범한 개인들까지도 레버리지 투자를 당연한 듯 즐기게 된 것이다. K의 9천만 원 대출 투자가 그렇고, 과욕을 낸 하우스푸어들의 빗나간 아파트 투자가 그렇다.

2. 주식 장기투자의 기준은 보유 기간이 10분(?)

10년도 더 지난 일이다. 그럭저럭 명함을 내놓을 만한 번듯한 직장에 다니던 한 후배가 사표를 냈다. 그리고 시작한 것이 '데이트레이더'였다. 컴퓨터 3대를 책상에 켜둔 채 단말기를 보면서 수시로 거래를 한다는 것이 그때만 해도 신기하게 보였다. 더구나 매도·매수의 프로그램까지 어떻게 짜서 특정 종목의 주가가 일정 수준으로 오르거나 내리면 자동적으로 사고 파는 프로그램 매매까지 한다니….

그를 만났다. 당연히 돈은 많이 벌었는지도 물었다. 그는 썩 시원한 대답을 하지 않았다. "그래도 하고 싶은 대로 하니까…"라는 게 대답이었다. 수시로 사고 판다면 도무지 장기투자와 단기투자의 구별이 뭐냐는 질문에, 그는 망설이다가 "글쎄, 10분 정도?"라고 말했다. 주식을 사서 10분 이상 가지고 있으면 장기투자요, 그 전에 팔면 단기투자라는 얘기였다. 좀 극단적인 사례이겠지만 10분이라면 차 한 잔 마실 시간도 안 된다. '증권투자는 장기적 관점에서 해야 한다' '우량 주식을 사서 대물림한다는 자세로 길게 보고 투자해야 한다'는 흔한 지침과는 달라도 많이 다른 이야기였다.

개인사무실을 운영 중인 변호사 후배도 부업으로 주식투자에 나선 개미다. 로스쿨 출신 변호사들이 나오기 시작하면서 많은 변호사들이 그렇듯 수임 사건이 많지 않게 되자 그는 남는 시간에 손을 댄 주식투자가 부업 이상이 됐다. 그의 투자 원칙 중 하나는 "주식을 사서 집에 가져가지 않는다"는 것이었다. 오르든 내리든 기본적으로 당일에 처리한다는 얘기다. 그에게서 투자의 기준은 통상 길어봤자 하루다. 웬만하면 그 날 사서 그 날 처리한다는 것이다. 그에게 장기투자의 기준은 다음날까지, 주식을 산 뒤 하룻밤을 넘기는 것일까.

그러나 뛰는 놈 위에는 나는 자가 나오는 법. 기관투자가들과는 역시 비교가 안 된다. 한때 월가에서 고주파 매매(High Frequency Trading, 정확한 번역은 극초단타 매매라고 하는 게 맞겠다)라는 기법이 있어 시장에서 공정성 시비가 크게 벌어진 적이 있었다. 골드만삭스 등 대형 투자은행들이 고성능 컴퓨터의 월등한 속도를 무기로 일반 투자자들보다 극히 짧은 시간차로 먼저 주문 정보를 알아내 매매하는 방식이다. 일반적인 사자 주문은 시장에 도달하는데 0.3초가 걸리는 반면 이 방식은 0.03초 안에 매수 정보를 파악해 매매하도록 프로그램이 짜여 있었다. 가령 보통 투자가가 특정 주식을 1만원에 매수 주문했다면 이 기법은 0.03초 안에 주문을 감지해 9,500원에 사들이고 그 시간차를 이용해 1만원에 되팔아 1주에 500원의 이익을 거두는 식이었다. 결국 감독당국에 적발돼 제재를 받게 됐지만 이로 인해 막대한 이익을 거뒀다. 승부는 0.03초 안에 갈렸다.

이런 유사 사례는 국내에서도 발생했다. 몇 년 전, 서울의 증권거래소 건물 안에 입주해 있던 NH투자증권 등 4개의 증권선물회사들은 코스콤의 랜망을 이용해 0.012초 만에 거래를 체결해왔다. 거래소 밖 경쟁업체들의 주문체결 속도는 0.016초이니 결국 0.004초 빠른 매매로 유리한 위치를 잡았다. 초단타 매매가 이뤄지는 선물과 옵션 거래에서는 이 같은 시간차가 중요하다고 한다. 거래소도 결국 문제점을 인정해 이들 4개사의 매매 시스템을 외부로 옮기게 하고, 전산망도 외부 통신사를 경유하게 했다.

이런 파생상품 구조에서 기관들의 역량이 개인들보다 훨씬 크다는 점은 구조적인 불균형이다. 이런 세상에 우리가 살고 있다. 이 또한 하이테크 시대의 한 모습이다. 하이테크가 부족한 개인들은 그만큼의 위험을 감내해야 한다. 이런 조건에서 개인들이 시장에서 이길 수 있을까? 수익은커녕 살아남을 수나 있을까?

3. 돈 장사가 최고

돈 장사가 제일 남는 장사다. 내 얘기가 아니라 은행 근무 23년 만에 대형 시중은행의 중역에 오른 동창 친구가 자주 하는 얘기다. 그러면서 그 친구는 꼭 한 가지 단서를 달았다. 돈 장사가 제일 남는 장사이긴 한데 '단, 떼이지만 않는다면'이라는 조건이 붙는다. 예금에 낮은 이자를 주고, 대출에는 그보다 일정률 이상의 대출이자를 받으니 무조건 남게 돼 있는 것이다.

어쩌면 수많은 비즈니스 가운데 은행에 대해서만은 정부가 '면허증'을 교부하는 것도 이런 사정 때문인지 모른다. 이리 해도 저리 해도 남게 돼 있으니 정부가 면허증을 주고 감독 – 금융위원회, 금융감독원의 업무를 생각해보자 – 을 철저히 한다는 게 금융정책의 기본 아닌가. 물론 경제가 정상적이고 금융이 제대로 돌아갈 때의 얘기다.

하지만 경제위기를 거치며 우리는 꼭 그렇지만도 않은 현상을 많이 봤다. 1990년대 후반, 외환위기 때 그러했다. 1998년 우리는 난공불락의 철옹성 같았던 은행이 망하는 것을 직접 봤다. 그냥 부실한 은행 하나가 부도나는 정도가 아니라 무려 5개나 되는 은행이 집단 퇴출되는 광경을 지켜봤다. 은행이 망하면서 화이트칼라의 대명사 격이었던 은행원들이 대거 퇴출당하는 상황이었다.

그런데 그 가운데서도 불편한 진실이 있었다. '떼이지만 않으면…'이라 했건만, 당시 부실 퇴출 은행들이 큰 돈을 떼인 곳은 큰 고객, 대기업이었다. 기아, 한보, 유원 그룹 등 굵직굵직한 대기업들이, 나중에는 4대 그룹이라는 대우까지 조 단위의 대출금을 갚지 못한 채 나자빠진 것이다. 그러면서도 은행은 서민과 개인들에 대해서는 예외 없이 대출금을 회수해갔다. 신용회복제도가 보완적으로 있긴 하지만 아직까지 개인들이 은행 돈을 갚지 않는다는 것은 사실상 예외적인 일이다. 부실한 기업과 갚을 능력이 없어진 개인들에 대한 처리 문제는 우리 사회가 좀 더 합리적인 해법을 마련해 사회적인 합의를 만들어내는 등으로 크게 보완이 필요한 부분이다.

은행들은 왜 망했을까? 어쩌다가 집단으로 퇴출되었을까? 여러 가지 이유가 있겠지만, 지금 여기서 주목하는 대목은 하이테크 때문이었다는 점이다. 함부로 발을 담근 금융 하이테크의 물결은 겁 없이 놀던 일부 은행을 통째로 집어삼켜 버렸다. 레버리지 투자, 무리한 외화대출은 그 시작이었다.

돈 장사에 대한 경고는 이후에도 계속 나타났다. 2011년 부산저축은행을 시작으로 부실한 저축은행들이 줄줄이 퇴출당한 것도 돈 장사에 얼마나 큰 위험이 있었으며, 금융에서 관리가 잘못된 하이테크가 초래할 수 있는 결과가 얼마나 큰 것이었는지를 보여준 사건이었다. 그것은 여전히 현재 진행형이다.

4. 금융 하이테크가 유도한 레버리지 투자의
대유행

레버리지 투자가 보편화된 것 역시 하이테크 시대 때문이
다. 금융의 하이테크화가 그렇게 만들었다. 일찍이 고대 그리
스의 수학자 아르키메데스는 이렇게 말했다고 한다. "누가 나
에게 적절한 길이의 지렛대만 주면 나는 지구도 들어 올릴 수
있다." 2008년 글로벌 금융위기가 왔을 때, 미국의 수많은 중
산층(정확히는 중산층에서 아래쪽 서민, 하위층에 가까운 그룹이거나
경제적 하류층)이 어느 날 갑자기 집을 잃고 거리로 내몰리는 사
태가 벌어졌다. 급격한 집값 하락이 문제였다.

더 큰 문제는 이들이 집을 잃게 됐다는 선에서 그치는 것이
아니라 이 바람에 미국의 양대 모기지론 회사가 거덜나게 됐고,
이들과 거래한 – 대부분 파생상품 거래다 – 금융회사들이 엄청
난 부실을 떠안으면서 존폐의 위기로까지 몰리면서 경제위기로
비화된 것이었다. 집을 살 때 자기 돈을 집 시세의 10~20%선만
가지고 있으면 나머지는 은행이나 전문 부동산대출기관에서 모
기지론으로 빌릴 수 있었다. 한동안 예상한 대로 집값은 상승세
였다. 누구도 그런 과도한 레버리지 투자를 문제 삼지 않았다.
서민 복지를 앞당기고 싶었던 정치권력의 지원이 분명한 가운
데 중산층은 물론 하류층도 단시일 내에 '마이 홈'의 꿈을 이룰
수 있었다. 말 그대로 아메리칸 드림이 실현되는 듯 보였다.

너도나도 마이 홈 시대로 들어가게 된 것은 정치권과 금융권의 합작품이었다. 민주당 클린턴 정권은 사회적 약자를 지원한다는 차원에서 이런 모기지론을 활용한 주택 구입 시스템의 도입을 자극하고 유도했다. 언제나 신상품 개발과 판매가 절실했던 금융권은 즉각 이 바람을 기회로 활용했다. 서민들은 너무나 당당하게 그 트렌드에 올라탔는데 그게 레버리지 투자의 힘이었다.

처음에는 한동안 대박이 난 것처럼 보였다. 그러나 세계 경제가 갑자기 나빠지고 예상치 못한 방향으로 집값이 하락세가 되자 세상은 거꾸로 됐다. 희망과 환희, 가능성의 세계는 절망과 나락, 불안과 불완전의 세상이 되어 버렸다. 경제력과 정보력이 부족하고 하루하루 생활이 빠듯했던 저소득층의 개인들에게는 순식간에 벌어진 일이었다. 서민들은 탈출할 수가 없었다. 대부분이 뭐가 뭔지 돌아가는 판세를 몰라서 탈출할 수가 없었고, "뭔가 이상하지만 손해보고 팔 수는 없다"는 상황 주시파들은 "어! 어!" 하는 사이에 탈출(매도) 타이밍을 놓쳤다.

주식거래만 해도 하락장이 되면 팔래야 팔 수가 없어 눈 뜨고 손해 보는 판인데 집과 같은 부동산이 급락장에서 팔릴 리만무하다. 일부 감 빠른 레버리지 투자자들도 없지는 않았겠지만 공포와 불안, 절망이 팽배해진 시장에서는 거래가 이뤄지지 않았다. 그렇게 공포가 지배하는 시장, 불안과 절망이 기형적으로 커진 시장에서는 탈출이 어렵다. 탈출구로 시장 참여자들이 몰리기 시작하면 출구는 완전히 막혀 평소처럼 드나들 수 없는 상황이 되어버리니 손해를 봐도 집을 팔 수가 없게 되고, 이런 상황은 가격 폭락을 한층 부채질한다. 이제 탈출은 엄청난 손실을 의미하는데 '손해보고 판다'가 개인들에게는 거의 불가능한 실천 강령이다. 왜 그럴까? 공포와 불안장에는 손해보고 파는 것이 그나마 덜 손해를 보는, 즉 더 나쁜 상황과 비교를 한다면 이익을 내는 행위인데 레버리지의 본질도 모르고 투자한 경제의 약자, 금융의 약자가 위기의 한가운데서 이를 실천할 능력을 발휘 못하는 것은 자연스러운 현상이다. 그렇게 중도 탈출이라도 할 수 있다면 그는 이미 아마추어가 아니라 준(準)프로다.

레버리지 투자는 이렇게 정치권이나 정치권력의 '서민 사랑 정책'이나 '포퓰리즘 정책'과 결부되면 엄청난 결과를 초래하기도 한다. 애당초 선의로 출발한 것이 결과까지 선의로 끝나기는 어려운 것인지 모른다. 그래서 그 결과는 당초 겨냥한 대로 친서민이 아니라 서민들을 먼저 궁지로 몰아세우는 반서민적인 것이 된다는 점은 참으로 역설적이다. 국내에서도 하우스푸어의 주 희생 계층이 집 한 칸 마련해 중산층으로 뛰려는 중하위층 서민, 집을 지렛대로 해서 긴 노후의 생활자금을 마련해보려는 베이비부머 세대가 많이 포함돼 있을 것임은 대상자들을 조사해 보나마나다.

미국에서나 한국에서나 그렇게 아슬아슬한 상황에서 무리하게 집을 구입한 사람들이 큰 고통을 겪게 되고, 이런 레버리지 투자의 희생자들이 많아지면 금융 부실로 비화된다. 금융 부실이 심각해지면 다수 국민들의 세금을 기반으로 하는 공적자금이 투입될 수밖에 없으니 결국은 구성원 모두의 문제다.

5. 개인, 기업, 지자체, 정부까지 모두가 레버리지 투자 대열에

레버리지 투자가 개인들만의 문제는 아니다. 희생자는 광범위하게 나온다. 기업과 지자체는 물론이고 중앙 정부까지 과욕을 부리다 당한 경우가 있고, 세계 최고 수준의 금융회사도 탐욕을 부리다 재기불능의 손실을 입고 도산하기도 했다. 월가의 공룡 투자은행 리만브라더스도 그렇게 쓰러져 갔다.

기업이 레버리지 투자나 내막도 정확히 모르는 하이테크 금융기법에 투자했다가 휘청거린 좋은 사례가 키코(KIKO) 투자다. 환율 변동에 대처하기 위해 외환시장의 총아라는 키코 상품에 국내의 중견기업들이 줄줄이 물렸다. '반풍수 집안 망친다'는 옛말처럼 적당히 아는 것이 문제였다. 환율이 오르면 오르는 대로, 내리면 내리는 대로 대책이 마련돼 있다는 첨단 금융공학 상품이라는 달콤한 설명에 기업들은 앞다투어 불안한 환율 대비책으로 상품 가입을 했다.

그렇게 투자한 데는 상품제조로 여의치 않은 수익내기를 환율 거래에서 손쉽게 어떻게 좀 해보려는 탐욕의 심리가 당연히 깔렸을 것이다. 금융공학으로 잘 짜여진 상품의 구조는 아무리 봐도 문제가 될 게 없었다. 그런데 도저히 있을 수 없을 것으로 판단했던 일이 벌어지면서 상황은 완전히 꼬였다. '상식적으로 일어나지 않을 것'이라고 했던 예상치를 넘는 환율 변동이 일어나면서 투자금액만 손실 보는 게 아니라 투자원금의 몇 배나 되는 손실이 현실로 나타난 것이다.

지금은 가려 있지만 중국의 일부 지방정부나 이탈리아의 지방정부도 이런 심각한 위험에 노출돼 있다는 외신보도가 있었는데, 세계 경제의 흐름에서 어떤 돌발변수로 작용할지 매우 걱정된다. 이탈리아의 시골 지자체가 하이테크 전사들이 판치는 미국 월가의 파생금융 상품에 투자했다니 그 결과가 어떻게 나타날지….

이런 것이 남의 일만은 아니다. 모기지론의 부실은 리만브라더스의 도산으로 이어졌고, 그것을 신호탄으로 글로벌 경제 위기가 시작됐다. 레버리지를 활용한 하이테크형 첨단 파생상품은 이런 상품을 만든 제조자까지 말아먹는 위험요인을 그 안에 담고 있다고 봐야 한다. 우리는 이런 과정에서 몇 가지 시사점을 생각해볼 수 있다.

첫째는 금융회사들이 이런 '금융상품'을 끊임없이 만들어낸다는 것이다. 그것이 성장을 지향하는 현대 금융의 속성인지, 아니면 스스로 증식하면서 커 가려는 자본의 속성인지 명확하시는 않나. 자동차 제소회사가 끊임없이 신자를 만들어내고, 심지어 새 모델을 낼 상황이 안 되면 껍데기 모습이라도 바꾸어 출시하듯이, 금융도 계속 신상품을 내놓는다. 전자회사가 새 휴대폰과 진화한 텔레비전을 만들어 소비자들을 끝없이 이끌어 가면서 매출을 올리고 시장을 주도하는 것이나 금융회사의 영업 전략이 본질에서는 하등 다를 바가 없다.

금융회사들은 생존하기 위해, 발전하기 위해 금융상품을 만들 뿐인데, 그 과정은 더 복잡해진다. 경우의 수는 더욱 많아지고, 외부 여건에 대한 조합도 많아진다. 오죽하면 금융공학이라고 할 것이며, 머리 좋은 수학자들까지 이런 신상품 개발 대열에 가세할까. 2000년 금융공학자가 리스크를 수학적으로 관리하기 위해 만들었다는 공식으로 '가우시안 코폴라 함수(the Gaussian copula)'라는 게 있었다. 좀 과장된 표현으로 받아들여지기도 했는데, 이 공식 하나 때문에 월가가 금융위기를 잉태했다는 분석이 나올 정도로 금융거래의 불확실성을 제거한 하이테크형 리스크 관리공식이었다는 평가였다. 암호 같은 식을 옮겨보면 이렇다.

코폴라 함수 ($Pr[TA \langle 1, TB \langle 1]=\varphi_2(\varphi-R'(FA(1)), \varphi-R'(FB(1)), \gamma)$)

이런 것들이 나오니 리스크가 관리 범위 내에 든다고 주장하는 하이테크 개척파들이 뒤따르고, 다수 대중들은 그런 주장을 받아들이면서 무리한 투자에 나섰는데, 결과는 거품의 형성과 폭발이었다. 경제위기는 그런 과정을 거쳤다.

첨단기법의 하이테크형 금융을 보면서 또 한 가지 사실을 눈여겨볼 만한 일이 있다. 새로운 금융상품이 잇달아 금융시장에 선보이고 있지만 새 상품은 합법과 비합법 사이의 경계가 모호한 지대의 것이 있을 수도 있거니와, 첨단 신상품일수록 기존 법의 테두리 내에 있는지 법의 규정 바깥에 있는지, 아예 기존 법규와 배치되는 것인지가 처음에는 파악하기도 어렵다는 점이다. 법이 예방 기능을 한다지만 이상일 뿐 현실은 문제가 불거지고 관련자들이 아우성칠 때 뒤따라오는 것일 때가 더 많아 보인다.

한때 한국 금융계에서 돌풍을 불러일으키며 기린아라고 불린 일부 특정 인사들에 대해 금융권과 경제계에서 '교도소 담장 끝을 걷고 있다'는 싸늘한 평가를 내린 것도 다 이런 까닭에서다. 잘 되어 결과가 좋으면 성공한 금융인으로 자리매겨질 수가 있지만 까딱 잘못하면 말 그대로 한 발 차이로 반대쪽에 떨어져 감방에 가는 것이다.

금융의 신상품, 신투자기법이라는 게 따지고 보면 이런저런 위험성과 독성을 안고 있다. 그래서 금융에 대해서는 국가적 간섭과 규제가 다른 어떤 경제 영역보다 높은 것이 현대 국가의 일반적인 현상이다. 한번 잘못되면 그 피해가 광범위한 데다 회복에는 대개의 경우 공적자금, 즉 세금이 투입되어야 가능하기 때문이기도 할 것이다.

가령 은행업은 시삭에서부터 정부가 허가를 내줘 '은행은 징부 면허증 사업'이라고 할 수가 있고, 다른 금융업도 제조업이나 여타 서비스업과는 비교가 안 될 정도로 규제가 심하지만 이를 규제만이라고 하지 않는 것이다. 행정부에는 기획재정부와 금융위원회가 있고, 준공무원으로 독립적인 감독기관인 금융감독원이 있고, 이들과 떨어져 고유의 업무를 수행하는 중앙은행으로 한국은행도 있어 저마다 육성책을 내면서 끝없는 감시 감독도 한다. 이외에도 공정거래위원회도 공정성을 바라보고, 예금보험공사나 캠코(자산관리공사)와 같은 기관도 있어 협력과 견제를 하고 있다.

그러나 이런 다기화된 감독과 규제, 지도와 육성 시스템에도 불구하고 공공 분야에서 짜는 이런 시스템은 하이테크 기법이 우후죽순 격으로 돌출하는 시장을 뒤따라가는 형편이고 시스템은 늘 불완전한 것이어서 온갖 예기치 못한 문제가 발생한다. 그래서 하이테크 기법에서 오류가 나올 때마다 경제는 휘청거리고, 로테크의 가치는 돋보이게 된다.

또 다른 문제도 있다. 사실상 단일시장으로 묶여가는 국제 금융시장의 행태를 보면 전문가들이 판치는 도박판에 순진한 아마추어들이 대책 없이 끼어들고 있고, 국경 없는 자본의 흐름은 그런 흐름을 가속화시키는 구조라는 점을 주목해볼 수 있다. 일부에서는 이런 말로도 표현한다. "월가의 파생상품에 투자하는 것은 낮에 막노동으로 번 일당 근로자가 얼마 되지도 않는 돈으로 평생 도박판을 돌아다녀온 데다 큰 자본까지 쥐고 있는 프로들이 득실득실한 야간의 전문 포커판에 뛰어드는 것과 같은 것이다."

하이테크형으로 레버리지 투자기법을 복합적으로 응용하는 첨단 금융시장에 후진국의 작은 자본이 들어가는 현상을 이렇게 분석한 것이다. 과한 말이라고 할 수도 있겠지만 경험이 적은 소규모 산업자본이 대대로 돈을 만져온 서방의 대자본가들과 쉽게 맞서기는 어렵다는 현실을 그렇게 정리한 셈이다. 영국에 본사가 있는 H은행만 해도 미국의 의회나 언론으로부터 "(19C 중반에 발생한) 아편전쟁 때부터 비정상적인 돈을 거래해온 역사가 있다"고 맹비난을 받은 적 있다. '돈 장사가 가장 남는 장사'라는 말 뒤에는 이런 어두운 역사가 있다. 백수의 왕 사자는 일단 배가 부르면 더 먹겠다고 사냥에 나서지 않지만 금융과 자본은 그 자체로 끝없이 팽창하는 속성을 갖고 있다.

6. 출구전략, 로테크가 필요한 때

경제위기가 한창 진행된 뒤 위기를 벗어날 해법이 모색될 때면 신문지상에 오르내리는 말 중의 하나가 출구전략이다. 경제난, 금융 위기의 터널에서 벗어날 방안을 마련하고, 정상화의 길을 마련해 위기 이전처럼 일상화로 되돌아가도록 준비하자는 얘기다. 돈을 풀어 시장의 불안감을 해소하고 막혔던 금융을 뚫기 위해 마구 풀었던 자금을 거두어들이기 위해 금리를 올리면서 인플레이션 압력을 미리 해소하자는 것은 대개 출구전략의 첫 단계로 인식된다. 확장 일변도의 재정정책을 정상으로 돌리거나 긴축으로 방향을 전환해 재정의 건전성을 유지하고 시장의 자율기능이 살아나도록 정부의 과도했던 역할을 정리하는 것도 주요한 출구전략의 하나가 된다. 민간의 투자와 소비가 일어나게 하자는 것이다.

출구전략은 G20회의라든가 정부의 정책 입안자들, 중앙은행(한국은행)에만 해당되는 말일까? 개별 기업에게는 어떨까? 개인들에게는? 실제로는 개인들이야말로 본인에 맞는 출구전략을 더 잘 세우고 실행해야 한다. 출구전략을 염두에 두고 시행을 할 때라는 것은 로테크로 돌아갈 시기라는 얘기다. 부채를 줄이는 것은 기본이다. 주택을 비롯한 부동산과 주식에 투자했다면 자신의 역량 범위 내인지, 가격하락 시 감내할 수 있는 정도인지를 구체적으로 생각해봐야 한다. 정부 당국자나 전문가라고 하는 이들의 낙관론만 믿어서는 안 된다. 전문가들이 전하는 위기대응 방안도 결론은 '전문가들의 말에 너무 의존하지 말고 출구 준비는 스스로 하라'는 것으로 정리된다.

7. 위기란? 위험 + 기회

사전적 의미로 위기(危機)는 '위험한 고비나 시기'다. 그러나

말의 어원을 곰곰이 뜯어보면 흥미롭게도 '위험(危)'과 '기회(機)'로 나뉘어진다. 달리 말하면 위험과 기회가 동시에 있는 것이 위기가 되겠다. 글로벌 경제 위기 때도 그랬다. 일부에게는 위험이 다가온 시기였지만, 다른 일부에게는 분명 기회의 장이었다. 아마도 위험과 부딪힌 쪽은 다수였을 것이고, 더없는 기회로 받아들인 쪽은 소수였을 것이다. 대기업이든 중소기업이든 한계기업은 좌초했고, 리스크에 과다 노출된 금융회사들도 혼이 났다. 키코(KIKO) 피해를 입었던 중소기업은 대표적인 사례일 뿐이다. 만연된 하이테크의 세상, 레버리지 투자에 마구 달려 나갔던 개인들도 예외는 아니다. 과도한 빚으로 분에 넘치는 집을 샀던 도시인들 중에는 갑자기 닥친 경기 하강과 그에 따른 실물자산의 하락 등에 적지 않은 충격을 받았을 것이다. 위기가 위험으로 닥친 경우다.

반면 내실을 다진 기업들은 기회를 맞았다. 싼 가격에 쓸 만한 기업을 골라가며 인수할 수도 있었다. 빚이 없는 개인들도 신용을 괜찮게 유지해왔다면 저금리를 활용해 자산을 확대할 수 있는 좋은 기회가 됐다. 평소 로테크의 기본기를 중시해 리스크를 관리한 쪽에게 위기는 곧 기회였다. 그렇지 못하고 하이테크 기법의 단맛에 취해 리스크 관리를 못한 쪽에게 위기는 위험 그 자체로 다가갔다.

4

깨어지는 상식들

✗

한국은 역동적인 국가다. 1997년 말 외환위기에 따른 총체적 경제난을 겪고도 바로 일어섰다. 2008년 글로벌 금융위기에서도 가장 앞서 위기를 극복했다는 평가를 국제사회에서 들었다. 어떤 곳보다 변화를 잘 받아들이기에 가능했을지 모른다. "모든 것을 다 바꾸자" "개혁하자" "변하지 않으면 살아날 수 없다, 변화는 선이고 변하지 않는다면 악이다." 정치인들의 입에서, 저명한 기업인의 말에서, 사회적으로 저명한 지식인들의 글에서 이런 식의 구호들을 우리는 많이 봐왔다.

그렇다 해도 이런 성취동기만으로 한국의 큰 변화를 모두 다 설명하기에는 어려움이 있다. 누구나 변화를 꿈꾸는 것이 한국 사회의 큰 흐름이다. 그러면서 변화는 발전을 담보하는 기본 전제라고 생각한다. 한편으로는 다가오는 미래를 맞는 게 아니라 적극적으로 내가 다가서는 미래를 맞이해야 하며, 내가 변화할 때 미래를 능동적으로 맞이할 수 있다며 미래를 맞이하고 준비하는 과정에서 적극성을 발휘하는 것 같다. 그런 식으로 적극적인 변화는 선(善)에 가까운 훌륭한 개념으로 자리 잡았다. 변화를 맞이하는 힘으로 미래를 제대로 보기 위해 과거와 현재를 한번 더 살펴보자.

앞서 한국의 한 경제단체에서 낸 보고서를 인용해 보자. '한강의 기적, 지속돼야 한다'는 제목의 이 보고서는 앞서 한국 경제에 4가지 신화가 있다고 지적했다. ①은행은 망하지 않는다 ②대기업은 영원하다 ③부동산은 가장 안전한 자산이다 ④평생을 한 직장에서 보낸다는 것이 그것이다. 지금 현직에서 물러나기 시작한 베이비부머 세대는 물론이거니와 40대 정도까지도 이런 신화를 철석같이 믿으며 사회에 발을 내디딘 세대다.

물론 이런 신화는 이제 무너진 신화다. 은행이 망한 것은 외환위기 직후인 1998년 은행이 5개나 집단으로 퇴출될 때부터 봤고, 최근 저축은행들이 대거 문 닫는 과정에서 거듭 확인했다. 은행이 문을 닫지 않으려면 금융기관이 아니라 금융회사로 운영을 해야 한다. 당연히 이익을 내면서 주주에게 은행 경영진이 책임을 져야 한다. 언제든지라고 할 정도는 아니지만 가장 안전한 회사의 대명사처럼 인식됐던 금융기관, 은행도 망할 수 있다는 것은 국민들의 경제교육 수준을 한 단계 끌어올렸다.

대기업도 영원하지 않다는 믿음, 대마불사(大馬不死)의 신화도 깨졌다. 기아, 한보, 대우, 동아 등 굴지의 대기업 그룹이 힘 없이 좌초하는 과정을 모든 국민들이 지켜본 것은 그리 오래되지 않은 일이다. 그룹 전체가 넘어갈 정도는 아니지만 주요 계열사를 매각하면서 겨우 명맥만 유지한 기업은 더 많다. 반세기 전쯤의 한국 내 100대 기업 목록을 가지고 지금의 100대 기업과 비교하면 50년 전 리스트 가운데 지금 얼마나 남아 있을까? 기업들은 생존하기 위해 하루하루 전쟁을 벌인다. 국제무대에서 싸우는 대기업의 전쟁은 더 큰 싸움이다. 글로벌 초우량 기업으로 평가받는 삼성전자 같은 곳에서 오히려 지금이 위기라며 부산한 것이 결코 과장만은 아니다. 그렇게 스스로 경각심을 갖고 미래에 대해 미리 준비하는 기업이라야 살아남을지 모른다.

한때 오랜 기간 동안 한국에서 부동산은 안전한 자산의 대명사였다. 부동산에 대한 믿음은 신화의 경지였다. 그런 부동산 불패의 신화도 붕괴했다. 부동산에 몰두한 개인들은 하우스푸어가 됐다. '잃어버린 10년.' 1990년대를 이렇게 불렀던 일본에서는 부동산의 자산가치가 폭락하면서 골프장 회원권 값이 1980년대 거품경제 시절에 비해 10분의 1 이하로 떨어진 곳도 적지 않았다. 그럼에도 불구하고 부동산에 대한 투자유혹이 DNA처럼 한국인들의 핏속에 여전히 남아 있는지 모른다. 미래의 불확실성, 불투명성을 인식하지 못한 까닭이다.

평생직장의 신화도 퇴출됐다. 평생직장은 되살아나지 않을 것이다. 정리해고, 연봉제, 계약제 등 노동시장의 유연성을 확대하는 제도적 장치가 급속히 마련됐다. 정년퇴직, 연공서열, 때가 되면 호봉이 오르고 그에 따라 월급도 당연히 오르던 관행은 사라지는 추세다. 새로운 직업과 직장에 대한 기회가 다소 늘어난 측면이 없지 않고, 고용시장의 유연성도 높아지는 사이에 과거식 직장의 안정성은 새로운 기류와는 비교할 수 없을 정도로 너무나 빨리 사라져간다. 기업체의 상용직, 정규직은 줄어들고 일용직, 비정규직은 늘어난다. 신화가 사라져가는 과정은 합리화의 과정이고, 효율성을 높이는 길이니 좋게 말하면 선진화로 가는 길일 것이다. 그러나 신화가 사라진 현대 경제에서 개인들의 삶은 팍팍해지고, 그로 인해 늘 스트레스를 받게 된다.

1. 불확실성과 불안감, 불투명과 불신… 4불(不)이 문제다

그리스 쇼크로 시작된 유럽 발 재정위기가 수년째 세계 경제를 억누르고 있다. 2009년 11월 25일 '1유로=1.51달러'였던 유로화의 가치는 2010년 5월 중순 '1유로=1.27달러'까지 떨어진 뒤 2012년 가을(9월 후반)에도 '1유로=1.3달러' 수준을 유지했다. 환율이 단기간에 급변동했다. 유로화를 공식 통화로 쓰는 유럽 16개국에 무슨 일이 벌어졌는가? 전쟁이라도 일어난 것인가.

외환시장을 보면 전쟁이라 해도 될 만큼 큰 변화가 있었다. 변화는 장기간 진행형이다. 불안은 출발지 그리스를 넘어 포르투갈을 거쳤고, 이어 유로존 4위(유럽 전체로는 5위)의 경제대국인 스페인에까지 퍼졌다. 유로존 바깥의 영국에까지 영향을 미쳤고, 유럽 바깥으로 세계 경제에도 곧바로 충격이 미쳤다.

세계 경제를 리드하는 주요국 정상들은 수시로 만나 대책을 협의했으나 근본대책은 쉽게 마련되지 못했다. 얼마나 큰 금액인지 파악도 잘 안 되는 규모인 1천억 유로에 달하는 구제금융 지원방안이 마련됐으나 불안과 불신이 커져가는 어두운 침체장에서는 역부족이었다. 남유럽을 바라보는 국제 금융시장에는 공포의 기운이 좀체 없어지지 않았기 때문이다. 구제금융이 방화벽 역할은커녕 위기의 심각성을 나타내는 또 하나의 지표로 받아들여지는 상황이 계속 이어졌다. 'PIGS'로 한데 묶여져 유로존 내 재정 불량국으로 분류돼온 포르투갈(P)·아일랜드(I)·이탈리아(I)·그리스(G)·스페인(S)만의 문제가 아니었다.

당초 국제사회는 "EU와 IMF가 함께 나서면 아무런 문제가 없다"고 발표하며 시장의 불안 심리를 잠재우고 불확실성도 제거하려 했으나 뜻대로 되지 않았다. 재정이 부실한 PIGS 국가들 각국의 정부재정, 은행 회계 장부에 대한 불투명성이 워낙 컸던 데다 불신이 전체 시장을 억눌렀기 때문이었다. 유럽중앙은행(ECB)이 위기 해결사로 나섰고, 국제통화기금(IMF)도 지원을 다짐하고 나섰지만 시장에 팽배한 불신이 워낙 강했던 탓이다. 그러니 관련국 재무장관들이 모인 횟수도 헤아리기 어려울 정도로 많았으나 근본 대책은 나오지 못했다. 2010년 5월에는 유로존에서 5,000억 유로, 국제통화기금에서 2,500억 유로를 지원키로 한다는 발표가 나왔으나 천문학적인 지원 규모라는 평가에도 불구하고 불신과 불안의 장은 계속 됐다.

오랜 탐욕기 뒤, 공포가 지배하는 비관론의 제거 비용은 끝이 어딘지 알 수가 없었다. '글로벌 금융위기'라고 불렸던 2008년 9월 미국의 리만브라더스 파산 때는 민간의 금융 부문 부실이 문제로 시작됐지만 PIGS에서 촉발된 경제 위기는 부실한 정부 재정에서 촉발된 또 다른 유형의 세계 경제 위기였다. 리만브라더스 파산 때는 시장의 실패라고 했는데 이번에는 정부의 실패요, 공공의 실패라는 평가가 나왔다. 위기의 출발점이 어디였든, 위기의 전염 경로가 어디였든 간에 공포가 지배하는 위기의 결과는 비슷했다. 다만 경제적 약자에게 먼저 충격이 미친다는 점은 위기 때면 반복되는 양상이었다. 불확실, 불안, 불투명, 불신 등 4불(不)이 문제였다.

2. 문제는 부실

리만브라더스 파산으로 촉발된 글로벌 금융위기, 2010년

PIGS 국가들의 재정부실로 시작된 세계 경제의 위축, 그보다 앞서 1997년 한국을 비롯한 동아시아 국가들의 외환위기와 같은 경제 위기의 공통분모를 요약해 한 마디로 정리하면 어떻게 될까? 부실이다. 문제의 핵심은 부실인데, 그렇다면 부실이란 무엇인가? 보는 각도에 따라 부실에 대한 진단과 평가는 달라지겠지만 먼저 경제적 관점에서부터 보자.

인적으로 물적으로, 공적으로 사적으로, 공식으로 비공식으로 투입한 것과 결과가 불균형을 이룰 때, 달리 말해 투입한 것에 비해 결과가 모자랄 때 부실하다고 할 수 있다. 달리 말하면 투입과 산출의 비교에서 산출이 더 적으면 부실이다. 물론 산출이 적을수록 부실의 정도는 심해진다. 수많은 부실기업들이 그러했다. 리스크 관리에 태만했던 금융회사들도 이 기준으로 부실판정을 받았다.

가령 '한국 교육이 부실하다'는 것만 해도 공교육비, 사교육비로 연간 수십조 원씩 부어넣는 투자(비용)에 비해 쓸모 있는 유능한 인재(결과)를 키워내지 못하는 시스템에 대한 평가결과로 나온 진단이다. 공보험과 사보험으로 매년 막대한 의료비용이 들어가고, 공부 잘한다는 학생들도 의대로 대거 몰려가지만 우리 의료계의 산업화 정도나 선진화 수준은 어떤가? 만족할 만한가? 돈 잘 버는 성형의사로는 몰리지만 예방의학 교수, 외과의사는 찬밥인 현실을 돌아보거나, 한 때 신종 플루가 학교를 휩쓸었을 때 우왕좌왕 난민수용소 같은 진료현장을 되돌아 보면 한국의 의료체계도 아직은 부실하다.

경제적 성과 판정이 중요하다지만 세상만사 돈으로만 볼 수도 없다. 제도적·법적 기준에서 부실이 분명한 경우도 많다. 정치나 국회가 대표적이다. 법과 제도상 엄청난 권한과 혜택이 주어지지만 유권자 기대에 훨씬 못 미치는 분야다. 법, 제도, 관행에 부실을 낳게 하는 근본적인 문제가 깔려 있기 때문이다.

윤리 도덕적 차원에서 규명되는 부실도 있다. 언론에 대한 사회적 질타가 그런 류다. 시청료를 받는 공영방송이라면 모를까, 제도적 특혜도 없는 '민간의 사업자'인데 왜 언론사의 보도 행태가 부실하다며 탓하는 목소리는 언제나 높을까? 언론에 대한 높은 기대, 엄격한 윤리적 잣대로 부실여부를 판단하려는 까닭이다.

새삼 부실에 주목하는 것은 부실의 대가 때문이다. 시기가 문제일 뿐 부실은 반드시 뒤탈로 드러나게 돼있다. 그 대가는 어떤 형태로든 사회의 부담으로 이어진다. 경제적 부실이든, 제도의 부실이든, 도덕적 부실이든 예외가 없다. 부실공사, 부실분양이라면 1차 소비자가 먼저 부담하게 된다. 그런 부실기업 처리는 시차를 두면서 금융회사가 떠안게 된다. 금융회사에 부실이 누적되면 공적자금을 투입해야 해결된다. 그렇게 해서 국가재정이 부실해지면 결국 그 부담은 국민 몫이다.

우리는 외환위기 때 부실의 대가를 온 국민이 생생히 겪었다. 정치와 행정, 제도의 부실은 국민들이 일상적으로 떠안고

가야 할 몫이다. 제도적으로 과보호 속에서 생산성이 떨어지는 국회의 부실은 졸속·일방·불법 예산심의에다 부실한 입법 활동으로 이어질 공산이 크다. 먼저 경제적 손익 관점에서, 그 다음으로 제도적인 측면에서, 궁극적으로는 미래를 내다보는 지혜로 부실 요인을 파악한 뒤에 이를 제거해 나가야 한다. 그런데 그 일을 앞장서야 할 곳이 부실하니 좀체 해법이 나오지 못하는 것이 아직까지 한국의 상황이다. 부실예방, 그리고 부실화 조짐 때의 대응방식이야말로 사회선진화의 주요한 척도다.

5

아직도 희망적이고, 낙관적인가?

✗

　뉴밀레니엄이라며 온 지구촌이 떠들썩하게 환호하며 맞았던 21세기도 벌써 10년 하고도 몇 년이 더 지났다. 2000년이 시작될 당시만 해도 기대가 컸고, 희망이 더 크게 보였다. 20세기 말, 우리는 그렇게 낙관론이 팽배한 가운데 새로운 천 년을 맞이했다. 많은 전문가들이 하이테크 세상의 밝은 신천지를 전망했고, 언론 매체의 보도들도 대체로 희망적이었다. 정부나 정치권의 정책과 비전 제시에서도 그런 식이 많았다. 경제계나 학계의 발전 전략 또한 대개 그런 방향이었다. 완전히 멋진 신세계가 오리라는 소박한 믿음이었다.

　가령 이런 식이었다. "서울에서 뉴욕까지 2시간이면 가게 되니 이른 아침에 서울을 출발해서 미국에서 점심을 먹을 수 있게 된다. … 집에서 스위치만 누르면 사무실과 모든 것이 온라인으로 연결돼 재택근무는 보편화되는 데다 모바일 오피스 시대가 되니 언제나 어디에서나 가능한 유비쿼터스 디지털 시대에 우리는 휴식과 레저를 위해 더 많은 시간을 보낼 수 있게 된다. … 의학기술의 눈부신 발전으로 암과 에이즈까지 정복되면서 무병 100세 시대를 열게 된다. … 교통수단도 획기적으로 변하고, 컴퓨터 기술도 발달한다. … 신혼여행과 칠순기념 여행은 우주로 가고…."

막연한 낙관론에 근거한 장밋빛 전망은 많고도 많았다. 부지불식간에 우리 주변에 다가온 하이테크 기술이 그런 풍요로운 시대를 열어줄 것으로 대중들은 믿어 의심치 않았다. 이런 저런 '법칙'이 그런 미래를 합리화했고, 사회 각 분야의 잘난 인사들 가운데도 그렇게 멋진 시대가 가능할 것이라고 예견하는 이들이 줄을 이었다.

여러 가지 근거도 제시됐다. 가령 날로 원가가 싸지는 일상 속의 생활용품부터가 하이테크 시대의 산물이었다. 전자제품은 특히 더 그러했다. 한 달이 멀다 하고 새로 선보이는 휴대전화라든가 텔레비전, 개인용 컴퓨터를 보면 눈이 핑핑 돌 지경이었다. 의료기술도 마찬가지였다. 수만 년간 인류의 난치병을 인간이 통제할 수 있는 영역 안으로 끌어당긴 새로운 의료기술들이 급속히 발전한 데다 사회 곳곳으로 퍼져가는 의료보험제도는 이 기술을 대다수가 이용 가능하게끔 뒷받침해줬다. 그렇게 보통사람들도 조선시대 어의(御醫)들이 돌보는 것보다 나은 의료 서비스를 받을 수 있게 된 것은 하이테크 시대 덕분이었다.

그렇지만 다시 한 번 돌아보자. 이런 하이테크형 각종 생활 제품과 서비스에도 불구하고 우리는 행복한가? 앞으로 더 행복해질 것이며, 생활에서 만족도도 높아질 것인가? 상당히 비관적이다. 굶주리는 인구는 좀체 줄어들지 않고, 부의 불평등 문제도 많은 이들의 우려에도 불구하고 쉽게 해결되기가 어려울 것이다. 과학기술이 눈부시게 발전하면서 하이테크 세계의 지평이 넓어지는 것은 사실이지만 그 결과의 배분, 특히 직접 혜택을 누릴 수 있는 계층은 여전히 제한적으로 될 수밖에 없다. 국가 간, 기업 간, 집단 간, 개인 간의 격차는 더 벌어지는 불안정한 사회가 될 공산이 크다. 사회적으로 엄청난 노력을 하지 않으면 빈익빈 부익부의 구조가 더욱 견고하게 굳어질 가능성이 크다. 그런 사회 구조를 막연히 탓하며 불만을 표출하기보다는 대안을 제시하면서 격차를 메꾸고 부작용을 줄여나가는 것이 중요하다.

1. 갈수록 중요해지는 미래예측

미래예측만 해도 그렇다. 미래예측의 기법, 능력, 수단은 발전을 거듭하지만 미래예측은 여전히 어렵다. 어쩌면 이전보다 더 어려워지고, 미래는 더욱 불투명한 것이 되어 간다. 왜 그럴까? 나의 여유자금은 어디에다 맡겨야 할지, 주식에 투자하기로 했다 해도 어떤 종목을 사야 할지, 사업을 하기로 했는데 어떤 업종을 정해 어디에서 창업을 시작해야 할지, 학업을 마쳤으니 일자리를 마련해야 하는데 어떤 종류의 직업을 가져야 하고, 그러기 위해 당장 어떤 준비를 해야 할지 모든 판단이 더욱 어려워진다. 개인은 개인대로, 기업인은 기업인대로, 정부의 정책입안자들은 또 그들대로 수많은 변수를 놓고 고민한다. 고려해야 할 변수가 더 많아지면서 문제는 더욱 복잡한 방정식으로 바뀌어 풀기가 어려워진다. 말 그대로 복잡다기한 현대사회, 미래사회가 되어 가는 것이다.

이런 과정에서 개인들은 유비쿼터스로 존재하는 수많은 정보의 바다에 빠져 정작 정보를 구별할 능력을 갖지 못한 채 필요한 정보와 판단에서 소외되면서 사회의 큰 흐름(메가트렌드, megatrend)을 놓칠지 모른다. 아마도 다수 개인들은 시시각각으로 쏟아져 나오는 정보의 홍수를 극복하지 못한 채 그 속에서 허우적거릴 개연성이 매우 높아 보인다.

거듭 미래예측의 역량, 미래예측의 정확성 여부에 개인과 기업, 국가 사회가 잘 살고 못 살지가 달렸다고 지적하거니와, 미래예측에 우리 삶이 전면적으로 왔다 갔다 한다는 점을 강조하게 된다. 그러나 알면서도 실천, 실행은 어렵다. 누구나 미래 예측을 잘 하고 싶고, 정확하게 전망하고 싶지만 잘 안 되는 게 현실이다. 현대사회에서는 한층 어려워진다는 점은 명확하다.

가령 이런 예측은 어떻게 봐야 할까? '1987년 12억 명이던 하루에 1달러 미만의 경제력으로 목숨을 이어가는 인구가 새로운 세기(21세기)에는 15억 명으로 늘어나고, 2015년까지는 이 같은 절대빈곤자가 19억 명에 달할 것이다.' 월드뱅크는 1999년 보고서에서 이렇게 경고했다. 유감스럽게도 대개 이런 예측대로 흘러왔다. 그러니 우리의 숙제는 정말 많고도 어렵다.

하이테크가 판치는 현대사회라지만 미래예측은 갈수록 어렵다는 점을 반복해서 강조하면서도 우리는 끊임없이 미래예측을 시도한다. 미래예측은 돈이기 때문이고, 생존이 달린 문제이기 때문이다. 내일은, 또 그 다음날은 어떻게 될 것인가?

1999년 말, 나는 뉴밀레니엄을 맞으면서 몇 가지 가설을 생각하고 정해둔 것이 있다. 10년도 더 지났지만 지금 생각해봐도 크게 어긋난 것 같지는 않다. 당시의 가설을 간략히 다시 정리해보면 이렇다.

1) 미래는 장밋빛이 아니다. 더구나 미래예측 자체가 어렵다

우리는 2000년에 시드니에서 올림픽이 열리고, 2002년에는 한국과 일본에서 월드컵이 분산 개최된다는 것을 그 이전부터 알았다. 2000년 10월에 아시아유럽정상회의(ASEM)가 한국에서, 그것도 10월 23일 서울 강남구 삼성동 무역센터에서 열린다는 사실도 몇 년 전부터 알았고, 예금자보호제도가 바뀌어 은행을 비롯한 각종 금융기관에 내가 맡긴 돈이 어떻게 된다는 것도 사전에 다 잘 알고 있는 내용들이다.

그뿐인가. 총선은 언제, 대선은 언제 있고, 주택청약제도는 어떻게 바뀌고, 어디에서 개발되는 택지개발로 아파트는 언제쯤 몇 가구가 분양시장에 나오고, 입시제도는 어떻게 변하며, 기업의 지배구조는 어떻게 개선되는지 우리는 잘 안다. 행사일정, 제도변화, 경제성장의 대략적 방향, 개인들의 스케줄도 웬만큼은 다 알고 있다. 정치, 사회, 경제, 문화, 행정, 과학, 국제관계 등 각 부문이 예정대로 움직이는 것이 현대사회다. 정책예고, 입법예고란 이름하에 새로운 법제와 제도는 미리미리 고지된다.

그러면서도 당장 내일의 주가는 알 수 없다. 내년도 아파트 값은 어떻게 될지, 아파트 투자는 어떤 지역이 유망할지, 환율은 어떻게 움직일지 모른다. 또 전자산업의 내년 전망과 특정 자동차 회사의 영업수익은 어떨지 알 수가 없다. 정작 알아야 할 이런 것들이 우리 삶의 수준을 좌우하는 실물들이다. 전문가라는 사람일수록 더욱 엉뚱한 예측을 하기 일쑤다. 하이테크 시대, 예측 능력은 더욱 확충되고, 밑 자료와 기본 일정도 다 알고 있건만 갈수록 심화되는 불투명, 불확실의 시대에 우리는 처해 있다.

가령 17세기 중엽 한반도 어느 시골의 농부가 다음 해를, 18세기 중국의 어느 상인이 5년 후를 예측하는 것보다 당장 내일과 한 달 앞을 내다보기가 훨씬 더 힘든 세상에 우리는 살고 있다. 미래는 본질적으로 불확실하다고 할 수도 있겠지만 과거보다 현대에서, 지금보다는 미래로 가면서 '미래'는 더욱 불확실해질 것이다.

2) 개인 간 격차는 더욱 심하게 벌어지고 있다. 경제력, 정보력 등 모든 면에서 그렇게 되고 있다

양극화의 심화라 해도 틀린 말은 아니다. 빌 게이츠니 하는 거대 부호의 경우를 들 필요도 없다. 통계청이 매분기 발표하는 도시근로자 가구의 수지 동향을 보면 경제력 격차가 쉽게 좁혀지지 않는 현상은 바로 확인된다. 미래에는 이런 현상이 심화될까, 완화될까? 실리콘밸리와 월스트리트 뒤에, 여의도 증권가와 강남의 테헤란 밸리 뒤쪽의 멀지 않는 곳에 화려한 도시의 그늘, 현대사회의 응달이 있다. 통계청의 정기 소득조사를 보면 상위 10% 가구의 소득이 하위 10% 가구의 소득보다 아마 10배쯤은 많을 것이다.

소득의 불평등은 왜 심화될까? 정치, 경제, 행정, 사회구조나 제도가 나빠서인가, 아니면 과학기술이 불균형을 이루며 발전하는 까닭인가? 저소득층이 특별히 일을 열심히 하지 않아서인가, 혹은 한국이라는 국가가 내재적으로 어떤 문제점을 안고 있기 때문인가? 끝없이 문제를 던져보지만 속 시원한 대답은 나오지 않는다. 한 가지 위안을 삼는다면 이 문제가 우리 사회만 고민하는 과제는 아니라는 점이다. 미국과 같이 경제적으로나 사회의 민주화 정도에서 앞선 나라도 그렇고, 저개발 국가까지 모두의 고민이다. 하이테크가 피어나는 현대에 이런 문제가 해결되기는커녕 심해진다는 것이 우려점인데, 지금 그렇듯이 앞으로도 그럴 것이다. 싫지만 인정해야 하는 현실이다.

3) 절대 빈곤층이 늘어난다는 점은 큰 문제다

1달러도 안 되는 돈으로 하루를 생활해야 하는 인구는 왜 늘어나는가? 부자국가 미국에서도 하위 10%는 제대로 먹지 못한다는 조사 통계가 있었다. 그런 와중에 부유층에서는 'the haves(부유층)'와 'the haves more(갑부층)'라는 말이 나올 정도고 'rich(부자)'를 넘어 'super rich(진짜 부자)'라는 표현이 흔해빠진 말이 됐을 정도다. 그렇다고 해서 부나 불평등, 불균형 문제를 인위적으로나 강제적으로 풀 수도 없다. 그렇게 되면 공산혁명이 될 뿐 강제로, 억지 배분으로 풀 수 있는 문제가 아니다.

4) 독점되는 것이 부(富)만은 아니다

지식, 학력, 사회적 관계 등 많은 것이 독과점된다. 독점되는 가치 가운데 많은 부분은 세대를 넘어 이어지고 있다.

5) 경쟁이 심화된다

일이 힘들어, 더 많이 벌지 못해 자살하는 일이 한반도의 5천 년 역사에 있었을까? 설사 있었다 해도 지금처럼 흔한 일이었을 리는 없다. 절대빈곤 때문에 자살하는 경우가 없지 않았겠지만 수많은 화이트칼라나 도시인들, 고령층의 자살을 보면 그렇지만은 않다. 갈수록 심화되는 경쟁에 따른 부담감과 스트레스, 상대적 박탈감 같은 것을 이기지 못하는 것이다. 입시에서나 사회생활에서나 승자에만 주목하는 '일등주의' 세상에 대한 우려는 그래서 무겁게 들린다. 약육강식의 자연 법칙에 따라 움직이는 동물의 세계에서 제일 꼭짓점에 있는 맹수들도 배고플 때 사냥하고 배부르면 쉰다.

그러나 시장과 자본은 만족이 없고, 끝이 없다. 이런 발전 지향성 때문에 인류는 발전해왔고 부를 축적해왔겠지만 부작용도 적지 않다. 이런 현상을 보면 개인 단위의 작은 사업은 물론이고 기업하기가 점점 어려워진다. 시장의 신규 진입자가 부딪치는 규제 장벽부터 하나둘이 아니다. 하이테크 시대에는 많은 것이 인스턴트화 해가면서 특정 상품이나 서비스에 대한 고객의 '로열티'도 갈수록 약해질 수밖에 없어 조금이라도 상품의 질이나 서비스 수준이 나은 것이 나오면 고객은 거래 품목을 바꾼다.

6) 이미 20대 80의 사회라고 했다. 이 구도는 30대 70의 사회로 개선될 것인가, 10대 90의 사회가 될 것인가?

정보와 경제력 등 모든 면에서 상위 20%가 전체의 80%를 차지하는 사회가 되어간다는 분석이 나온 지도 한참 됐고, 이런 현상에 대한 우려도 많았다. 학력, 정보력, 경제력, 사업능력 모두 마찬가지다. 국제적으로는 영어가 주도하는 사회가 될 것이라는 전망이나, 경제협력개발기구(OECD) 회원국 30여 개국은 세계 인구의 20%선에 그치지만 지구촌 부를 장악했고, 인터넷도 선점했다는 지적은 이제 구문이다. 이런 불균형이 개선되지 않고 심화되면 어떤 일이 발생할까? 생각만으로도 끔찍하다.

7) 안정된 직업은 없다. 안전한 직장도 없다. 확실한 사업도 없다

경제 부분에서 안정이란 말은 아예 빼고 보는 게 맞을 것 같다. 심화된 경쟁 때문일 것이고, 소비자들의 로열티가 없어진 탓이기도 할 것이다. 그러나 그게 전부라고 볼 수는 없다. 하이테크의 현대사회는 그 자체로 워낙 빨리 변하기 때문이다. 임원이든, 직원이든 기업종사자에게 미래는 불안하다. 근로조건과 복지수준이 나아지고 있는 것 같지만 이전에 비해 직업의 안정성은 크게 흔들린다. 예외가 있을까? 철밥통이라는 공무원이나 공기업도 완전히 예외는 아니고 '사'(士) 자 들어가는 전문가들이라 해서 영향권 밖은 아니다. 국제적으로 명성을 얻고 있는 특정 벤처형 기업 중에는 연초에 연간기획회의를 하면서 35세 이상의 직원은 회의에 참여를 원천적으로 금지시킨 곳도 있었다. 하이테크 시대가 성숙해지면서 자연수명은 급속도로 늘어나고, 그래서 필연적으로 개인이 부담해야 할 의료비, 주거비,

생존차원의 생활비는 더 많이 필요해지는데 일할 기회는 점점 줄어든다.

8) 고령화 사회가 너무 빨리 도래하고 있다

이 가설은 이제 더 긴 설명이 필요 없다. 가설이 아니라 너무나 명확한 정설이며, 외면할 수 없는 진실이다. 인구학(Demography)은 많은 것을 알려준다. 미래예측의 출발선도 인구 분석에서 시작된다. 지금 인구학에서 우리가 주의 깊게 볼 관심사가 바로 고령화 사회를 넘어 초고령화 사회의 도래 속도다. 우리 세대는 고령화 사회의 수혜자인가, 희생자인가? 세계적으로 2000년에 6억5천만 명 선이었던 60세 이상 인구가 2050년에는 20억 명 이상으로 증가한다는 분석이다. 이 예측이 나온 지가 이미 10년이 됐고, 그 사이에 영양, 의료기술, 사회보장제도가 나아졌으니 고령인구는 이보다 더 많이 증가할 것이다.

사회성원 중 일할 능력을 상실해가는 고령자들의 기본생활보장은 개인이 담당해야 할 몫인가, 사회(국가)가 책임져야 하는가? 국가도 담당해야 하는 문제라면 개인과 국가는 어떤 비율로 책임질 것인가? 경제활동인구인 젊은 세대들은 고령자들의 삶의 질을 유지하기 위해 자기 수입의 더 많은 부분을 세금이나 준조세(공공 보험료)로 기꺼이 부담할 용의가 있을까?

9) 전통적인 사회 양식이 빠른 속도로 변한다

가족제도의 변화가 대표적이다. 젊은 세대들은 결혼을 하지 않는다. '결혼은 선택'이라는 말은 이제 자연스런 말이 됐다. 결혼을 하더라도 아이를 낳지 않는 게 흠이 아니고, 이혼도 흉볼 거리도 아니다. 좋은 분석 자료가 있다. 서울시가 2012년 7월에 낸 통계자료를 보면, 이 시점에서 서울에 거주하는 35~49세 남성 10명 중 2명이 미혼이다. 놀라운 것은 미혼 남성의 비율이 최근 20년 사이에 10배 이상 증가했다는 사실이다. 1990년 서울 시민 중 2만4,239명이었던 35~49세 미혼 남성(노총각)이 2010년 24만2,590명으로 늘었다는 것인데, 여성 쪽도 마찬가지다. 이 기간에 같은 연령층의 미혼 여성(노처녀)도 6.4배 늘었다. 여성의 미혼율도 2.1%에서 11.8%로 늘었다. 곁들여 주목되는 점은 여성의 경우 고학력에서 결혼을 하지 않는 미혼 비중이 훨씬 높다는 것이다. 2010년 35~49세 미혼 남성 중 고졸 이하가 52.4%(12만7,040명)로 절반 이상을 차지한 반면, 미혼 여성 중에서는 대졸 이상이 61%(8만8,612명)였다. 이러니 서울의 남성과 여성 평균 초혼 연령은 각각 32.3세, 30.0세가 됐다. 불과 20년 사이에 3.9세, 4.4세가 높아진 것이다. 결혼중개회사들은 부도 지경이 됐다.

결혼에 대한 가치관에서도 '반드시 결혼해야 한다'는 응답은 갈수록 줄어들고 있다. 남성 중에서 '반드시 결혼해야 한다'는 응답 비율은 2006년 28.1%에서 2008년 24.3%, 2010년 20.7%로

감소했다. 반면 '해도 좋고 안 해도 좋은 선택사항'이라는 응답은 2006년 22.5%에서 2010년 29.8%로 증가했다. 이런 현상은 학업기간이 길어지고 취업이 늦어지는 것과 무관하지 않다. 미혼 증가 현상이 지속되는 한 초(超)저출산 문제는 극복되기 어렵다.

대신 젊은 층은 경제적 능력이 있는 노인 부모들 품으로 파고든다. 이 같은 캥거루족이 일본에서만 보이는 현상이 아니다. 지금 70대 이상 '구세대' 가운데서도 "내 딸이 결혼생활에서 부당하게 힘든 일이 있다면 (친정인) 내 집으로 불러들이겠다. 이혼도 문제없다"고 드러내놓고 말하는 이들이 적지 않다. 경제적으로 어느 정도 여유가 있는 고령자들이 늘어난다는 사실과 무관치 않을 것이다. 불과 10~20년 전만 해도 "결혼해 나가면 그 집 귀신이 되어라. (친정으로는) 올 생각도 말아라"라는 말이 딸의 결혼 때 부모들이 들려준 말이었던 것과 완전히 달라졌다. 부모가 "딱해서 못 지켜보겠다. 차라리 갈라서라. 그리고 돌아오라"라고 이혼을 부추기는 것이라고나 할까. 수만 년 된 일부일처 가족제도가 이렇게 단시일 내에 급변하면서 사회 성원의 충원도 구성원들끼리 결혼이란 형식을 통해 꼭 아이를 낳아서 보충하는 것만이 방법이 아닌 상황이 되자 사회 바깥(외국)에서 바깥 사회의 구성원(외국인)을 인위적으로 '수입'해 들여온다.

10) 사회의 변화속도를 따라가지 못하는 개인들이 점점 많아진다

'사회가 급변한다'는 것까지는 모두가 인정한다. 그렇게 알고 대응도 하려 한다. 문제는 변화의 속도다. 변화의 속도가 갈수록 빨라지고, 다수 개인들의 적응 능력은 그 속도에 따라가지 못한다는 점이다. 극단적으로 뒤처지는 지체자는 은둔형 외톨이가 되어 묻지마 범죄를 일으키기도 한다.

사회가 급변하는 사이에 패러다임이 변한다. 예컨대 과거에는 선배를 잘 만나고 줄을 잘 잡아야 이런저런 덕을 보면서 출셋길에 도움이 됐다고 여겼는데, 이제는 꼭 그렇지만도 않게 됐다. IT 기반의 벤처기업 가운데 우뚝 서는 젊은 스타 기업인들도 속출하고 있어 때로는 나이와 상관없이 후배를 잘 만나는 것이 약간의 경험 외에는 내세울 게 별로 없는 중장년층의 인생 후반부 성패에 더 큰 영향을 미치기도 한다.

워낙 빠르게 변하다 보니 과학과 기술의 발달이 인류에게 꼭 좋은 일만은 아니라고 일반인들도 심각하게 반성하면서 받아들이게 됐는데, 하이테크 일변도의 환상에서 가급적 빨리 깨어날 필요가 있다. 온갖 편리한 거래가 가능하고 현금도 필요 없는 사회가 되어가더라도 한 방에 시스템에 금이 갈 수 있고, 내게 숫자(계좌의 돈)가 없다면 이런 하이테크 기술은 큰 의미가 없다고 보는 편이 냉정한 판단이다. 그렇게 되다보면 더 많은 이들이 소외를 느낄 수 있고, 산업화 초기 때처럼 '소외' 문제는 다시 사회적 아젠다로 부각할 것이다.

11) 리스크 관리는 본질적으로 개인의 몫이 돼 간다

과거에는 국가가 군대로 외적을 지키고, 경찰이 치안을 유지하면 사회의 기본은 됐다. 그러나 이제는 국방부가 나라 지키는 것보다 경제부처와 중앙은행, 금융감독 당국 같은 데서 힘을 잘 모아 국가의 돈 가치(재산 가치)를 지키는 것이 더 중요한 시대가 됐다는 사실을 우리는 외환위기, 글로벌 금융위기 등을 거치면서 실감했다. 나는 아무런 잘못도 없는 것 같은데 어느 날 내 예금, 내 자산의 대외적 가치가 절반(환율 급상승에다 물가 상승)으로 깎여버리는 것에 대해 개인들은 속수무책이었던 경험이 있다. 보통 시민들은 이럴 때 제대로 대응할 수가 없었다.

이제 리스크 관리는 기업이나 국가에게도 최대의 과제가 됐다. 1997년 말, 한국이 겪은 외환위기는 국가가 해야 할 리스크 관리를 제대로 하지 않으면 어떤 곤경에 처한다는 사실을 생생하게 보여줬다. 한보와 기아의 좌초, 대우그룹의 좌초가 보여준 시사점이 그것이다. 그런 위기 때 기업이 리스크 관리를 제대로 하지 않으면 어떤 결과를 초래하는가도 우리는 값비싼 대가를 치르고서야 배웠다. 그렇다면 개인이 리스크 관리를 제대로 하지 않으면 어떻게 될까?

수시로 드나드는 외국자본에 대한 정부의 감시와 대응책이 북한군의 포격에 대한 대응 못지않게 현실적으로 중요한 시대에 들어선 것이다. 소총을 들고 155마일 철책선을 지키는 일보다 레이더로 영공을 감시해 비행기의 접근과 미사일의 공습을 사전에 인지하는 것이 더 중요한 현대적 안보 개념이듯이, 어쩌면 단순한 국경선 지키기 차원의 국방보다 시장과 자산 가치를 지키는 것이 국가의 임무 중 더 우선순위에 놓이는 시대에 우리는 살고 있다. 그렇다 해도 본질은 개인에게로 귀착된다. 리스크 관리를 잘하는 국가, 기업과 집단, 개인이 21세기의 승자로 남는다. 또한 리스크 관리는 국가, 개인이 속한 조직(직장), 개인이 3등분해서 3분의 1씩 책임져야 한다.

12) 일상생활은 더 안전해진다고 볼 수 있는가?

먹을 것부터 한 번 생각해보자. 먹거리는 풍부해지고 있는데 과연 안전한 식품들인가? 가장 기본적인 물부터가 불안하다. 타임머신을 타고 멀리 갈 것도 없이 1백 년 전쯤으로 거슬러 올라가보자. "물을 사먹는다"고 하면 누가 믿을 일인가? 봉이 김선달의 대동강물 팔기는 우스갯소리에나 나오는 얘기일 뿐이다. 물을 길어 부엌에 날라다주는 정도야 이례적인 서비스 사업으로 있었겠지만 깨끗한 생수를 찾아가야만 하는 일, 그 물을 사서 먹는 일은 상상도 하기 어려웠을 것이다.

그러나 오늘날 물 산업은 엄청난 사업이다. 개발, 판매, 유통의 단계 단계가 모두 큰 산업이다. 알프스 산록의 마시는 물 '에비앙'은 같은 양의 휘발유보다 비싼 값에 국경을 넘나들며 팔린다. 국내에서도 제주도, 지리산, 강원도에서 나오는 유명 상표의 생수가 있고, 이보다 더 비싼 가공된 물도 있다. 돈으로 사야만 하는 상품과 서비스가 물뿐만이 아니다. 하이테크의 현대사회에서 내 손에 주어지는 것은 전부 대가를 지불해야 들어온다. 그런 종류가 늘어나는 게 경제 발전이고, 사회의 발전이기도 하지만 단단히 각오하지 않으면 따라가기가 어렵다.

지구상의 물 가운데 마실 수 있는 물은 1%밖에 되지 않는다고 한다. 물 수요가 늘어나면서 더 많은 고급제품의 물이 생산되고 유통된다는 점이 안전하지 못한 현대생활을 역설적으로 보여주는 한 단면이다. 값비싼 해저심층수가 나오는가 하면 인체에 매우 유익하다는 또 다른 건강증진 물도 나온다. 문제는 가격이다. 안전의 대가는 비용으로 곧바로 이어지는 시대가 됐다.

공기는 또 어떨까? 맑은 물이 판매되는 것을 보면 '자연산 공기'도 곧 특수용기에 담겨 팔릴 것 같다. 공기정화기, 공기청정기의 등장은 그런 초보 단계라고 보면 맞을 것이다.

먹고 숨쉬는 것만이 아니다. 일상에서 치안과 보안, 늘어나는 폭력 등 끝없는 불안 속에서 보안 산업이 새로운 업종으로 뜬다. 안전한 행사 진행, 연예인과 기업인 등의 요인 경호부터 아이들을 학교에 데려다 주는 것까지도 모두 유망 사업이 된다.

13) 사회적 과제의 시작과 끝은 일자리 문제로 귀착된다

보통 사람들 삶의 안전에 가장 영향을 크게 미치는 것은 단연 일자리다. 월급이나 수입이 많고 적음은 그 다음 문제다. 특히 월급생활자들은 봉급이 많으면 많은 대로, 적으면 적은 대로 살아가게 된다. 균등하게, 빠짐없이, 기복 적게 수입이 규칙적으로 이어지느냐가 핵심이다. 그러자면 일자리가 – 직장이든, 자기 사업이든, 투자 소득이든 – 안정적이어야 한다. 실업문제는 그래서 더욱 무서운 숙제다. 실업과 고용의 중요성은 갈수록 커질 것이며, 그만큼 정책에서 우선순위로 꼽히게 될 수밖에 없다. 한국이든 미국이든 유럽이든 예외가 될 수 없는 문제다. 일자리 문제는 저소득층에 국한된 과제가 아니다. 예를 들어 2012년 한국사회에는 로스쿨 졸업 변호사들이 1481명씩 배출됐다. 매년 이 정도의 로스쿨 변호사가 나오면 사법시험 변호사들까지 합쳐 연간 2000명 이상의 새 변호사가 일자리를 놓고 싸움을 벌이게 된다. 그런데 일자리는 매우 제한되어 있다. 사회적으로 매우 어려운 상황이 된 것이다. 미국 말에 "일거리가 없는 변호사는 굶주린 사자보다 더 위험하다"는 게 있다. 일자리를 찾지 못한 배고픈 변호사가 어떤 일을 저지를지, 그로 인해 치러야 할 사회적 비용은 어떨지 자못 우려된다. 고용문제, 실업문제에 있어서 우리가 주목하게 될 현상을 간단히 정리해보자.

(1) 저소득층에 실업자가 더 집중될 수 있다. 이는 사회의 안전성, 안정성과 직결된다.

(2) 장기실업자가 늘어날 것이며, 최소한 당분간 줄어들기는 어려울 것이다.

(3) 청년 실업문제는 단시일 내에 해소되기 어렵다. 결국 청년 실업자는 국제적으로 양산되는 구조여서 인구문제에서 큰 변수다.

(4) 통계에 잡히지 않는 사실상 실업자가 더욱 늘어나면서 실업은 통계 숫자만 봐서는 안 된다.

(5) 고용은 구조적으로도 한층 불안전하고, 불안정해질 것이다. 임시직, 일시직, 비정규직은 사회적 노력에도 불구하고 쉽게 줄어들지 않는다.

(6) 일자리를 놓고 세대 간 갈등이 다양한 형태로 나타나게 된다. 청년 실업 해소와 베이비부머의 은퇴문제 해결이 더 크고 광범위하게 충돌하게 된다.

(7) 일자리 경쟁은 국제 간 주요 다툼 사안이다. 이 문제는 다른 어떤 사안보다 국가 간 협력이 어렵다.

(8) 일자리로 인한 인구이동이 심화된다. 경제위기를 겪는 국가들, 경제적으로 어려움을 겪는 나라의 젊은이들이 나라 밖에서 일자리를 찾게 된다.

(9) 일자리가 강조될수록 기업의 사회적 목소리는 커진다.

(10) 일자리 경쟁은 새로운 계층 분화를 야기한다. 안정된 일자리를 가진 남녀끼리 만나 결혼할 경우 바로 '신(新)상류층'으로 진입한다.

(11) 일자리를 자녀에게 물려줄 수 있는 종류의 직업을 가진 부모는 자식에게서 더 직접적인 존중을 받을 수 있다.

2. 미래예측의 어려움, 실제 사례

1970~71년, 당시 관 주도로 경제개발계획을 한껏 밀어붙였던 한국 정부는 30년 후의 미래를 예견하는 작업(과학기술처가 주도)에 돌입했다. 각종 연구소와 미래학회 등이 실무적으로 참여한 큰 작업이었다. 연구 결과는 '서기 2000년 한국에 관한 조사 연구'라는 책으로 나왔다. 장기적인 관점의 국가전략과 정책 수립을 위한 이 프로젝트에 내로라하는 지식인 1,060명이 참석했다. 이홍구 전 총리, 조순 전 서울시장 등도 당시 신예학자로 이 작업에 참가했다.

그들이 어떤 전망을 내놓았는지 사례를 한번 살펴보자. '2000년엔 컴퓨터 보급이 1만 대를 돌파할 것이다'(한국의 컴퓨터는 1999년에 이미 230만 대 돌파). '1980년대에 공해문제가 크게 대두되지만 공해방지법 등 각종 시스템이 마련돼 2000년에는 적어도 인체 공해는 극복된다'(극복은커녕 공해문제로 인한 질환은 갈수록 다양해졌다). '과학 분야의 노벨상 수상자도 나올 것'(아직까지 실현 안 된 꿈이다).

이런 것이 빗나간 예측인 반면 맞는 것도 많았다. '2000년에는 정보가 가장 값비싼 정보화 사회가 되며, 필요한 정보는 전화나 컴퓨터 터미널을 통해 언제 어디서나 자동적으로 데이터 뱅크에서 얻게 된다'(정보는 흔해졌지만 인터넷의 생활화를 보면 상당 부분 맞았다). '전 가정의 TV 소유와 연탄 대체 연료가 모든 가구에 보급되며, 도시 주택의 50% 이상이 배관을 통해 가스를 공급 받는다'(난방까지 망으로 보급되는 시대가 됐다). '된장, 간장의 상품화로 장독대가 없어진다'(이보다 한 발 더 나아가 온갖 인스턴트 탕류에다 맛좋은 밥까지 진공포장으로 판매된다). '초등학교에서 영어교육이 실시된다'(학교를 넘어 학원까지 영어 때문에 온 나라가 난리다).

컴퓨터만 해도 지금 내게는 6대의 컴퓨터가 있다. 집에 있는 데스크톱 PC, 몇 년 되지도 않았지만 어느 새 구식이 된 노트북 PC, 비록 단순작업에 쓰지만 아내의 노트북 PC, 대학생 아들의 최신식 애플 노트북 PC, 신문사의 내 자리에도 신형 노트북 PC와 데스크톱 PC가 있다. 4대의 스마트폰에다 갤럭시 탭, 아이패드 한 대씩은 별도다. 아마 고등학생인 딸이 대학에 진학하면 한 대 더 사게 될 것이다. 그렇다고 해서 내가 경제적으로 크게 여유가 있어 컴퓨터를 여러 대 가진 것도 아니다. 그만큼 생활 구석구석까지 파고들어온 생활용품이 컴퓨터이고 기능에 비해 싼 값에 보급되면서 보편화됐다는 얘기다.

당시 여러 부문에 걸쳐 한국 사회의 역량 있는 인재들이 대거 동원됐다지만 전망은 엇갈렸으며, 엉뚱한 전망도 적지 않았다. 그만큼 미래예측은 어렵다. 연구와 지식 없이는 과학적이고 합리적인 미래예측이 어렵겠지만 그렇다고 연구만 한다고 정확히 볼 수도 없는 게 미래진망이다. 당시 연구결과를 참고하면서 지금 시점에서 앞으로 30년 후를 다시 예측한다 해도 정확성이 높아진다는 보장은 없을 것이다. 그렇다고 한시라도 미래예측을 소홀히 할 수 없다는 점이 구조적인 문제다. 피동적으로, 준비 없이 미래를 맞이하다가는 대재앙을 맞게 되기 때문이다.

미래예측은 예나 지금이나 '시대적 과제' 다. 동서양, 선후진국 모두에게 그렇다. 1996년에는 미국에서 미래연구로 '밀레니엄 프로젝트' 가 진행돼 그 결과를 발표한 적이 있다. 워싱턴에 본부를 두고 한국을 포함해 세계 32개 국가에 지부를 만들고 2,500여 명의 학자와 전문가들이 동원된 네트워크였다. 이들은 '15대 지구적 도전과제' 라는 연구결과를 내놨는데 ①지구변화와 지속가능한 발전 ②위생적인 수자원 확보 ③인구증가와 자원배분 ④민주주의의 확산 ⑤장기적 시각에 입각한 정책결정 ⑥정보통신 기술융합 ⑦빈부격차 완화 ⑧질병의 위협 ⑨ 불확실성 하의 의사결정 역량 재고 ⑩테러리즘과 대량살상무기 사용 억제 ⑪여성권익 신장 ⑫국제 범죄조직 확산 ⑬에너지 수요 증가 ⑭과학기술 발전 ⑮윤리적 의사결정이 그것이다. 제목만 봐도 뭘 얘기하려는지 충분히 짐작 가는 내용들이다.

이 연구에서도 각론으로 들어가면 뜯어볼 대목이 적지 않다. 가령 기후변화로 인한 사망자가 (그 이후로) 매년 30만 명에 달하고, 2025년에는 세계 인구 중 30억 명이 물 부족 상태에 처할 것이라거나, 도시화로 2030년 총인구의 80%가 도시에 거주할 것이라는 등 구체적인 수치를 동반한 전망이 적지 않았다. 반면 민주주의가 확산될 것이라거나 장기적 관점의 정책결정이 이뤄질 것이라는 낙관론에는 이의제기도 뒤따를 만하다. 빈부격차가 완화되리란 예측이나 윤리적 의사결정이 가능할 것이라는 전망 또한 의구심을 불러일으킬 만한 내용이었다.

이들은 20년간 미래를 변화시킬 주요 동인도 분석했는데, 그것이 글로벌 경제 시스템을 변화시킬 요인들이라고 규정했다. 그러면서 주요 동인에 대해 중요도를 매겼다. 첫째가 '경제 시스템 내 윤리문제의 부각'이었다. 글로벌 금융위기를 내다본 것 같은 대목이다. 그 다음은 삶의 질을 반영한 새로운 개념의 GNP·GDP 등장, 공기·해양 등 글로벌 공유재 보존을 위한 국가 간 합의, 집단지성의 활용 등이었다. 이런 것들이 왜 미래를 변혁시킬 주요 동인이라고 봤을까 하는 의문점도 들지만 곰곰히 생각해보면 충분히 수긍이 가는 정리다.

이렇듯 현대사회는 온갖 방법으로 연구하면서 거듭 반복해 시도하는 게 미래예측이고, 끊임없이 되풀이하지만 정확한 미래예측은 여전히 어렵기만 하다. 그래도 미래예측을 끊임없이 시도하는 것은 인간의 본능일까, 학습의 결과일까?

6

하이테크 시대의 진단

하이테크 시대가 보여주는 화려한 미래상을 다시 한 번 짚어보자. 당장 쉽게 생각해볼 수 있는 우리 주변의 변화부터 살펴보자. 하이테크 시대가 보여주는 미래사회의 생각거리는 많고도 많다.

1) 국경이 없어지는 지구촌 사회, 우리에게 기회인가, 위기인가?

요즘 대학생들은 편하게 해외로 나간다. 배낭여행도 이제는 익숙한 관행이다. 교환학생, 어학연수 등 명분도 다양하다. 외국자본도 아무런 지장 없이 언제나 들어오고 나간다. 국내로 들어오는 해외의 여행객, 방문객은 갈수록 늘어난다. 경제적으로 여유가 있는 계층의 중국인들은 전세 비행기로 제주도에 들어와 활대하게 돈을 쓴다. 한국에서 쓰는 중국인 1인당 소비액이 일본인보다 5배나 많다고 한다. 당연히 한국 경제에 적지 않은 도움이 된다.

다만 그늘도 있다. 들어오는 만큼 나가는 이들이 있고, 국내에 취업을 위해 들어오는 외국인들도 무척이나 많아졌다. 합법 근로자나 다문화 가정은 그렇다 치고, 불법 근로자들도 계속 늘어난다. 방글라데시, 파키스탄 같이 겉모습부터 우리와 구별되는 외국인에서부터 외모로는 거의 구별이 안 되는 중국 동포까지 숫자도 많고 다양하기도 하다. 이들도 한국 경제의 한 축이니 단순히 이들이 일자리를 차지한다는 것에 의구심을 가질 필요는 없다. 폭력과 범죄를 일으키고, 그로 인해 인종갈등 (Xenophobia) 같은 선진국형 문제가 나온다는 점이 걱정이다.

자본의 이동도 마찬가지다. 우리 금융의 덩치를 키우고 선진 금융기법에 도움 되는 측면이 있지만 쉽게 들어온 큰 돈이 갑자기 빠질 경우 그만큼 큰 충격을 받을 수도 있다. 그렇다고 해서 이제는 막을 수도 없다. 만약 그렇게 시계를 거꾸로 돌린다면 '국제적 규제 국가'로 규정되면서 어느 순간 한국은 B급 국가, 정부가 과도하게 시장을 간섭하는 좋지 않은 2류 국가로 낙인 찍힐 수 있다. 하이테크 트렌드가 만든 새로운 경지다.

2) 더불어 번영해야 할 인류, 저개발 국가의 성장은 축복할 일인가, 그 반대인가?

13억 명인지, 15억 명인지도 모르는 중국인이 식생활을 바꾼다면? 중국인들의 생활수준이 높아져 매일 아침 우유를 마시고, 베이컨에 달걀 요리를 날마다 즐긴다면? 그렇게 중국인 한 사람 당 연간 달걀 소비를 100개 정도만 늘인다면 이 닭들은 어디서 무슨 사료로 키울 것인가 하는 의구심도 지구촌 사람들이 함께 생각해볼 과제가 됐다. 물론 그들의 성장을 일부러 막아서도 안되고, 그럴 인위적인 수단도 없다는 점은 그것대로 받아들여야만 하는 것이 현실이다. 이들 중국인들의 생활수준이 적당히 높아져 매일 아침저녁으로 샤워를 하고 세제를 걱정 없이 쓴다면 그 물을 받아들이는 서해 바다는 어떻게 될까? 그렇다고 중국의 경제 성장이 느려지길 내심 기대할 수도 없다. 중국의 성장 엔진이 꺼지기는커녕 식는 수준만 되어도 우리 경제는 몸살이 날 정도로 상호 의존도가 높다.

중국만의 일이 아니다. 아시아, 아프리카 등 제3세계에서 경제 성장과 삶의 질이 올라간다는 것은 우리에게 어떤 의미를 줄 것인가? 그들도 하이테크 시대의 혜택을 누릴 권리가 있고, 점차 누리게 될 것이다. 다만 환경, 자원관리, 국제 물가와 같은 문제에서 단기간에 미칠 영향은 심각한 걱정거리를 동반하며, 그런 과제를 풀어나가는 데는 막대한 비용이 수반된다는 점이 부담이다.

3) 정보의 유비쿼터스화. 정보 부족, 정보 불균형 사회에서 벗어날까?

오늘날 정보는 곳곳에 널렸고, 매체도 다양하다. 신문과 방송으로 정리됐던 뉴스원(源)은 순식간에 옛말이 되어 간다. 이제 신문은 '새로운 뉴스' 대신 깊이 있는 논평과 정확한 방향잡기로 생존해가야 할지 모른다. 인터넷에 모든 뉴스가 있다. 스마트폰이 보급되고, 그런 하이테크 기기에는 편리한 앱이 깔려 있어 정보의 유비쿼터스화를 촉진한다. 삼성전자에서 스마트폰 갤럭시S3 모델을 냈을 때 전 세계적으로 하루에 20만대씩, 제품을 시장에 선보인 지 100일 만에 2천만 대를 팔았다. 삼성전자뿐만 아니라 전자기업들이 앞다투어 내보이는 이런 하이테크 기기를 바탕으로 하이테크 소프트웨어까지 저가로 보급되면서 정보는 도처에 깔리게 됐고, 정보의 양 자체가 너무 많아졌다. 이제 무엇이 필요한 진짜 정보이고, 어떤 것이 나에게 유익한 뉴스인지 구별이 어려워졌다. 이렇게 판단이 어려워진다는 것은 다시 기본(로테크)으로 돌아가야 할 시점이 되어 간다는 의미가 된다. 정작 자신에게 필요한 것을 가려내는 역량이 정보를 새로 찾고 구하는 것보다 더 의미 있는 시대가 됐다.

4) 하이테크로 성장은 계속될 것이라는 가정, 성장은 좋은 것이라는 믿음은 언제까지 계속되어야 할까?

경제 성장이 필요한 것은 사실이고, 부인할 수 없는 원칙이다. 무엇보다 일자리를 만들어야 하고, 소득도 올려야 한다. 그렇다면 적정 속도는? 물가에 압박을 주지 않는 선이라는 잠재성장력 이론만으로 해결될 질문인가? 오랫동안 고성장을 당연한 것으로 여겼던 한국이나 중국 같은 곳에서는 고성장 후유증도 단단히 각오해야 한다. 일본식 후유증은 남의 일이 아니다. 하이테크 시대, 경제가 굴러가는 방향 파악은 어렵기만 한 데다 경제발전의 빛과 그림자도 너무나 극명하다. 당구장이 지고, PC방이 개인 수준에서 할 수 있는 새 사업으로 뜨는가 했는데 그것도 아니었다. PC방 운영자도 대개 서민계층인 것을 보면 확실히 그렇다. 양복점과 제화점은 사그라지고, 피부관리사와 비만관리사가 새 직업으로 부각되는 듯 보이기도 했는데, 이 현상은 또 얼마나 오랫동안 지속될지 알 수가 없다.

5) 늘어나는 편리, 그 속에 감추어진 독(毒)

확실히 편리한 시대다. 집 안에서도, 집 밖에서도 그렇다. 당장 일상 속의 지출, 돈 관리도 편리해지면서 바쁜 일상에서 현금 사용부터 확실히 줄어들었다. 대부분의 현대인들이 모두 월급이든 뭐든 때가 되면 자동으로 통장으로 들어가고, 빠져나갈 돈도 대부분 자동이체 된다. 신용카드 시대를 지나 인터넷 뱅킹과 휴대전화를 통한 모바일 뱅킹이 보편화되니 특별히 현금을 사용할 일도 많지 않다. 그러나 가정해보자. '빅 브라더'가 있어 특정인의 은행계좌와 신용카드 사용명세, 휴대전화 사용내역과 지출상황만 본다면 한 개인의 모든 것을 알 수 있게 돼 프라이버시가 없어진다.

예를 들어, 1년치 개인별 소비와 지출 자료를 개인의 은행계좌와 신용카드 사용내역을 빼서 분석해본다고 치자. '월급을 포함해 1년에 얼마를 벌었고, 세금은 얼마 냈으며, 요일별 지출은 어떠하며, 국내와 해외에서 또 서울과 지방에서 쓴 비용은 얼마인지, 주유비·외식비·책 구입비·유흥업소 지출은 각각 얼마이며, 백화점에서 얼마를 편의점에서는 얼마를, 택시는 건별로 언제 어디와 어디 사이에서 얼마를 내고 탔는지 다 알 수 있다. 버스와 지하철 탄 회수를, 10만원 이상 지출과 5만원 이하의 지출, 할부와 백화점 지출, 호텔은 몇 차례 갔는지 다 나온다. 일터나 집과 거리가 있어 보이는 특정 지역의 커피 전문점을 언제 가서 얼마를 지불했고….'

그 정도에서 그치지 않는다. '계속 지출되던 휘발유값이 몇 달간 지불된 내용이 없다면… 어디서 주유권을 선물 받았나, 누가 기름을 대신 넣어주었나 의심할 수 있을 것이며, 목요일마다 특정 식당에 밤늦게 결제한 내역이 있다면 그런 시간에 무슨 일로 그곳에….' 이렇게 되면 현대인은 완전히 유리어항 속 금붕어가 된다. 누구나 예외가 아니다. 나쁜 짓을 할 여지가 없게 된다. 물론 이런 사회의 하이테크화에 대응해서 대포폰(타인의 명의를 빌려 개설한 전화)이 활용되고, 차명계좌가 동원되기도 하지만 이런 것들은 정상적인 일이 아니다. 결국 편리함의 대가로 현대인들은 본인이 인식하지 못하는 것까지 포함해 자신의 생활 전부를 전자결제 시스템의 곳곳에 '전자 기록'으로 남겨두게 된다.

이런 금융정보가 단단히 갈무리 되는 대단한 정보가 아니라는 점이 중요하다. 카드사처럼 금융결제망에 늘상 접근해 있는 곳에서 보면 일상 업무로 다루는 업무 정보일 뿐이지만, 한 개인의 신상털기 자료로 삼자면 전자 기록은 완벽한 자료가 된다. 당연히 법률로 보호가 되는 정보임에 분명하겠지만 '빅 브라더'가 작정한다면 얼마든지 볼 수 있기에 국가 공권력 같은 것에 잘못 악용될 경우를 상정해보게 된다.

6) 일상의 전자 기록화, 프라이버시는 더욱 보호되는가, 오히려 사라지는가?

예전에 '에셸론(ECHELON)'이라는 범세계적인 감청장치가 있었다고 떠들썩했던 적이 있다. 실제로 있었는지 없었는지, 또 있었다면 그 성능은 어느 정도인지 정확히 알 수 없으나 우리가 일상적으로 구축해가는 일상 속의 편리함 – 유무선 전화에다 신용카드, 금융계좌, 스마트폰, 인터넷 업무환경, 신용거래와 매매 시스템 – 이 모든 정보를 축적한다는 점이 중요하다. 요컨대 현대의 인간 개인들의 행동이 IT 정보화되어 부피도 없는 인터넷의 무한 공간에 저장돼 관리된다는 사실이 중요하다. 콜럼버스는 아메리카라는 거대 신대륙을 발견했고, 프로이드는 무의식의 세계라는 더 큰 대륙을 발견했다지만 현대인들은 하이테크의 기술을 발판으로 인터넷과 전자화라는 무한대의 '기록 대륙'을 가상의 공간에서 구축해냈다. 창고도, 저장 시설도 필요 없으면서도 용량은 실상 무한대인 저장 창고에 우리 개인들의 하루하루 일상을 착오라고는 없는 전자 기록으로 저장시켜 놓고 있다. 이 현란한 하이테크 기술은 마침내 우리를 어떻게 옥죌 것인가?

7) 정말 위험한 것은 잘못된 미래예측이다

생사람 잡을 일도 많아졌다. 유전자 검색을 통한 건강진단이 응용돼 상업화됐다는 소식을 접한 지도 한참이다. 매우 간단한 실험이어서 적용도 쉽다고 했다. 손쉽게 개인의 유전자를 분석, 큰 질병 가능성이 있는 개인의 취업을 미리 막고, 결혼에서도 이용되고, 어떤 보험회사에서는 그 정보를 바탕으로 보험가입도 막는다고 한다. 5년 후, 10년 후에 어떤 질병에 걸릴 것이라는 예측을 바탕으로 개인의 취업을 막는다니 정말로 생사람 잡을 일이다. 하이테크 기술을 과용해서도 안 되고, 과신은 더더욱 금물이다.

8) 하이테크가 주는 멋진 기회가 모두에게 가는 것은 아니다

멋진 신세계로의 꿈? 누군가는 맛볼 것이다. 단, 그것이 '나'라는 보장은 없다. 제한적이지만 우주여행이 상용화되는 것을 보면 달로 신혼여행을 가고 금혼식을 우주에서 보내는 시대도 머지않아 올 것이다. 서울에서 미국 최고의 암 병원이라는 텍사스 앤더슨 암센터의 원격 진료를 받는 시대가 열릴 것이다. 핵심은 우주여행을 얼마나 많은 사람이 갈 수 있을까 하는 점이다. 내가 누릴 가능성은? '시간과의 싸움이 인생'이라면 내가 누릴 수 있는 하이테크와 누리기 힘든 하이테크를 구별해볼 수 있는 지혜를 가져야 한다. 시대와 나를 동일시하는 오류는 곤란하다. 아직도 지구촌에는 19억 명이 전기의 혜택조차 누리지 못하고 있고, 전화기조차 사용 못하는 사람들이 너무나 많은 것이 현실이다. 1인당 전기소비량을 봐도 방글라데시는 한국에 비해 51분의 1, 네팔은 106분의 1 수준에 그친다. 세계 인구 중 30억 명이 아직도 음식을 만들거나 난방을 할 때 가스나 석유가 아니라 나무나 석탄을 이용한다.

7

우리가 나아갈 호모 루덴스의 길

✗

호모 루덴스의 길로 제대로 들어서서 제대로 재미를 즐기자면 필요한 것은 비용만이 아니다. 열정, 관심, 안목과 같은 수혜자로서의 자질도 매우 중요하다. 이게 없으면 정신적인 즐거움 같은 것은 아예 알지도 못한 채 말초적이고 감각적인 재미만 추구하기 십상이다. 게다가 겉모양만 호모 루덴스처럼 보일 뿐 실상은 허례허식에 빠져 있거나 허위의식에 젖어 문화, 예술, 현대 문명이 주는 진정한 재미와 감동을 느끼지 못한 채 쓸데없는 돈 낭비로 사회적 위화감만 조성할 수 있기 때문이다.

이렇게 본다면 졸부들이 마구 생산되는 현대에 돈의 가치를 잘 음미해봐야 하고, 수용자로서 호모 루덴스의 자세를 한번쯤은 살펴봐야 한다. 이 대목에서 필요한 것이 어느 사회, 어느 국가든 중산층쯤 되는 계층의 안목과 자질인데, 굳이 표현하자면

'중산층 자질론'이라고 이름 붙여도 되겠다.

이 점에서 한국의 중산층은 형성 역사가 오래 되지도 않았거니와 그만큼 품격이나 자질 면에서도 국제적 기준으로 본다면 많이 취약하다. 한 마디로 정리할 때 한국의 중산층 기준은 과도할 정도로 경제적인 측면에서만 접근한다. 단시일 내에 경제 발전을 이루면서 국제적으로도 압축 성장의 좋은 모델로 부추겨지는 것까지는 좋은데, 이렇게 존중받으면서 너무 '돈! 돈! 돈!' 하느라 돈으로만 중산층, 나아가 상류층을 재는 습관이 이례적으로 강하게 형성된 것이다.

하이테크가 보편화된 21세기, 현대사회에 맞는 호모 루덴스로 격조와 품위를 맞추자면 재미와 감동을 본격적으로 즐기는 계층으로 중산층을 봐야지, 돈만 따져서는 안 된다. 예를 들면, 중산층의 기준이 한국에서는 주로 이렇게 된다. 집은 어느 정도 인가?(부채 없이 도시에서 30평 이상을 가져야 한다는 대답이 많다) 월 수입은 어느 정도인가?(월 수입 기준으로 500만원 이상이어야 한다는 대답이 많다) 이밖에도 예금 잔고는 얼마나 되어야 하며, 해외 여행은 얼마나 자주 다니고 있으며, 자동차 크기는 어느 정도여야 하나 하는 식인데 늘상 돈이나 물질적 기준으로 시작해서 이 정도에서 끝난다.

언론과 정부의 관심도 대개가 이렇듯 경제적인 관점에서 중산층을 이해하려 하고, 경제적인 차원에서 중산층 육성방안을 내놓고 있고, 경제상황이 조금 나빠지면 '중산층이 흔들리고,

중간계층이 무너진다'며 난리를 떤다. 오로지 관점은 경제적인 문제, 돈뿐이어서 사회의 품격이나 호모 루덴스로서 현대인의 제대로 된 모습을 찾지 못한다. 상당히 유감스런 대목이다.

그러나 현대의 중산층, 특히 중하류층이나 절대 빈곤층도 최소한으로 먹고사는 문제는 해결되는 마당에 언제까지 중산층을 경제적 접근법으로만 이해하고 육성하려는지…. 이제는 변할 때도 됐다. 중산층이란 무엇이며, 어떻게 정의를 내려야 할까? 한국의 접근법과 비교할 때 소위 선진국이란 데서는 기준이 많이 다르기도 하다는 사실을 알 수 있다.

예를 들면, 프랑스에서는 중산층이 되려면 ①외국어 하나 정도는 할 수 있어야 하고 ②직접 즐기는 스포츠가 있어야 하며 ③다룰 줄 아는 악기도 있어야 하며 ④남들과는 다른 맛을 낼 수 있는 요리를 만들 수 있어야 하고 ⑤사회적 공분에 의연히 참여해야 하는 데다 ⑥약자를 도우며 봉사활동도 꾸준히 해야 한다. 하나하나 뜯어보면 공감이 가는데, 왜 프랑스를 문화와 예술의 나라라고 하는지 이로써도 충분히 이해할 만하다. 결국 프랑스에서 중산층인지 아닌지를 평가하는 여러 항목을 보면 그 의미는 호모 루덴스로 자질을 갖추라는 얘기가 된다.

영국에서 중산층으로 제시된 한 기준을 보면 ①페어플레이를 해야 하며 ②자신의 주장과 신념을 가질 것이며 ③독선적으로 행동하지 않아야 하고 ④약자를 응원하고 강자에 대응하며 ⑤불의와 불공평, 불법에 의연히 대응해야 중산층이라는 것이다(옥스포드 대학 선정 기준).

미국에서 제시된 한 기준을 보면 ①자신의 주장에 떳떳하고 ②사회적인 약자를 도와야 하며 ③부정과 불법에 저항하는 것이 필요하며 ④(집안이든, 사무실에서든) 테이블에는 정기적으로 받아보는 비평지가 놓여 있어야 중산층이다(미국 공립학교에서 가르치는 기준).

가수 싸이의 돌풍은 한국 역사에 2012년 가장 주목할 만한 일로 남을지 모른다. 2012년 대통령 선거보다도 한국의 문화사에서는 더 큰 이변일지 모른다. 싸이는 무엇으로 세계의 가수로, 지구촌의 엔터테이너 스타로 비약했으며, 또 지구촌 사람들은 왜 열광했을까? 간단하다. 재미있기 때문이다. 조금은 우습고, 그냥 재미있고, 따라 하기에도 편하고, 신나게 해주기 때문이다. 공감이 되고 쉽기도 했는데 그렇다고 거창하게 감동의 차원까지 간 것도 아니다. 굳이 따지자면 웃음과 평범한 의미에서 재미와 신바람 수준인데, 편안한 음악에 신나는 말춤이 보는 사람을 몰입케 해준 것이다.

여기에 더해 추가로 한 가지를 더 언급한다면 음악과 춤에 '플러스알파'된 것이 바로 스토리다. 군대를 두 번 입대하고, 본인이 강남 출신으로 집안도 꽤 괜찮은 데다 부모들의 경력과 스타일도 상당히 인상적이며, 싸이 본인이 가정사 등에서 의리가 있는 사람이고, 투박하면서도 진솔해 특별히 감추는 것이 없는 내 이웃 같은 데다가, 외모도 뚱뚱하게 평범하기만 한데 영어도 잘해 미국 방송에서 자기 할 말을 유창하게 하는 자신감에서 엿보이는 한국인의 당당함 같은 이런저런 '이야깃거리'가 플러스알파로 화젯거리가 된 것이 싸이 돌풍의 요인이다. 이런 데서 호모 루덴스가 어떤 모습으로 우리 주변에서 나타나는지 배우게 되고, 재밋거리와 감동거리를 어떤 식으로 만들 때 하이테크가 체득화된 현대인들의 감성을 공략할 수 있는지까지 우리는 알 수 있게 된다.

그런 과정을 통해 우리는 세상과 인간을 이해하는 축으로서 이성과 감성의 특성을 명확히 인식하게 된다. 아울러 이성과 감성을 칼로 물 베듯이 무리하게 구별하는 것이 부질없는 일이라는 인식도 하게 된다. 안 그래도 우리는 현대 학문을 배우면서 주로 서구에서 들여온 신학문을 자연과학이다, 사회과학이다 하면서 은연중 이성–합리(성)–논리 같은 축이 감성–감정–직관–상상력의 영역보다 우월한 것처럼 교육받아 왔다.

그러나 호모 루덴스라는 관점에서 인간과 사회를 바라본다면 나누고(分), 쪼개고(析), 세세하게 따지는(割) 식의 서구식 학문이 전부가 아니며, 경제적으로 부가가치를 더 많이 생산하는 영역이라고 보기도 어렵다는 사실을 받아들이게 된다. 전통적인 동양의 명상과 사유, 학문에는 전체로 바라보며(圓), 대상들을 서로 연관시켜서 연구하고(融, 融合), 깊이 사색하면서 통합으로 인식하는(合) 접근법이 강조됐으니 '서구화–합리화, 근대화, 현대화, 선진화, 경제적 발전'이라는 식으로 단선적으로 인식되는 사이에 동양적 정신활동이나 방법론은 서구의 것에 비해 많이 뒤로 밀렸다.

세계를 향한 싸이의 거침없는 돌진을 보고, 그리고 정규 학교 교육은 제대로 받지 못했으면서도 〈피에타〉로 세계 영화계에서 크게 선 김기덕 감독 같은 이들이 선보이는 호모 루덴스의 새로운 경지를 보면 감성지대와 감정의 영역이, 재미와 즐거움으로 바로 이어지게 하는 직관의 세계가 얼마나 중요한 시대인지를 알게 된다.

이제 하이테크 시대의 본질과 큰 방향을 인간 본성의 로테크와 비교해 바라보고 제대로 인식하면서 호모 루덴스의 길을 잘 만들어 나갈 때가 됐다. 다행이 그런 기류가 한국에서도 명확히 보이고, 그런 인식을 하는 하이테크형 호모 루덴스들이 이 땅에서도 곳곳에서 늘어났다. 가령 최첨단 하이테크 기업에서도 '감성 경영', '스마트 경영'이란 말을 자연스럽게 하고 있고, 그런 노력들이 여러 가지 형태로 보인다. 그 결과 첨단 전자제품에서도 감성적 요소를 입히고 감정을 자극하는 마케팅을 하면서 그런 선상에서 다양한 기업 활동을 벌이고 있는 현상이 보인다.

기업을 넘어 정치와 선거전에서도 그런 조짐이 보이니 고무적이다. 그렇게 이성과 감성은 맞물리는 톱니바퀴로 맞닿아 대등한 가치로 작용하며 나란히 움직이는 축이 되어 가는 것 같다. 이성과 감성이 조화를 이루는 그런 상황이 말하자면 하이컨셉이다.

다만 하이테크 시대, 수천 년 동안 과소평가되고 심지어 억압되기까지 했던 감정과 감성의 가치가 주목을 받게 되면서 걱정거리도 나타난다. 무엇보다 하이테크 시대에는 불완전한 기술 때문에 의도하지 않게 생기는 부작용처럼 불안전, 불확실, 불안정, 불만 같은 것이 적지 않는데 이런 것들을 잘 극복하고 불안 요인을 최소화하는 것이 당면 과제로 부각되고 있다. 경제에서만 해도 하이테크의 투자기법이 과도하게 도입되면서 단시일에 급속도로 형성된 거품이 언젠가 위험요소로 작용하고 있고, 이게 생길 때는 별로 위험처럼 보이지 않지만 한번 터졌다 하면 핵폭탄이라는 사실은 하이테크 시대 곳곳에 도사린 상시적 위험물의 대표적인 사례다.

　　하이테크와 로테크의 조화, 그럼으로써 하이컨셉을 실천하며 멋진 호모 루덴스의 길을 열어가는 것, 그것이 현대인의 삶이다.

하이테크 시대의 로테크

지은이 | 허원순
펴낸이 | 박영발
펴낸곳 | W미디어
등록 | 제2005-000030호
1쇄 발행 | 2012년 11월 10일
6쇄 발행 | 2015년 3월 9일
주소 | 서울 양천구 목동 907 현대월드타워 1905호
전화 | 02-6678-0708
e-메일 | wmedia@naver.com

ISBN 978-89-91761-60-5   03300

값 13,000원